C·H·Beck

PAPERBACK

W0076525

Nur ein Druckfehler mag vorliegen, wenn die «Transsexulle Sabine / 43 J.» in einem Reklameblättchen ihre Dienste anbietet. Wenn aber Profis in der Zeitung werben: «Erfahrenes Textbüro ließt Ihre wissenschaftlichen Arbeiten», ein arbeitsuchender Lehrer via Inserat auf sein «1. Staatsegsamen» verweist und eine Gymnasiallehrerin Nachhilfe für «alle Schultüpen und Fächer» anbietet», dann kann man dafür «in keinster Weise» Verständnis haben und muss «ein Zeichen setzen». Peter Köhler «holt die Menschen da ab, wo sie stehen», zeigt, wie man das «Potenzial der deutschen Sprache voll ausschöpft» und gibt dem Leser ein ermutigendes «Da geht noch was!» mit auf den Weg.

Peter Köhler ist Journalist und Schriftsteller. Er schreibt unter anderem für die *taz*, den *Eulenspiegel* und die *Titanic* und lebt in Göttingen. Bei C.H.Beck erschienen zuletzt *Leonardos Fahrrad. Die berühmtesten Fake News von Ramses bis Trump* (2018) und *Basar der Bildungslücken. Kleines Handbuch des entbehrlichen Wissens* ([4]2017).

Peter Köhler

Respekt zu diesem Deutsch!

Sprachpannen
auf massiv dünnem Eis

C.H.Beck

Originalausgabe
© Verlag C.H.Beck oHG, München 2022
www.chbeck.de
Umschlagabbildung: Motive: Shutterstock
Umschlaggestaltung: geviert.com, Michaela Kneißl
Satz: C.H.Beck.Media.Solutions, Nördlingen
Druck und Bindung: Druckerei C.H.Beck, Nördlingen
Gedruckt auf säurefreiem und alterungsbeständigem Papier
(hergestellt aus chlorfrei gebleichtem Zellstoff)
Printed in Germany
ISBN 978 3 406 78748 5

myclimate

klimaneutral produziert
www.chbeck.de/nachhaltig

Die Sprache
ist die
Quelle der Missverständnisse.

Antoine de Saint-Exupéry

Der Verfasser dankt für Hinweise
Andreas Clages, Birgit Fricke, Ina Lorenz,
Sarah Pasquay, Thomas Schaefer,
Martin Schröder, Lara Tunnat, Hannelore Ullrich,
Reinhard Umbach sowie besonders Harriet Wolff
und Michael Ringel.

Das Buch geht auf Sprachglossen zurück,
die in der *taz* oder im *Eulenspiegel* erschienen sind.
Einige Texte erscheinen hier zum ersten Mal.

Inhalt

Der Unterschied zwischen
dem richtigen Wort und dem beinahe
richtigen Wort
ist derselbe wie zwischen
dem Blitz und dem Glühwürmchen.

Mark Twain

Wörter und Phrasen

Das Bild im Wort

«Auslegeware», antwortete Loriot auf die Frage nach seinem Lieblingswort, weil es «als Charakterisierung des Deutschen in Schlichtheit, Korrektheit, aber auch Großzügigkeit nicht übertroffen werden» könne. Wer genau hinschaut, bemerkt noch etwas: Das Wort ist gewissermaßen selber eine Auslegeware, die Silbe für Silbe ausgelegt wird.

Loriot hatte 2004 an einer Umfrage des Deutschen Sprachrats und des Goethe-Instituts teilgenommen, die sich an In- wie Ausländer richtete. Unter den fast 23 000 Vorschlägen aus über 100 Staaten erkor eine Expertenrunde «Habseligkeiten» zum schönsten deutschen Wort, weil es materiellen Besitz mit überirdischer Seligkeit verknüpfe und die Liebe zu den kleinen Dingen zur Bedingung des Glücks mache.

Viel steckt in einem Wort, man muss nur seine sieben Zwetschgen einschalten. Dann sieht man in der «Schlucht» das u umragt von hohen Konsonanten. Die «Lichtung»: das Licht für das helle Stückchen Wiese und «ung» für den dunklen Wald ringsum. Der «Wirrwarr» spiegelt anschaulich das Durcheinander wider, «behutsam» drückt mit dem langen u, dem langen a und dem bremsenden h vorsichtiges Herantasten, sorgsame Annäherung aus, die im weichen m zum Ziel kommt. «Verrückt» parallelisiert die geistige Unordnung mit der räumlichen und macht sie, auch so ein Wort: begreiflich; «obschon» stößt mit seiner fühlbaren Grenze zwischen den beiden Silben zum Innehalten und Nachdenken an.

Das Deutsche kann, wie die eben paraphrasierten Kommentare einiger Beiträger zu der Umfrage deutlich machen, ziemlich bild-, auch hörbildhaft sein. Aber es entwickelt sich in eine Richtung, auf der solche Zusatzwerte verloren gehen, Assoziationen vermieden und Wörter auf ihre Zeichenfunktion reduziert werden: Sie weisen nicht mehr über ihren Gegenstand hinaus; das Zeichen bezeichnet das Bezeichnete, fertig.

Das «Mitgefühl» wird durch die blassere «Empathie» verdrängt, während das «Mitleid» sogar ersatzlos verschwindet; aus schlechten Gründen, wie Jürgen Roth in seinem Essayroman «Vielleicht Hunsrück» schreibt: «Die zwei Bestandteile des Wortes ‹Mitleid› zeigen hinlänglich, warum es niemand mehr hat.» Rechtens benennt er die Leerstellen: «Gemeinsamkeit? Gespür für Unrecht?»

Gespür für die Sinne ansprechende Wörter? Nein, die bildkräftige «Zeitlupe» weicht einer farblosen «Slow Motion», der umständliche, aber das Wesentliche benennende «Pauschaltarif» der «Flat». Die einen Wörter ruhen wie Nervenzellen in einem dichten Beziehungsgeflecht; andere stehen herum wie Autisten. Oder stellen womöglich eine verkehrte Verbindung her: Früher war ein Patient manisch-depressiv, womit man das Krankheitsbild vor Augen hatte; jetzt leidet er an einer «bipolaren» Störung – eine Fügung, die sich nicht mehr selbst erklärt, sondern eiskalter Aufklärung bedarf.

Wörter haben eine Bedeutung und je nach den Umständen Mitbedeutungen; je konkreter, desto besser, weshalb «Ehemann» und «Ehefrau» mehr sagen als «Person A» und «Person B». Diese Bezeichnungen finden sich in der Steuererklärung, seit die Finanzverwaltungen die Formulare umgearbeitet haben.

Wörter stiften Konnotationen und laden sich mit Atmosphäre auf. Manche gewiss mit einer unpassenden, andere aber – mit keiner. Das Highlight einer entsinnlichten, trockengelegten Sprache ist ebendieses, während Höhepunkt, Spitzenleistung, Meisterstück, Meilenstein, Markstein, Glanzlicht, Knüller, Knaller, Krönung,

Hammer, Herzstück («das Highlight dieser Ausgabe ist der Artikel über …») viel sinnfälliger etwas Besonderes bezeichnen, das Beste zum passenden Ausdruck bringen (das «schönste Ferienerlebnis» ist erwachsen geworden und jetzt das «Highlight des Urlaubs»).

Die Synonyme erfüllen denselben Zweck wie die Allzweckvokabel. Doch was sie zugleich leisten, geht über den Mitteilungswert hinaus. Unter einem «Highlight» lässt sich nichts Rechtes vorstellen, unter einem «Glanzlicht» schon. Auch beim «Meilenstein», mit dem man etwa eine Erfindung bezeichnet, entsteht etwas vor dem geistigen Auge: Er markiert im buchstäblichen Sinn eine räumliche Entfernung. Folglich wird auch bei übertragener Verwendung die Vorstellung einer langen Strecke aufgerufen: Der sprichwörtliche Meilenstein weist statt in die geographische Ferne in die fernere Zukunft, er weist den Weg in der Zeit. Das «Highlight» kann nichts davon.

Dafür lässt sich das «Highlight», weil es weiter nichts besitzt, ohne Verlust in den binären Code übersetzen. Arm an Assoziationen, ist es armselig und passt in eine vom digitalen Kapitalismus verwüstete, sinnlich entleerte Welt, in der es nichts mehr gibt, was Auge und Ohr anspricht, und aus der eines Tages das analoge Leben vertrieben worden sein wird.

Gleichsam deglasiert

Wer kennt schon alle Wörter? Niemand. Kennen Sie zum Beispiel das Verb «deglasieren»? Die Leser der *Passauer Neuen Presse* lernten es kennen, als es im Sportteil hieß: «Deutschland-Achter wird seiner Favoritenrolle gerecht und deglasiert England.» Auch das schöne Substantiv «Schweigstelle» ist Ihnen vielleicht unbekannt, im Unterschied zu den Lesern des Reklameblättchens *Blitz*: «Das Amtsgericht Neustrelitz soll eine Schweigstelle des Amtsgerichts Waren werden.»

Während im Dschungel «ein Eingeborener an Tuberkolese stirbt» (*Hessische/Niedersächsische Allgemeine*), leiden in Deutschland manche Schreiber bloß an der Orthographie. Oder haben es an den Ohren: Man schreibt, wie man hört, und deshalb war vor einiger Zeit ein internationales Beratergremium in der Ukraine tätig, das «für Unabhängigkeit und Expertise birgt» (*taz*) statt für das richtige Verb.

Die Verwechslung phonetisch ähnlicher, aber semantisch grundverschiedener Wörter ließe sich durch «das allmähliche Verschwinden der Gedanken beim Schreiben» (F. W. Bernstein) erklären, vielleicht auch durch einen Anfall von Geistesabwesenheit infolge Überlastung, Müdigkeit, Eile. So schrieb die *taz* vor einiger Zeit über die Proteste gegen ein brutales Vorgehen der Polizei in Frankfurt am Main: «Unterstützt wurden die Demonstranten von dem Kabarettisten Urban Priol, der Zustände ‹wie in Bayern› widmete» – womit dem Verfasser in der Eile ein Wort in den Bericht rutschte, das nur so ähnlich klingt wie «witterte».

In anderen Fällen ist der Geist zwar anwesend, schwebt jedoch in höheren Bewusstseinssphären. Dann wird eine simple Urteilsverkündung zur fast religiösen «Urteilsverkündigung» (hr1) erhoben, während Jonathan Franzen, der seinen neuen Roman «einen Monat nach der Erscheinung in deutscher Sprache» (so die nordhessische Reklamezeitung *Extra Tip*) auf einer Lesereise präsentiert, seinen Besuchern womöglich übersinnliche Erlebnisse zuteilwerden lässt.

Dass der Redakteur, nachdem er aus spirituellen Höhen auf dem Boden der Tatsachen gelandet ist, in einer auf Eigentum gegründeten Gesellschaft einen «Machthaber» als «Machtinhaber» (*taz*) bezeichnet, ist nur zu begrüßen. Wenn aber ein Bürgermeister laut *Hamburger Abendblatt* «in seiner launischen Gastrede die Gemeinsamkeiten hervorhob» (gewiss nicht die mit dem Adjektiv «launig»), dann könnte man das Verfahren «Humpty-Dumpty-Prinzip» nennen nach der Figur in Lewis Carrolls Roman «Alice hinter den Spiegeln», die den Wörtern nach Lust und Laune die Bedeutung gibt, die ihr gerade passt. Manchmal aus Versehen die richtige! Das hintergründige Wortspiel, mit dem die *Sächsische Zeitung* über Schulen berichtete, wo «Kinder mit Handycap» integrativ unter richtet werden, ist der Beweis.

Für Sigmund Freud waren Versprechen und Verschreiben keine einfachen Fehlleistungen, sondern Ausdruck jener «Psychopatho- logie des Alltagslebens», der er sich 1904 in einem Buch widmete. Da Freud so ziemlich jedes Geschehen auf eine Ursache in tieferen seelischen Schichten zurückführte, ähneln seine Erklärungen frei- lich der Rechtfertigung eines Handwerkers, der nur einen Hammer hat und deshalb jedes Problem als Nagel betrachtet. Statt im Vor-, Un- oder Unterbewussten zu gründen, könnten die Fehler schlicht auf Unkenntnis oder Schusseligkeit beruhen.

Zwar kann man aus einem Bericht des *Göttinger Tageblatts* über Mozarts Grabmusik (KV 42), in dem es heißt: «Die Kantate ist reich an barocken Affekten», allerlei herauslesen; nur muss man dazu erst was hineingeheimnissen. Ein geübter Psychoanalytiker schafft das gewiss auch bei dieser Kontaktanzeige in den *Westfäli- schen Nachrichten*: «Für eine flüchtige Bekanntschaft völlig unge- eignet, suche ich auf diesem Wege das passende Pondon.»

Bei Fremdwörtern liegt es nahe, Unbildung zu vermuten (wis- sen Sie, wie «Pendant» geschrieben wird?); warum sollte es bei aus anderen Sprachen eingewanderten Wörtern anders sein als bei deutschen! Nur fällt es bei diesen nicht sofort auf, wenn die Leute von «Sippenhaft» schreiben, aber «Sippenhaftung» meinen, oder fremdsprachige Sendungen als «fremdsprachliche» bezeichnen; während man es bei jenen, den eingewanderten, gleich merkt, wenn sogar Journalisten ihre Branche arglos als «Journaille» titulieren. Vielleicht hat Freud manchmal doch recht.

Wörter verändern im Lauf der Zeit ihre Bedeutung; das ist eine

Binse und «muss in Wahrheit niemandem appelliert werden» (*taz*).
Stattdessen darf applaudiert werden: «Beeindruckt von den Leistungen der Teilnehmer haderte das Publikum nicht mit Beifall»,
berichtet die *Lausitzer Rundschau*, während die *Rheinische Post* die
«kurzweilige Inhaftierung» einer Bloggerin hadert, pardon: meldet. ZDFinfo schließlich fragt: «War Nero wirklich blutrünstig und
machtbesessen? Oder verklärten antike Chronisten posthum seine
Biografie?»

Die Urheber solcher Fehlgriffe müssen nicht als Dummköpfe verklärt werden, wiewohl ihr «Eigenstellungsmerkmal» (*taz*) sprach-
liches Unvermögen zu sein scheint. Stattdessen seien sie als Komiker verklärt, die «für alle eingeschweißten Fans» (*abendkurier.de*)
des unfreiwillig Lächerlichen etwas parat haben. Unfreiwillig heißt
allerdings zugleich freiwillig, weil die Fehler aus einer selbstver-
schuldeten Lücke im Sprachschatz resultieren. Ob es um die
«Stammbesatzung eines Theaters» beziehungsweise den «Sohn
eines Milch- und Käsebauers» geht oder «der Lebensmittelliefer-
service Amazon Fresh deutschen Firmen das Onlinegeschäft strit-
tig macht» (dreimal *taz*), der Grund liegt an der Oberfläche statt in
psychischen Abgründen: Es ist schlichte Unkenntnis des richtigen
Wortes.

Mal geht es haarscharf daneben, dann gibt es «systemgetreue
Sportgerichte» und «staatsgetriebene Unternehmen» (*taz*); mal
schießt man weit vorbei: «Adeligen war es verwehrt, Bürgerliche
zu heiraten. Und das Gesindel auf ihrem Hof durfte auch nicht heiraten.» (*Süddeutsche Zeitung*) Da zeigt der Journalist aus der Mittel-
schicht, wofür er die Welt unter sich hält. Freud scheint wirklich
richtigzuliegen!

Indes, Wörter können alles Mögliche bedeuten, und manchmal
ist kaum festzustellen, was. Hier gebührt dem Adverb «gleichsam»
gleichsam die Poleposition: Der ehemalige Bayern-München-Trai-
ner Guardiola «hat, um gleichsam erfolgreich zu bleiben, seine Elf

stets verändert und die Taktik immer am Gegner ausgerichtet»
(*taz*). Gleichsam noch besser kann es Christian Kracht. Von einem
Seemann schreibt er in seinem Roman «Imperium», er trachte,
«sein Kapitänspatent zu erwerben, und überlege, gleichsam der
Kaiserlichen Marine beizutreten», und dass Einstein bald «das
gesamte Wissen der Menschheit auf den Kopf stellen würde, war
Engelhardt», dem Helden des Anfang des 20. Jahrhunderts spielenden Romans, «gleichsam unbekannt». Gleichsam ins Schwarze
trifft keines dieser Gleichsams, sie meinen irgendwie irgendwas
oder nichts. Oder wissen Sie es gleichsam?

Hier freilich ist mit dem Seelendoktor Freud nicht mehr zu hel-
fen. Darin darf man «mit der halben Welt verständig» (*taz*) sein.

Bohei um den Nebbich

Können Sie Deutsch? Dann wissen Sie ja, was «dahlen» und «fin-
keln» bedeuten, was «pimpeln» ist (nein, nicht «pimpern»!) und
was «boll» sein kann, was man einen «Kinkel» nennt und was unter
einer «Pfülbe» zu verstehen ist; und weil Sie wissen, dass Schnep-
fen quorren, wissen Sie selbstverständlich auch, was Elche tun:
möhren.

Nur mit «toll», «geil» und «okay» kommt man nicht überall
durch. Dölmern, Doofmutzen und Deppos mag ihr nicht gerade
bomfatzinöser Wortschatz genügen. Die Lackel und Tussis, Knis-
pel und Schlunzen, Hachos und Siftel, Nulpen und Dussel sind halt
luschi – sollen sie sich doch ihre Zeit mit Bunga-Bunga vertreiben!
Wir Piesepampel mit zu viel Grips im Nischel machen deshalb keinen Bohei … Stattdessen müssen wir nebbich seriös sein und uns
ratzfatz mit Blabla befassen:

Viele, sehr viele Wörter hat die deutsche Sprache, darunter kurze
(«na?») und lange («Donaudampfschifffahrtsgesellschaftskapi-
tän»), laute («Donnerlittchen») und lustige («Krambambuli»), neue

(«Bufdi») und alte («mölke»), kindliche («eiapopeia») und erwachsene («Vollhete»). Wie viele es sind, weiß niemand. An die 300 000
dürften es sein, wenn man Ortsbezeichnungen, Flurnamen, Fach-
begriffe, Fremdwörter und, jo mei, auch Dialektausdrücke fei mit-
zählt. Auch kann niemand vorhersagen, welche beim Sprechen oder
Schreiben aus der Lamäng zusammengesetzten Wörter – für die
das Deutsche weltberühmt ist – nicht bloß rammpamm gebildet
und ruckzuck wieder vergessen werden, sondern eines Tages als
feste Komposita den Wortschatz schnurzpiepegal bereichern wie
der in den Verkehrsmeldungen zu hörende «Spanngurt», der nicht
nur ständig auf der Autobahn verloren wird, sondern sich endlich
auch im Duden befindet. Um andere Komposita aber wird das
Deutsche ärmer, der «Buschklepper» wurde aus der jüngsten Ausgabe gestrichen; der «Strauchdieb» blieb jedoch erhalten.

Ist, was weg ist, weg, also «futsch», ja «futschikato» (vom italie-
nischen «fuggito»)? Nö. Denn was nicht im Duden steht, ist deshalb nichts weniger als ratzekahl verloren.

Kapito? Dann lesen Sie weiter, denn dieser Artikel will jetzt
nichts mehr, als etwas Bohei machen und ein wenig Etymologie
treiben: Manche schreiben den «Bohei» ja «Buhei», weil der aus
«buh!» und «hey!» zusammengefummelt sein soll. Oder das Wort
könnte aus dem Niederländischen eingewandert sein, wo es «poeha»,
früher «boeha» geschrieben, Lärm, Tumult, Aufsehen bezeichnet.
Nur, woher hat es das Niederländische? Vielleicht aus dem Jiddi-
schen: Das auch «Behei» geschriebene Wort hätte dann mit «be-
helo» zu tun, was «Schrecken» bedeutet und von hebräisch «bohu»
abstammt, der «Leere», die den sprichwörtlichen Horror Vacui
auslöst und unter Umständen ein Tohuwabohu entfesselt.

Womöglich ist der Ursprung tatsächlich im Orient zu suchen,
wobei außer den Israeliten die Kopten infrage kommen, deren Ri-
tualsprache das Boheirische ist. In der Religion wird ja aus Prinzip
viel Lärm um nichts gemacht.

Das Wort hätte demnach einen langen, ungewöhnlichen Weg zurückgelegt. Etymologie ist eben nicht pillepalle – ein Wort, das ebenfalls eine Verwandlung durchgemacht hat. Zugrunde liegt das hebräische Wort für Pfeffer, «pilpul». Im übertragenen Sinn bezeichnet man damit eine kluge Interpretation der Bibel oder des Talmud – aber der Rabbi konnte seine Analyse auch mit zu viel Scharfsinn würzen, sodass sie unbrauchbar, nutzlos, pillepalle war.

Im Duden steht großes «Pillepalle» als Substantiv und bedeutet «Kleinkram, Gleichgültiges», obwohl das Wort nebbich nur ein Substantiv ist. «Nebbich» wiederum wird mit der Bedeutung «wenn schon!; was macht das!» geführt, was aber nebbich ausreicht. «Nebbich» kann außerdem «schade», «leider», «keineswegs», aber auch «fürwahr» und schier alles und nichts bedeuten. Seine Herkunft war lange unklar. Althochdeutsch, Mittelhochdeutsch und Tschechisch waren die Favoriten. Inzwischen sieht man klarer und deutet auf jiddisch «nebech» («armes Ding») aus gleichbedeutend polnisch «nieboga». Als Substantiv hatte der Nebbich («unbedeutender Mensch») im Deutschen ebenfalls seinen Platz; und die Interjektion besagt ja unter anderem, dass etwas nebbich unwichtig ist. Schade eigentlich, dass das kleine Wort selber nebbich, das heißt unwichtig geworden ist!

Große Theorien gab es auch für die kleinen Kinkerlitzchen. Man wies aufs Französische («quincaillerie»: Haushaltswarengeschäft) und Sorbische («kónturlica»: Stechmücke). Dabei liegen das mitteldeutsche Dialektwort «ginggeln» («baumeln») und die «Litze» viel näher: Einen Kopfputz, der «mit Ginkerlitzgen behangen» war, beschrieb 1775 der *Teutsche Merkur*.

Alles paletti? Dieser Ausdruck hat nichts mit Paletten zu tun, sondern stammt aus der Welt der Schausteller. Wenn der Wanderzirkus sein Zelt aufschlägt, verankert er es im Erdboden mit Heringen, Pflöcken, Pfosten: Pflock heißt italienisch «paletto». Erst wenn alle «paletti», so der Plural, in den Boden gerammt sind und

das Zelt aufgespannt ist, geht der Zirkus los. Oder auch: der ganze
Bohei.

Und damit: Basta!

Soldaten zu verkosten

Similia similibus curantur, so lautet das Grundgesetz der Homöo-
pathie: Ähnliches werde mit Ähnlichem geheilt. In der Sprache gilt
das Gegenteil. Wenn F. C. Delius in seinem Roman «Der Sonntag,
an dem ich Weltmeister wurde» von Gott behauptet, dass «der jede
Lüge verbat», oder wenn die «Tagesschau» berichtet, Chinas Re-
gierende «verbieten sich die Einmischungen in die inneren Ange-
legenheiten Chinas», dann wird beide Male Ähnliches mit Ähnlichem verwechselt und die Rede krank.

Indes, verböte man solche Missgriffe und verbäte es sich, sie zu
zitieren, die Glosse wäre zu Ende, ehe sie begonnen hätte. Nie er-
führen Sie, dass ein «Hotel im benachbarten São Brás de Alportel
im Namen christliche und arabische Kultur vereinbart» oder dass
ein Raumfahrtunternehmen bald «die ersten Kolonialisten auf den
Roten Planeten schicken», ein anderes sogar «zigtausende Kolonialisten losschicken» will, um – statt durch Kolonisten den Mars
urbar zu machen – erst mal die grünen Marsmännchen der Herrschaft des weißen Mannes zu unterwerfen.

Knapp vorbei ist auch daneben. Das gilt im zivilen Geschäftsleben, wo Verkäufer eine «Weihnachtsgravitation» erhalten, wie
beim Militär, dessen Berufsrisiko groß ist: «Soldaten mussten ver-
kostet werden».

Hingegen «entspannt sich» einem Rezensenten zufolge in Tex
Rubinowitz' Roman «Irma» eine Lovestory, bei deren Lektüre sich
die Leser dann wohl entspinnen werden. Wer nun meint, mit derlei
Verwechslungen würde ein Durcheinander geschaffen, irrt, weil es
geschöpft wird. «Sechs Tage hatte Gott geschuftet, die Erdbeere

und die Rose geschöpft», während David Bowie die Figur des «Major Tom geschöpft hat» und eine Autorin «eine Tragödie in fünf Aufzügen zu schöpfen» anregt. Ein großer Schöpfer ist auch «der mazedonische Schriftsteller Vlada Urošević», der «in den vergangenen Jahrzehnten ein großes Werk erschaffen» hat, das nur mit «dem von CDU-Kanzler Helmut Kohl erschaffenen Privatfernsehen» zu vergleichen ist. Bei so viel gottgleichem Tun verbittet, verbetet oder verbietet sich jede von Menschenhand geschaffene Kritik.

Nicht jedoch an phonetisch oder semantisch ähnlich unähnlichen Wörtern, von denen es teuflisch viele gibt, weshalb in einer Berghütte der Wirt «scharfes Essen ausschenkt» oder nach einem Massaker nur ein kümmerlicher Rest an «Verbliebenen» übrig bleibt. Ein Mann, so steht es in einer Traueranzeige, «ist eingeschlafen», und die Überlebenden, nein: die Verbliebenen, ach so: die Hinterbliebenen danken «für die nahen Worte und Gesten». Doch siehe, die Hoffnung bleibt, wenn sogar Gegenstände lebendig werden, wie es der Reklametext für eine «Terra X»-Folge verheißt: Es geht um «die Geschichte eines Schatzfundes, der gleich darauf verloren geht und gegen alle Voraussagen wieder aufersteht.»

«Fass dich kurz!», heischt der Volksmund, doch der Schnabel manches Journalisten macht es zu kurz. «Adolf Hitlers Geburtshaus wird enteignet», meldet die Presse; «Weinzierl hat die nötigen Tore eingewechselt», behauptet das Fernsehen über den Fußballtrainer. Wo aber Schatzfunde, Häuser und Tore zu Menschen, womöglich zu wiederauferstandenen Gottmenschen werden, müssen Menschen ausgleichshalber zu Sachen werden. «Laut niederländischem Recht müssen die Ausbeuter von Bodenschätzen Personen kompensieren, die durch ihre Aktivitäten zu Schaden kommen», weiß die Tageszeitung; «der wohlhabende Przepiorka verlagerte sich mit Familie an den Genfer See», heißt es im Schachmagazin über das Exil eines Meisterspielers im Ersten Weltkrieg.

Mensch und Maschine wachsen zusammen: In der Sprache, wo
sich die Leute bei einer Firma «verdingen» oder Philologen einen
Dichter zum «Gegenstand» ihrer Forschung machen, ist das nicht
neu. Neu ist eher, dass die Beispiele für die Verwandlung von Leben
in totes Material mehr und mehr werden. Ein Wissenschaftspubli-
zist sieht den Philosophen «Günther Anders als Scharnier zwischen Existenzialismus und Kritischer Theorie», ein anderer weiß:
Der Politologe und Strippenzieher «Franz Leopold Neumann war
ein wichtiger Knotenpunkt im Netzwerk zwischen deutschen Exi-
lanten und US-amerikanischen Institutionen.» Da kann der Sportjournalist nicht abseits stehen und jubelt: Der Kicker «Messi reifte
zur Perfektion des Spiels»!

Hingegen imperfekt, wie sie ist, kennt die Zeitung «das facetten-
hafte Denken Karl Kraus». Der hätte wohl nicht nur ob des Fehlens
der Präposition «von» oder des Genitivartikels «des» oder auch des
Apostrophs, um Kraus' Denken zu beschreiben – drei Möglichkeiten, die eine facettenreiche Sprache wie das Deutsche bietet –, seiner Fassungslosigkeit Ausdruck verliehen, allerdings kaum «in der
fassungslosen Diktion von Jason Schwartzmann», was immer das
sein mag.

Kraus' Diktion war nicht formlos, sondern formvollendet, und
damit die Glosse nicht fassungslos endet, sei zum versöhnlichen
Schluss ein Aphorismus von Kraus zitiert: «Das Wort Familien-
bande hat einen Beigeschmack von Wahrheit.» Und siehe da, schreiben die Journalisten auch schlecht, so sagen sie doch die Wahrheit:
«Die Familienbanden sind hier so fest wie der katholische Glaube»,
berichtet der Rundfunk über eine italienische Stadt, während das
lokale Käseblättchen weiß: «Zugleich ist die familiäre Bande im
Jesidentum sehr stark.»

Positiv verklärte Rückerinnerungen

Vorprogrammieren, aufoktroyieren, zusammenaddieren, ausextra-
hieren und abscannen – dass das sogenannte weiße Schimmel sind
wie die «unbemannte Drohne», die «steigende Erderwärmung»
oder die «zunehmende Eskalation», dürfte vielleicht bekannt sein.
Selbstredend gibt es natürlich viel mehr solcher «potenziellen
Möglichkeiten». «Zurückerinnert» sei bloß an ebendie häufig zu
lesenden und hörenden «Rückerinnerungen», die manchmal sogar
«ins Positive verklärt» werden. «Rückerinnerungen» beschwört
auch Horst Fuhrmann in seinem Buch «Überall ist Mittelalter»;
Vorauserinnerungen hingegen wären der Traum jedes Histori-
kers.

«Potenzielle Chancen», zu viel Überflüssiges zu sagen, dürfte es
vermutlich genug geben. Gewöhnlich pflegt es einem nicht aufzufallen wie in ebendiesem Satz und dem folgenden: «Die personi-
fizierte Dominanz hat bei den Paralympics einen Namen: Anna
Schaffelhuber.» Nicht nur jene Zeitung, die weiß, «welche Schätze
das ehemalige Persien in sich birgt», außerdem «akustisch instru-
mentierte Lieder» kennt und berichtet, dass in Griechenland zwei
Parteien «zusammen koalieren», birgt in Sachen Pleonasmus man-
cherlei Schätze. Und ob in einem Nachrichtenmagazin eine Schriftstellerin von einer «persönlichen Biografie» labert, eine Tageszeitung einen üblen Wind «Richtung stadteinwärts» ziehen lässt
oder der Radiosender spekuliert, «was möglicherweise passiert sein
kann», und eine «unausgegorene Kurzschlussreaktion» befürch-
tet – man wird überall erfolgreich fündig und sieht Gleichbedeu-
tendes jene «Symbiose miteinander» eingehen, die mehr als eine
«komplementäre Ergänzung» ist.

«Südafrika», gibt der eine Fernsehsender zum Besten, «ist eine
der jüngsten Demokratien auf der Erde» – statt auf dem Mond; der
andere steht dem nicht nach: «Die angehende Künstlerin Josefine

verlässt nach dem Tod ihrer Mutter die Stadt München» – auch
das muss gesagt sein, denn manche halten München für ein Dorf
(das man «wie seine eigene Westentasche kennt», nicht wie eine
fremde). Es gibt sogar noch plumpere Plattheiten wie die «starke
Verstärkung» oder manierierte Gespreiztheiten à la «existenzielle
Realität» beziehungsweise das «in üblicher Verwendungsweise ge-
nutzte» Möbelstück, Schlagzeilen wie «Outdoor-Training unter
freiem Himmel» und Sätze der Art «Wir hatten am Anfang Start-
schwierigkeiten» oder «Am Ende gab es noch ein spannendes Finale» (nach dem die Fans des Siegers «euphorisch jubeln» durften).
Und ob Fußball («Die Eintracht ist momentan die Mannschaft der
Stunde») oder Schach («Auch auf diesem Gebiet gilt Pál Benkö als
anerkannte Weltklasse») – die «pauschale Faustregel» lautet: Man
muss es zweimal sagen, damit das «einzelne Individuum» es sich
einmal merkt. Wenn es sich's denn merkt: «Die schleswig-holstei-
nische CDU ist seit Jahren dabei, sich ein liberales Image geben zu
wollen.» Seien Sie dabei, den Fehler finden zu wollen!

Das alles ist nicht unbedingt «ästhetisch schön» und «dennoch
aber» richtig, weil die Hauptsache ist, jederzeit verstanden zu
werden und beim Reden und Schreiben keine überflüssige «Kraft-
anstrengung» zu betreiben, was «bereits schon» Sigmund Freud,
durchaus «menschlich anständig», als etwas Gutes lobte. Der Volksmund sagt es auf seine Weise: «Doppelt gemoppelt hält besser»
lautet sein «Patentrezept», das auch für die «Fachkompetenz» und
die «Gegenreaktion» gilt.

In der Tat lehrt die Rhetorik, dass die Häufung sinngleicher oder
sinnverwandter Wörter ein sinnvolles Stilmittel sein kann. In Zwil-
lingsformeln wie «Hab und Gut» oder «Feuer und Flamme sein»
dienen die zusammengenagelten Wörter dazu, einen neuen Begriff
zu bilden, hier also «Besitz» beziehungsweise «begeistert sein».
Von Pleonasmen wie von Tautologien lässt sich das nie und nim-
mer sagen und behaupten. Nichtsdestoweniger kann es deren Ziel

und Zweck sein, eine Aussage zu verstärken, und als stilistischer Zierrat sind sie allen und jedem geläufig:

Ludwig Tieck spricht im «Phantasus» von einem «schwarzen Raben», Georg Trakl sieht «täglich die gelbe Sonne über den Hügel» kommen («Sebastian im Traum. Gesang des Abgeschiedenen. Die Sonne»), Friedrich Hebbel beschreit in seinem «Nibelungen»-Drama «das rote Blut» und gesteht: «Nun seh' ich es mit meinen eignen Augen» – statt bloß mit fremden Ohren davon zu hören.

In diesen Zitaten dient das Epitheton, das schmückende Beiwort, voll und ganz der optischen Anschaulichkeit. Wie immer und überall gibt es Zweifelsfälle, weil die Grenze zwischen notwendig und unnötig unscharf und unsicher ist. «Und als er sich besonnen, / lag er im grünen Gras», so gewissenhaft dichtet Eduard Mörike («Die schlimme Gret und der Königssohn»), weil es außer grünem Gras auch verdorrtes gelbes gibt.

Um von der sowieso immer etwas meschuggen Poesie in den grauen Alltag der Zeitungssprache zurückzukehren: Es steht dahin, ob es ganz und gar richtig korrekt ist, von einer «vorläufigen Entscheidung» zu sprechen; die «endgültige Entscheidung» aber ist wohl ziemlich sicher ein Pleonasmus (bitte entscheiden Sie, liebe Leser und Leserinnen, das vorläufig oder endgültig selbst). Anders verhält es sich mit dem «endgültigen Todesstoß»: Diese Formulierung ist selbstverständlich richtig, weil der Tod manchmal nur vorläufig ist, wie überzeugte Christen wissen. Jedenfalls wenn jemand ein Gott ist und nicht bloß, wie in einem Bericht über die Ukraine zu lesen war, zur «menschlichen Bevölkerung» zählt. Indes, vielleicht ist die Emanzipation der Tierwelt in Stadt und Land «nun inzwischen» so weit vorangekommen, dass Säue, Rindviecher und Insekten zu den Einwohnern zählen.

Absolut intensiv

Das Deutsche hat einen Vorzug: seinen großen Wortschatz. Angeblich ist nur der englische größer. Es hat auch einen Nachteil:
Sein Wortschatz ist viel zu groß. Dafür gibt es einen zweiten Vorteil: Es ist eine präzise Sprache. Das ist allerdings gleich die zweite
Schattenseite. Dass das dritte Gütezeichen des Deutschen, seine
Anschaulichkeit, ebenfalls ein Übel ist, ist klar.

Zum Glück werden diese Fehler ausgemerzt. Wo man früher unter
einem Wust von Wörtern das richtige herausklauben musste, genügt heute eines, das alle ersetzt – und zwar «zeitnah» und «nachhaltig», dank derer «bald, demnächst, pünktlich, ohne Verzögerung»
beziehungsweise «langfristig, dauerhaft, auf lange Sicht, anhaltend»
binnen Kurzem, Quatsch: zeitnah auf die Rote Liste der vom Aussterben gefährlich, Unsinn: nachhaltig bedrohten Wörter gelangten.

Die Artenvielfalt ist selbstredend auch anderswo bedroht. Die
sprachliche Monokultur breitet sich aus, wie hiermit nicht gesagt
oder geäußert, sondern «kommuniziert» sei. Eine Liste wird «nur
intern kommuniziert», nämlich diskutiert oder besprochen, damit
unliebsame Dinge, statt öffentlich verbreitet oder nach außen getragen, «nicht nach außen kommuniziert» werden; auch lernt man
eine Fremdsprache nicht, um sich im Ausland gut zu verständigen,
sondern um mit Einheimischen intensiv zu «kommunizieren».

Intensiv kommuniziert wird auch ebendieses Adjektiv, besonders
intensiv im Sport: Eine packende Begegnung, ein spannendes Duell, eine kampfbetonte Partie und eine leidenschaftliche Auseinandersetzung sind egalweg «intensiv», das einst engagierte Mitglied
ist jetzt seinem Verein «intensiv verbunden». Auch Sinéad O'Connors ergreifendem und berührendem Song «Nothing Compares
2 U» blieb es nicht erspart, dass der dazu produzierte Clip als
«intensives Video» bezeichnet wird – wohl damit man nicht so ergriffen und berührt ist.

Bequem ist das, weil man nicht den einen anschaulichen und ein-
deutigen Ausdruck suchen muss. Das Allzweckwort passt, wackelt
und hat Luft, aber für die Verständigung genügt es. Indem sich der
Sinn nicht aus dem einzelnen, scharf gefassten Begriff, sondern ungefähr aus dem Zusammenhang ergibt, nähert sich das Deutsche
den Sprachen an, die der Rest der Welt benutzt. Weniger Wörter,
diese aber mit großer Bedeutungsfülle – das taugt besser fürs täg-
liche Gerede, nein: Kommunizieren.

Das Schriftdeutsche, aus dem die heutige Standardsprache
hervorgegangen ist, war eine Kanzlei-, also Amtssprache. Eine Behörde muss sich eindeutig ausdrücken, damit sich kein Untertan
auf ein Missverständnis herausreden kann. Diesen ursprünglich
autoritären Sprachgebrauch zurückzudrängen, wäre demnach ein
Zeichen, dass die Demokratie endlich im Denken und Fühlen der
Leute angekommen ist – nur dass Demokratisierung hier Nivellie-
rung heißt.

Die Verarmung wird jedoch drapiert: Der Wortschatz ist dürf-
tig, das einzelne Wort aber soll am besten «extrem», «total» und
vor allem «absolut» aufgemotzt sein. Andere Vokabeln werden dafür wegrasiert: Dann heißt es «der absolute Abstiegskandidat»
(statt: sichere), es gibt «absolute Topmannschaften» (statt: echte),
man beklagt eine «absolut unfähige Verwaltung» (völlig, in jeder
Hinsicht) und vermerkt, dass «ein Leben absolut anders verläuft»
(ganz), was ein «absoluter Glücksfall» (großer) sein kann; und während Wladimir Putin einmal «absolut populär» (äußerst) war, sah
sich der in Diensten des Leverkusener Konzerns Bayer tätige Rei-
ner Calmund als «absoluten Vertreter der Arbeitnehmer» (entschiedenen).

Dabei könnte man das Wörtchen absolut, Quatsch: ganz weglassen. Der «absolute Renner» im Verkauf ist bloß ein Renner und
«eine absolut zentrale Forderung» fast so großer Unfug wie die
«absolute Minderheit», was als Gegenbegriff zur eingebürgerten

«absoluten Mehrheit» eine Menge von weniger als 50 Prozent bezeichnet, also eben die Minderheit. Doch das weiß die absolute Mehrheit «absolut nicht» (überhaupt) und ebenso wenig, dass «das Absolute» ein Hegel'scher Begriff ist, der «Gott» ins Weltliche übersetzt. Alles andere ist relativ. Wenn also für ein Bankhaus ein neuer Standort «der absolute Favorit» unter mehreren Alternativen ist, dann ist er nur der relative Favorit – eine Wendung, bei der hoffentlich nicht nur die absolute Minderheit merkt, wie beknackt schon die originale Formulierung ist.

Wenn Friedrich Schleiermacher einst schrieb, Frömmigkeit sei das Gefühl «schlechthinniger Abhängigkeit von Gott», so müsste man heute schlechthin «absoluter» schreiben, derart dominiert «absolut» den Sprachgebrauch. Sagte ich «dominiert»? Dazu können Sie jetzt selbst Beispiele sammeln. Vielleicht finden Sie bei einer gründlichen, nö: «intensiven» Suche sogar ein paar Prachtstücke, nee: «Highlights». Oder Sie machen andere großartige, ach was: «geniale» Funde, «okay»?

Jetzt kommen Gefühle auf den Tisch!

Früher hörten die Leute noch auf ihr Gehirn. «Augen auf beim Autokauf!», hieß es beispielsweise, und der Kunde achtete auf einen brav werkelnden Motor und möglichst viel Luft im Kofferraum. Heute spielen solche rauen Fakten keine große Geige mehr: Worauf der Kunde lieber schielt, ist das weiche Wohlgefühl, ausgelöst vom behaglichen Schnurren der Zylinder und dem streichelnden Bssssss der Fensterheber.

Ohr und Sitzfleisch sind das Wichtigste beim Autokauf, nicht der kritische Augapfel. Zwar kann man einwenden, dass sich die Autos heute wie ein Huhn dem anderen gleichen und es sinnvoll ist, sich nicht länger einen Kopf zu machen. Der Einwand hat nur einen Haken: Er ist falsch. Auch ein splitterfaserneuer Pkw aus Groß-

Ardistan sieht frisch vom Band gottvoll aus wie die heilige Jung-
frau persönlich. Doch nach neun Monaten kullern die ersten Mo-
torschrauben durch die Fahrerkabine.

Der Autokauf ist nur *ein* Beispiel dafür, dass die Welt kompliziert
gebaut ist und den Leuten langsam über den Hut wächst. Einfache
Lösungen liegen nicht auf der Straße, die schwierigen aber passen kaum noch in die normalen Dachstübchen. Also riskiert man
gar nicht erst einen Brummschädel, sondern entscheidet aus dem
Bauch heraus und packt Gefühle auf den Tisch. Was mit der «gefühlten Temperatur» begann, hat binnen weniger Jahre kübelweise
Kinder gezeugt, die «gefühlte Gerechtigkeit» und die «gefühlte
Konjunktur», die «gefühlten Preise» und die «gefühlte Inflation»,
die «gefühlte Arbeitslosigkeit», die «gefühlte Liquidität» und die
«gefühlte Pleite»; in der schönen neuen Gefühlswelt existieren die
«gefühlte Zahl» und die «gefühlte Entfernung» ebenso pflaumen-
weich wie «gefühlte Schneehöhen» und das «gefühlte Regenwet-
ter». Pumperlsatt ist diese «gefühlte Wirklichkeit» von «gefühlter
Authentizität», und dem gefühlten Journalismus der *Bild*-Zeitung
sei Dank, waren wir einmal gefühlter Papst. Selbst das «gefühlte
Wissen» (Horst Evers) und das «gefühlte Gefühl» (Michael Ru-
dolf), von ihren Erfindern als Parodie in die Welt gepflanzt, treiben
ernste Blüten, die «gefühlte Gewissheit» (in der deutschen Ausgabe der *Le Monde diplomatique*) ist schon da.

Eines Tages wird die Politik die Mitwirkung der Menschen
draußen durch eine gefühlte Demokratie ersetzen, die Schule
akzeptiert das Produkt 77 als gefühltes Ergebnis von 7 × 7, und die
Spezialität der koscheren Küche heißt gefühlter Fisch. Das 21. Jahrhundert steckt noch in den Kinderbeinen, aber Gefühle hat es
bereits wie ein ausgefuchster alter Sack: Eine gefühlte Bedrohung
reichte den USA, um den Irak zu demolieren. Eine gefühlte Beleidi-
gung durch Mohammed-Karikaturen war genug, um die dümme-
ren Teile der Weltbevölkerung überkochen zu lassen. In patrio-

tischem Dusel schäumende Besucher einer Fußball-WM ließ durchgedrehte Soziologen eine «Weltgefühlsgemeinschaft» an die Wand malen, und eine christliche Partei begießt in ihrem Grundsatzprogramm das «patriotische Zusammengehörigkeitsgefühl».

Bedeutsamer als trockene Tatsachen sind klamme Meinungen; einfacher als Gedanken mit Ecken und Kanten sind Gefühle, die in jeden Gimpel passen – weshalb insbesondere das Privatfernsehen lieber auf nasse Emotionen setzt als auf kalte Gehirnarbeit. Nicht der graue Verstand, sondern das mollige Gefühl weist den Pappenheimern den Weg in der komplexen Welt.

Doch ein böser Verdacht klopft an die Denkerstirn: Selbst ausgewachsene Denker landeten bekanntlich mit ihren Theorien über Gott, die Welt und den ganzen Rest oft meterweit neben der Wahrheit. Die meisten Erkenntnisse, die die Wissenschaft zum Vorschein brachte und der Menschheit zur weiteren Prüfung auf den Tisch legte, lösten sich irgendwann in Schall und Rauch auf oder sind wenigstens vom Zahn des Zweifels heftig angenagt. Die kurze Geschichte des Wissens ist eine lange Geschichte der Irrtümer: Wer einmal rot war und dachte, weiß das aus eigener Hand, denn selbst der objektiv bewiesene wissenschaftliche Sozialismus hatte viel zu viele Löcher.

Steht demnach das Misstrauen gegen die Ratio auf eisernen Füßen? Dann ist es kein großes Wunder, dass die Leute lieber Religion oder Esoterik in der Birne haben, sich in Buch und Kino mit Fantasy vollmachen lassen oder in der Politik Verschwörungstheorien ausdampfen: Mit klarem Hirn ist der Umstand schwer zu ertragen, dass das Weltgeschehen mitnichten logisch abrollt. Sind aber allgemeingültige Wahrheiten und objektiv verordnete Tatbestände auf dem Abstellgleis angelangt, bleibt als verlässlich nur die eigene teure Person. Wichtig und richtig ist dann nicht mehr, was richtig und wichtig ist, sondern was «für mich» wichtig und richtig ist. Die Sprache bringt es an den Tag: Statt die Welt mit sachlichen

Augen zu betrachten und etwas zu erwarten, zählt das, was man «sich» erwartet, wenn man «sich» die Welt betrachtet.

Sinn hat das nicht, sondern die Leute «machen» sich ihren eigenen. Nur schwitzt der eigenartigerweise so wenig eine persönliche Duftmarke aus wie die gefühlten Gefühle. Sie sind geschickt zurechtgebastelte Abstraktionen wie die «gefühlte Temperatur», die von so vielen eiskalten bis brühwarmen Faktoren abhängt (Luftfeuchtigkeit, Windgeschwindigkeit, Sonnenstand, Kleidung, Körpergröße, Gewicht, Hauteigenschaft, seelische Verfassung und sogar die wirkliche Temperatur spielen mit), dass sie für jedes Individuum eine andere Farbe hat und in einem seriösen Wetterbericht keinen einzigen Atemzug tun dürfte.

Am Ende kippt die Sache um: Die millionenfach schillernden Empfindungen werden – selbstredend mit dem Mittel des kühl rechnenden Kopfes – vereinheitlicht, normiert und benutzt, um den werten Leuten eiernde Autos, breiige Fernsehprogramme und poröse politische Ansichten anzudrehen. Was scheinbar einzigartig ist, wird auf einen Einheitsgeschmack heruntergeschraubt, und der Mensch, der glaubt, hier seinen letzten Rest Individualität zu wahren, verliert sie auch hier, in einem unmerklichen, aber alles und alle umspannenden Wir-Gefühl. Das ist mehr als nur gefühlte Wahrheit!

Die Zügel eines Autokraten

Ein Hoch auf den deutschen Wortschatz! So groß, wie manche Linguisten behaupten und auch in diesem Buch schon angedeutet wurde, ist er vielleicht doch nicht, aber wenigstens ist er hoch genug, um sich verständlich zu machen. «Netze verkraften hohe Datenmengen», beruhigt ein Internetportal seine Nutzer, die Zeitung würdigt einen Journalisten, «dessen Wort hohes Gewicht hatte», und das Fernsehen klagt: «Von Anfang an wird der Krieg mit hoher Brutalität geführt.»

Dafür darf man «hohes Verständnis» haben und muss sich auch nicht hoch darüber lustig machen, wenn Autofahrer irgendwo «mit sehr hohen Wartezeiten» rechnen müssen. Die deutsche Sprache verdaut alles und verträgt auch einen hohen Fußballtrainer, der «auf weite Teile seines Gehalts zu verzichten» bereit ist, denn sie hat einen langen und weiten Bauch.

Der deutsche Wortschatz sei hoch, lang oder weit, am Ende zählt die große Verständlichkeit. Dann ist es auch wurscht, ob «sechs junge Norweger auf einem fadenscheinigen Floß» fuhren und Elvis Presley «zum abgehalfterten Wrack» mutierte, ob Michael Ende mit der «Unendlichen Geschichte» eine «inzwischen verjährte, aber wichtige Zentralerzählung der alten Bundesrepublik» lieferte oder der «Zeichner Uli Oesterle Autobiografisches abgründig und leichtfüßig zugleich verarbeitet». Was «verspulte Zeichnungen» sind, bleibt zwar leichtfüßig im Fadenscheinigen, ähnlich wie die Sache mit dem «ambivalenten Sohn der Stadt»; aber man ahnt, was «aufgeräumte Gespräche» sind, und darf davon ausgehen, dass der Käufer eines Bungalows den dazugehörigen «uneinsichtigen Garten» schon zur Räson bringen wird.

Anders drauf als der Garten ist beim Militär das Gelände, wenn ein Offizier «seine Truppe durch das unwirsche Terrain» jagt. Aber auch im bürgerlichen Leben, wo einem die Leute «von einer gespaltenen Kindheit» berichten, man wegen des Verkehrslärms «aus seinem kurzschlüssigen Schlaf» erwacht und hastig «ein schütteres Brötchen isst», ist es nicht höher, weiter oder größer, nur wirscher und schütterer.

Sogar ohne hohe Leitung versteht man, wenn das lange Gegenteil des Gesagten gemeint ist. Nicht enger Tadel, sondern weites Verständnis und Lob soll es sein, wenn eine Zeitung in ihrem Nachruf auf den Rückenschwimmer Roland Matthes schreibt: «Sein ästhetischer Schwimmstil war berüchtigt.» Hingegen nicht Verständnis und Lob, sondern Tadel soll es sein, wenn sie «das

Verdienst der kroatischen Nationalisten» beschreibt, «dass die Debatten über die Schuld am Bürgerkrieg immer nationalistisch gefärbt sind». Schmähung als Lobrede, Aufwertung als Tadel – so manche Zeitung ist ein ambivalentes Medium und titelt deshalb: «Floot veröffentlichen einen neuen Song – und mahnen Bandsterben in der Corona-Krise an».

Nun gibt es fast alle Zeitungen noch gedruckt, obwohl Print eine inzwischen verjährte Form des Publizierens ist, wenn nicht eine verspulte, und über das Deutsch der Zeitungsschreiber werden manche alten Leser ihre «wuschigen Brauen» heben; denn die, wie's besonders bei alten Männern ist, ähneln oft Wüschen und Sträuchern.

Die Bande zur deutschen Sprache sind eben nicht hoch, lang, weit oder, horribile dictu, eng, sondern schwach, wenn nicht lose geworden, weshalb ein SPD-Bürgermeister in Bayern über die Beziehung seiner Partei zur Gewerkschaft die Klage führt: «Die Bande ist seit Langem nicht mehr so stark, wie sie sein sollte.» Und es ist mehr als ein hohes Körnchen Wahrheit darin, denn so sieht die wuschige SPD seit Gerhard Schröder die olle Arbeiterbewegung, die unter ihm zum abgehalfterten Wrack mutierte. Trost konnte sie aus ihrer Vergangenheit schöpfen – ähnlich jenem fernöstlichen Völkchen, über das die Zeitung schreibt: «Die Fischer vom Volk der Niwchen auf Sachalin hängen am Leben ihrer Vorfahren» – aber nicht an deren Lebensweise, sonst stünde es ja da.

Nein, so hat die Vergangenheit keine Zukunft. Und die Gegenwart? Ist auch nicht höher, besser und weiter! In ihr herrschen Zustände, die das Leben der Zeitgenossen bedrohen, hier wie andernorts. In China ist «die Niederschlagung islamischer Extremisten» zu beklagen, und in Deutschland ist es noch schlimmer: «Wer in den Verein Hannover 96 eintreten wolle», zitiert die Presse einen ungenannten Zuträger, «werde teilweise zum persönlichen Gespräch mit dem entsprechenden Abteilungsleiter gebeten.» Die hohe Dichtkunst schließlich spiegelt ebendiese Realität, hat eine Zeitung doch messerscharf mitbekommen, «dass die Personen in dem Roman ‹Gegen die Träume› oft nur angeschnitten werden».

Statt angeschnitten zu werden, ist es sicherlich besser, wie ein Tier geführt und zugeritten zu werden wie unlängst noch in den Vereinigten Staaten: «Donald Trump trägt die Zügel eines Autokraten», gab die Presse schon früh über Ross und Reiter Bescheid.

Ganz ähnlich der Sprachkritiker: Er sitzt teilweise auf dem großen Ross und trägt die hohen Zügel eines Besserwissers!

Words Wörter

Weil die Grünen 2016 für die Wahl zum Berliner Abgeordnetenhaus keine Spitzenkandidatin aufgestellt hatten, schrieb eine Zeitung: «Stattdessen vertritt ein Viererteam die Grünen, vertreten durch die beiden Fraktionschefinnen und die Landeschefs». Das Blatt blickt auch über den Berliner Tellerrand und hat die Spannungen im türkisch-amerikanischen Verhältnis im Auge: «Dass die Gülen-Schulen über jeden Zweifel erhaben sind, bezweifelt nicht zuletzt das FBI.» Eine Spitzenleistung gelang schließlich einem Spitzenjournalisten in seinem Buch über die Olympischen Spiele 2016 in Rio, als er über die Ruderwettbewerbe notierte: «Nachdem sie im Doppelzweier den Endlauf verpasst haben, brechen Marcel Hacker und Stephan Krüger im Zielbereich mit Kreislaufzusammenbrüchen zusammen.»

Variatio delectat, Abwechslung erfreut, lautet eine Regel für gutes Deutsch; doch manchmal erfreut auch schlechtes Deutsch, zum Schaden des Verfassers, der darob aber keine Kreislaufkollapse erleiden muss. Was man muss, wenn der eigene Wortschatz zu klein ist oder man in der Eile den richtigen Ausdruck nicht parat hat, ist, sich Unterstützung zu suchen. In der alten Zeit, als Bücher noch geholfen und gute Dienste geleistet haben beziehungsweise zur Verfügung standen, das heißt, als man in Büchern, Wälzern, Schwarten nachschlagen konnte, um sich Rat (Hilfe, Beistand, Unterstützung) zu holen … da griff man zum Synonymlexikon: einem sehr guten wie dem Wehrle-Eggers («Deutscher Wortschatz. Ein Wegweiser zum treffenden Ausdruck») oder dem Dornseiff («Der deutsche Wortschatz nach Sachgruppen»), einem einfachen wie dem Textor («Sag es treffender») oder dem Duden, Band acht, der allerdings «Das Synonymwörterbuch. Ein Wörterbuch sinnverwandter Wörter» heißt, weil der Duden anscheinend für «Wörterbuch» kein Synonym kennt.

Die Nachschlagewerke haben ihre Schwächen, etwa die, dass sie langsam veralten, nicht zuletzt, weil keines der besten im Internet fortgeführt wird. (Ja, wer den «Dornseiff» sucht, landet bei einer Firma, die «von Kranvermietungen über Maschinenumzüge bis zur Vermietung von Teleskopstaplern ein komplettes Dienstleistungsspektrum» anbietet!) Doch es gibt eine Lösung: Wer mit Word arbeitet, kann den programmeigenen Thesaurus nutzen. Der kann es mit Wehrle-Eggers und Dornseiff nicht aufnehmen, aber reicht als Erste Hilfe.

Allerdings nicht immer. Für obiges «geholfen» zum Beispiel gibt es nicht nur im konkreten Fall untaugliche Vorschläge wie «gerettet, befreit, begünstigt» und das interessante «eingesprungen», sondern auch irritierende wie «zusammengetan, verbunden, durchgezogen». Immerhin berücksichtigt Word flektierte Formen, obzwar nicht alle; die gedruckten Lexika gehen nur von der ungebeugten Grundform aus.

Selbst ein seriöses Kompendium wie der Wehrle-Eggers kennt obszöne und vulgäre Wörter; nicht viele, aber den «Arsch». Word kennt ihn nicht. Wehrle-Eggers weiß auch von «Titten», Word nicht. Wehrle-Eggers schreibt sogar «Scheiße», Word niemals. Und so weiter: Man könnte ein Lexikon der verpönten Wörter erstellen, die Word nicht bekannt sind.

Ihm sind allenfalls die hochsprachlichen Ausdrücke geläufig, doch muss man sich auf Überraschungen gefasst machen: Die «Scham» ist hier kein Geschlechtsteil, den «Penis» gibt es nicht und das «Glied» bloß als «Körperteil, Ferse, Finger, Schenkel» und sogar «Zweig, Flechse». Wo die Geschlechtswerkzeuge fehlen, sind «ficken», «bumsen» und «poppen» logischerweise unbekannt. «Koitieren» ist möglich, darf aber durch «aufgehen in, zusammenfügen, beweihräuchern, entmischen» ersetzt werden. Man lernt nicht aus.

Word ist ein sauberes Programm, das in einer sauberen Welt zu Hause ist. «Geil» sein darf man in ihr schon, weil es nur ein anderes Wort für «hervorragend, poppig, hilfreich, fleißig» ist. «Sex» gibt es, weil er allein «Liebe» bedeutet, für die es hingegen eine Menge Synonyme gibt, etwa «Huld» und «Gunst», sogar «Fleiß, Emsigkeit, Eifer» und, hoppla!, «Lust». Und wenn Sex, Liebe oder gar Lust, dann in den richtigen Bahnen, so, wie es sich gehört: Words Wörterbuch sorgt dafür, dass es eine Welt ohne «Homosexualität» ist, niemand «schwul» beziehungsweise «lesbisch» ist.

Es gibt in ihr auch keine «Idioten» und «Schwachköpfe»; kein «Dickwanst» und kein «Krüppel» bevölkern unschön das Lexikon. Niemand ist «dumm», «doof» oder «bescheuert»; wer aber «beschränkt» ist, lebt bloß «begrenzt, anspruchslos, unfrei» und erstaunlicherweise auch «gequetscht» und «ausgelesen»; «töricht» heißt «neckisch, nebensächlich, flott», und eine «Dummheit» ist bloß ein «fauler Witz». Sagen Sie jetzt nicht: «So ein Blödsinn!» – den gibt es auch nicht.

Word will anscheinend eine puritanische Welt erzwingen, die moralisch, tugendhaft und politisch korrekt ist. Doch das kann nach hinten losgehen: Weil es all die schmutzigen Wörter und schlimmen Dinge nicht geben darf und selbstverständlich auch keine «Neger», ist aufgeschmissen, wer nach anderen Ausdrücken sucht. Er muss den «Neger» im Text stehen lassen.

Ortokarvieh dut Noht

«Man spricht deutsh», hat in dem gleichnamigen Gerhard-Polt-
Film von 1987 ein Italiener an seine Strandbude geschrieben, um
Urlauber aus Teutonien anzulocken. Noch besser als Ausländer, die
mit der deutschen Rechtschreibung nicht vertraut sein müssen,
können es Deutsche selbst: «Ich binn stols ein Deutcher zu sein!»,
hatte im Februar 1992 ein Eingeborener an eine Leipziger Haus-
wand gesprüht und einen Beleg geliefert, dass mangelnde Beherr-
schung der Orthographie mitunter doch von Doofheit zeugt.

Womöglich das Gegenteil beweisen Fehler wie «hahnebüchen»,
«Geschäftsgebahren» oder «Stehgreifspiel», weil die Schreiber
glaubten, die seltsamen Wörter hätten aus irgendeinem fernen
Grund mit Hähnen oder sogar Bahren beziehungsweise mit Stehen
und Greifen zu tun, obwohl der Stegreif vom «Steigen» und dem
alten Wort «Reif» für «Seil» kommt. Gemeint ist eine Schlinge als
Vorläufer des Steigbügels: Aus dem Stegreif reagierte man ohne
große Vorbereitung, nämlich ohne erst vom Pferd zu steigen.

Dass aber noch heute ein kindlicher Klassiker wie «Heidelbären»
als Sonderangebot eines Supermarktes zu lesen ist, lässt entweder
auf einen kleinen Komiker schließen – oder der Schreiber war ein
Zugroaster aus dem Norden, wo man ä und e nicht auseinanderhalten kann, weshalb es bei ihm nach der Schulzeit «nicht lange
wehrte» (so schreibt's eine norddeutsche Zeitung), bis das erlernte
Rechtschreibwissen wieder über Bord ging.

Heute sollen schon die Jüngsten nach Gehör schreiben, weshalb
die ABC-Schützen «oile» oder «foirwer» zu Papier bringen. Warum
nicht! Die Alten machen es ihnen ja vor, und nicht nur in Deutschlands flachem Norden. «UNO alamiert», titelt die Zeitung, ein Reiseführer für Südafrika weiß von «Gebharden», eine Mainzer Phy-
siotherapeutin wirbt mit «Lymphdrehnasche» und eine Hamburger
Firma sogar mit «Impriknirung», während ein Kölner Innenaus-

statter sich als «absolute Choriefe für alte und neuwertige Teppi-
che» ausgibt – eine Nonsens-Welt tut sich auf, zu deren Erschaffung nichts als schlechte Ohren nötig sind und deren komischer
Unsinn sich auch aufs handfeste Geschäft erstreckt, wo Verträge
«ausgehfertig werden». Hauptsache, alles «klinkt weniger skandal-
trächtig» als die Überschrift «Man schlägt seine Ehefrau», die aus
der Meldung einer Straftat sich in ein Gebot zu ihrer Ausübung
verwandelt, und müffelt nicht unheilvoll wie das Versprechen eines
Warenhauses: «Mit dem Kotwort Kiste erhalten Sie an der Kasse
eine kleine Überraschung.»

Nur ein Druckfehler mag vorliegen, wenn die «transsexulle Sa-
bine/43 J.» in einem Reklameblättchen ihre Dienste anbietet. Wenn
aber Profis so in der Zeitung werben: «Erfahrenes Textbüro ließt
Ihre wissenschaftlichen Arbeiten», ein arbeitsuchender Lehrer via
Inserat auf sein «1. Staatsegsamen» verweist und eine Gymnasiallehrerin Nachhilfe für «alle Schultüpen und Fächer» anbietet, dann
heist es Opaacht.

Korrekte Orthographie zeugt von Wissen und Bildung und ist
folglich eine ernste Sache. Umso lustiger ist es deshalb, Fehler zu
machen – oder eben, sie zu bemerken! Ein langweilig korrekt ge-
schriebener Text erleichtert das Lesen, weil man nicht herumrät-
seln muss; aber das heißt zugleich, dass das Gehirn nicht gefordert
wird. Zudem kann es nur gut sein, wenn infolge einer mangelhaften
Orthographie Misstrauen gegen einen womöglich nicht ganz koscheren Inhalt keimt: Der Kopf sucht nach Gründen für die Fehler
und arbeitet, dazu hat man ihn.

Außerdem ist es wie mit allen Regeln: Sie zu lernen, ist anstren-
gend und kostet Zeit, in der man sich viel besser anders beschäftigen könnte. Zugegeben, Regeln vereinfachen das Leben, wenn man
sie intus hat, weil man fortan Zeit und Anstrengung spart. Die
Folge: Man wird faul! Das kann in einer Hochleistungsgesellschaft
nicht richtig sein.

Rechtschreibung ist also Mist. Ein Hoch deshalb auf ihre Reform, die zwar mehr als 20 Jahre her ist, aber bis heute für Fehler und Glückserlebnisse sorgt. Beispielsweise hat sich der Duden um die Klein- und Großschreibung verdient gemacht, sodass die Leute jetzt Adjektive sicherheitshalber großschreiben, wenn es ein gleichlautendes Substantiv gibt: «Seehofer ist Schuld», «doch Gemach!» und «herzlich Willkommen».

Vor allem das Prinzip, auseinander zu schreiben, ist bis heute «nicht tot zu kriegen». So muss schief gehen, was schiefgehen kann: «Seehofer und Söder: Zusammen gerauft» ist eine Meldung überschrieben, die korrekt geschrieben viel weniger Aufmerksamkeit verdiente; «der frisch gebackene griechische Finanzminister» lebt in Wirklichkeit bis heute ungebacken weiter, und zum Schluss sei die per Aushang in einem Supermarkt gestellte Frage eines echten Deutschen zitiert: «Hund aus Führer gesucht?»

Sieben hoch zwei ist vierzehn

Dass Fußballer es nur in den Beinen haben, ist ein Klischee, aber gestützt von berühmten Anekdoten. So soll der Nationalspieler Horst Szymaniak bei einer Vertragsverhandlung darauf beharrt haben, er wolle nicht ein Drittel, sondern ein Viertel mehr; und der Trainer Fritz Langner, so wird kolportiert, habe seinen Schützlingen befohlen: «Ihr fünf spielt jetzt drei gegen vier!»

Dass auch Geistesmenschen an Zahlen scheitern, ist weniger bekannt. Thomas Mann behauptet in «Mario und der Zauberer» glatt, eine fünfstellige Zahl nähere sich einer Million; und in Roda Rodas Humoreske «Meine Nordpolexpedition» bricht der Ich-Erzähler mit «zweiundzwanzig Leuten» auf, doch «gaben elf schon nach zwei Tagen als zu fad auf. Die übrigen neun verlangten bald ihre Pensionierung. Ungebrochenen Mutes setzte ich die Forschungsreise mit dem mir verbliebenen einzigen Gefährten fort,

dem Hauptmann-Rechnungsführer a. D. Alois Prantl.» Der rech-
nungsführende Leser stutzt, denn Erzähler plus 22 minus 11 minus
9 ergibt – rechnen Sie nach: Am Ende sind Erzähler und Dr. Prantl
zu dritt!

Die Gehirne der Menschen lassen sich hauptsächlich in zwei
feindliche Gruppen einteilen: Die einen können rechnen, die anderen reden. Die erste Gruppe hängt den exakten Wissenschaften
an, also Mathematik, Physik, Chemie und ähnlichen Disziplinen.
Die andere hat es mehr mit den Kulturwissenschaften, wo Logik
und Vernunft nicht unbedingt zählen, es kommt mehr auf Ge-
schmack, Meinung, Diskussion und so an.

Es sind zwei Welten, die zueinander nicht kommen können. Damit nämlich den Angehörigen der zweiten Kategorie, den Geistesmenschen, die Welt der objektiven Zahlen nicht fremd wäre, hätten
sie in der Grundschule Unterricht im Rechnen haben müssen. Das
ist nicht der Fall, sonst könnten sie bis sechs zählen. «Fünf Soldaten getötet», titelt die Zeitung und führt aus, dass «fünf amerikanische sowie ein afghanischer Soldat getötet worden» seien. Aber
die Zeitung kann nicht mal bis vier zählen: Sie berichtet über eine
Aktion Botanischer Gärten in Potsdam, Marburg, Berlin und Dresden, wo «an allen drei Orten» Bürger Pflanzenpatenschaften übernehmen sollen; oder sie widmet sich unter der Überschrift «Ein
Volk in drei Ländern» den Kurden, die ausweislich der beigefügten
Landkarte in der Türkei, im Irak, im Iran und in Syrien siedeln. Ja,
selbst bis zwei zählen ist nicht so einfach: «Der Blick der radikalen
Linken auf Brüssel ist vor allem durch eines geprägt: Ablehnung
und Angst.» Kein Einzelfall! «Auch für den westlichen Beobach-
ter», heißt es über den syrischen Bürgerkrieg, «sind Facebook und
Youtube eine der raren Möglichkeiten, etwas mehr vom Charakter
des Konflikts zu begreifen.»

Eingestandenermaßen gibt es Zweifelsfälle. Ist ein zweistöcki-
ges Haus nicht eher ein einstöckiges, nämlich zweigeschossiges?

Handelt es sich bei einer Steigerung um 1000 Prozent um eine Ver-
zehnfachung (eher falsch) oder eine Verelffachung (richtiger)?

Überhaupt die Prozente! Hapert es schon mit den Grundrechen-
arten schlechthin, so ist es nur konsequent, dass es mit der Prozentrechnung völlig schiefgeht. «79 Prozent weniger Gewinn» attes-
tierte eine Zeitung dem Unternehmen Daimler und belegte die
Zahl so: «Für das Gesamtjahr erwartet der Konzernchef einen Gewinn von sieben Milliarden Euro, rund drei Milliarden weniger»
als im Vorjahr. Drei von zehn sind demnach 79 Prozent.

Es geht noch besser! «Jeder Fünfte traumatisiert», titelt eine
Zeitung, denn: «Rund fünf Prozent der Flüchtlinge sind nach Ein-
schätzung des schleswig-holsteinischen Gesundheitsministeriums
traumatisiert.» Traumatisiert war vielleicht auch der Journalist,
dem auffiel, «dass von den Hilfesuchenden 53 Prozent Männer und
48 Prozent Frauen sind» – und da sind die Angehörigen des dritten Geschlechts nicht einmal eingerechnet. Aber ein guter, un-
widerlegbarer Grund spricht für solche Berechnungen: Das Reich
der Zahlen hört nicht bei 100 auf! Deshalb berichtet die Zeitung
von der Umfrage vor einer Bundestagswahl, der zufolge «etwa
40 Prozent eine konservativere Union wollen, während mehr als
zwei Drittel für Konstanz oder gar einen linksliberaleren Kurs plädieren».

Ein anderes Blatt wiederum weiß: «Scheiterte 2008 gut jeder
vierte Auszubildende, liegt der Anteil mittlerweile schon bei
25 Prozent.» Das ist immerhin nicht falsch; und ob falsch oder
nicht, muss sowieso manchmal offenbleiben: «144 Prozent – so
stark ist die Zahl der Integrierten Gesamtschulen gestiegen» – ob
«auf» oder «um», wissen nur die Götter; wie soll es ein kleiner
Journalist wissen!

Bescheid wusste aber einer vom Radio, der kundtat, die Zahl der
von Hamburger Zollbeamten beschlagnahmten Zigaretten sei im
Vergleich zum Vorjahr «um mehr als 200 Prozent zurückgegan-

gen». Kommentar des Hörers, der diese Glanzleistung festhielt: «Vermutlich haben sie den Schmugglern die im Vorjahr beschlagnahmten zurückgegeben, um das hinzubekommen.»

Pippi Langstrumpf wusste nichts von Prozentrechnung, dafür was von Plutimikation; vielleicht auch von Dividation. Vermutlich war's ihr so egal wie Michel Houellebecqs Übersetzer, weshalb es im Roman «Unterwerfung» heißt: «In den problematischsten Vierteln war die Kriminalitätsrate sage und schreibe um das Zehnfache gesunken.» Und dann gibt es noch die Potulenzrechnung! Die Zeitung kann sie wie alles andere, weshalb die Quersumme des Datums 11.9.2001 die ominiöse Sieben ergibt: «1+1+9+2+1 = 14 = 7 (hoch 2)».

Verschwörungstheorien, wie sie rund um den 11. September wuchern, sind weniger objektive Theorien als subjektive Gewächse; und für den Kulturmenschen ist alles subjektiv, auch die scheinbar uhrwerkhaft abrollende Zeit. Über «1984–1999. Das Jahrzehnt» vermag infolgedessen ein Fernsehmagazin zu berichten, weil sich die Zeit nach persönlichem Belieben dehnen oder stauchen lässt. Manchmal ums Millionenfache! Beispiel Evolution: Die Pilze «erfanden den Sex», legten «den Grundstein für ihre eigene Verbreitung» – und «im Lauf der Jahrhunderte überlebten sie in teils parasitischen, teils symbiotischen Lebensgemeinschaften». Vor allem wenn es um Zeiträume geht, verrechnet man sich eben oft. Es muss sich nicht um Jahrmillionen handeln: «Ich weiß nur», erinnerte sich ein Fernsehreporter 2003 im Interview, «dass ich seit 1965 mit der Tour de France unterwegs bin. In diesem Jahr also zum 38. Mal.» Es war das 39. Mal.

Zahlen sorgen scheinbar für Sicherheit und Genauigkeit, tatsächlich für Zweifel und Unklarheit. «Mehr als 38 Prozent von einem Viertel der 520 Bundestagsabgeordneten können keine Zeitung nennen, die sie aufmerksam lesen», klagt ein Parlamentsjournalist. Und diese Glosse könnte Ihnen, liebe Leserinnen und Leser,

sogar noch x Beispiele mehr von y Prozent eines n-ten Teils der soundso großen Menge an Rechenfehlern anführen!

Auf massiv dünnem Eis

Zwischen Sprache und Mathematik gibt es einen kleinen Unterschied: Eine Zahl ist eine Zahl ist eine Zahl. Ein Wort hingegen
bedeutet nicht immer dasselbe: Die «Untiefe» ist mal eine seichte
Stelle, mal eine unbekannte Tiefe; «sanktionieren» heißt mal «be-
strafen», mal «billigen»; das «gewisse Etwas» ist eben deshalb
reizvoll, weil es ungewiss ist. Die Präposition «bis» bezeichnet mal
eine Strecke oder eine Zeitspanne wie im Sprichwort vom Krug, der
zum Brunnen geht, bis er bricht, und mal schreibt das *Greenpeace-
Magazin*: «Bisher hat nur Lidl erklärt, auf Fleisch aus der schlech-
testen Haltungsform für Schweine bis 2022 und für Rinder bis 2025
zu verzichten.»

Danach wird es also wieder verkauft? Nein, «bis» soll hier «ab»
bedeuten. Schulgemäß antwortet «bis» auf «Wie weit?» und «Wie
lange?», nicht auf «Wann?». Umgangssprachlich gehen solche
Unterschiede schnell verloren, weil man sich darauf verlässt, dass
die Leute es schon falsch verstehen werden. Für dieses Phänomen
gibt es weitere Beispiele, so die Äußerung eines FDP-Politikers:
«Wir brauchen weniger Behörden, die sich besser abstimmen und
mehr verantwortlich fühlen.» Oder meint er tatsächlich – die FDP
ist ja Staatsfeind Nummer 1 –, was er sagt? Wenn nicht, hätte er
bloß ein «dafür» vor «besser» einfügen müssen.

Noch deutlicher machten es «jedoch» oder «aber», aber Wörterchen dieser Art werden eher dort in den Satz gerammt, wo sie
überflüssig und sogar falsch sind. Wenn es um Geschichte geht:
«Keinem anderen wurden in Deutschland mehr Denkmäler gesetzt
als Otto von Bismarck. Rund 700 sollen es sein. Doch seit einigen
Jahren haben die Rechten den ‹Eisernen Kanzler› für sich ent-

deckt.» Oder um Migrationspolitik: «Druck in Richtung ‹Quantität vor Qualität› hatte vor allem Jutta Cordts Vorgänger Franz-Jürgen Weise entfaltet. Cordt aber hatte, nachdem sie Anfang 2017 auf Weise folgte, dessen Kurs fortgesetzt.» In der Kultur: «Madonna sei am Boden zerstört, aber es gehe ihr nicht gut genug, um auftreten.» In der Wirtschaft: «Uber-Fahrten sind deutlich günstiger als Taxifahrten. Der damit immer größere Einkommensverlust stürzt traditionelle Taxi- und Lieferfahrer dagegen in zunehmendem Maße in Existenznot.» Oder im Geschlechterkampf: «Frauen aus dem Osten gelten als besonders flexibel und aufstiegsorientiert und haben das vereinigte Deutschland entscheidend mitgeprägt. Aber wie kommt das?»

Aber wie kommt das? Widersprüche und Gegensätze treiben die geschichtliche Entwicklung voran, und vielleicht sitzen heimliche Anhänger von Marx' und Engels' Historischem Materialismus schmunzelnd in den Redaktionen. Vielleicht haben sie sogar die Welt des Schachjournalismus erobert: Der indische Ex-Schachweltmeister «Anand gilt sicher nicht als großer Open-Spezialist», schreibt einer und setzt unter das Foto die Unterschrift: «Open-Spezialist Anand». Dem Alkohol zugeneigt, um sich die Welt schön zu trinken, sind Journalisten sowieso. Kein Wunder, dass sie Bescheid wissen: «Nach der Welle um Craftbiere und verschiedene Gin-Sorten erobert nun Korn die Szenebars.» Untertitel des Beitrags: «Das Traditionsgetränk Korn gilt in Szenebars als verpönt». In der Redaktion ist er es nicht.

Was verschlägt's? Tut's der «unglaublichen Glaubwürdigkeit» der Medien Abbruch? Nein: Alles ist richtig, auch das Gegenteil, hat schon Kurt Tucholsky gesagt. Und in Wirklichkeit handelt es sich natürlich nicht um marxistisch geschulte Undercover-Agenten, sondern um Journalisten, die nicht die Muße haben, den richtigen Ausdruck auszubrüten: «Tatsächlich war die Wirkung der Langspielplatte auf das, was erst Jahrzehnte später ‹Popkultur› genannt wurde, kaum zu unterschätzen» – sie war also gleich null? «Die USA sind die größten Gläubiger der Volksrepublik China» – und das trotz einer Billion Dollar Schulden? «Sicher erscheinen Flüge ohne Ozean im Weg vermeidbarer als Inlandsflüge» – wo Steinhuder Meer und Chiemsee sich den Flugzeugen in den Weg stellen?

Statt Zeit zu verplempern, indem man die passenden Wörter sucht und die richtigen Sätze baut, ist es einfacher, den gerade angesagten Mustern zu folgen. So hielt es zum Beispiel die Grüne Annalena Baerbock, die während der Corona-Krise warnte: «Wir sind auf massiv dünnem Eis.» Ja, mit Modewörtern und Floskeln begibt man sich auf massiv dummes Eis! «Mit einer kleinen Portion Glück», so ein Sportfunktionär während irgendwelcher Winterspiele, «können wir die Goldquote von Vancouver auf jeden Fall erfüllen.» Warum braucht es dann Glück? Der Politiker Peter Altmaier wiederum findet, dass eine Summe von drei statt 150 Milliarden Euro «im Vergleich absolut gering» ist. Ist sie dann nicht relativ gering? Und wie ist es möglich, dass ein Fußballprofi «trotz mancher Nachlässigkeiten» als «absolut zuverlässiger Ersatzmann» gilt?

Aber im Sport geht es «immer nie» logisch und folgerichtig zu, ebenso wenig im Sportjournalismus: «Nicht nur die Niederlande werden bei diesem Turnier vermisst, auch das Fehlen anderer Europameister der jüngeren Fußballhistorie, Griechenland oder Dänemark, fällt nicht auf.» Es fällt auch sonst vieles nicht auf, etwa wenn das eine Lokalblatt klagt: «Waffenbesitzer werden oftmals selten kontrolliert», und ein anderes berichtet: «Künftig nun soll es nur noch acht Landkreise geben.» Nicht nur der politische Raum, heute gerät selbst die Zeit künftig nun aus den Fugen!

Eine aufgekratzte Euphorie

Anders als der Name suggeriert, lehrt das physikalische Gesetz der Trägheit, dass eine Masse in Bewegung ist. Auch die Sprache kennt keinen Stillstand, sonst spräche man hierzulande noch heute Mittel- oder gar Althochdeutsch, ja Germanisch – und nicht mal das, sondern Indoeuropäisch, ach was: Die Deutschen würden sich durch Urlaute verständigen wie der soeben dem Affentum entflohene erste Mensch.

Veränderungen, die sich in der Vergangenheit vollzogen haben, nimmt man als selbstverständlich hin. Noch vor wenigen Jahrzehnten war «nichtsdestotrotz» ein Ulkwort, während das damit parodierte «nichtsdestoweniger» heute viele Leute «überkommen» dünkt, das neuerdings «veraltet» bedeuten kann.

Kurios ist vor allem die Wandlung, die Fremdwörter erfahren haben. Die deutsche Sprache hat Erstaunliches geleistet, um die Einwanderer zu integrieren:

Der seriöse «Stil» ebenso wie der hippe «Style» gehen auf lateinisch «stilus» zurück, den Schreibgriffel. Die «Ampel» lässt sich über die Ampulle, die im Mittelalter mit Öl gefüllt als ewiges Licht in der Kirche leuchtete, auf die griechische «amphora» zurückführen. Der «Skandal», griechisch «skandalethron», bezeichnete das Hölzchen oder den Hebel, der eine Mausefalle zuschlagen ließ, dann einen Fallstrick.

Beim «Klon», der im Griechischen zuerst ein «Baumzweig», dann ein «frischer Trieb» und schließlich ein «Setzling» war, scheint die Entwicklung vorerst an ein Ende gekommen zu sein. Bei vielen Wörtern ist die Sache noch in Bewegung. Eine «Expertise» war allein ein Gutachten und bedeutet immer häufiger auch: Fachwissen. Die «Biografie» steht nicht mehr allein für den geschriebenen Lebenslauf, sondern für die eigene Lebensgeschichte – sie bezeichnet das Leben selbst, das als Gegenstand bürokratischer

Verwaltung betrachtet und zur Datei wird, um im Konkurrenz-kampf gegen die anderen Lebenden verwertet und verwurstet zu werden.

Die «Mission» hatte jahrhundertelang eine religiöse Bedeutung: Gemäß lateinisch «mittere» (schicken, gehen lassen) handelte es sich um die «Entsendung christlicher Glaubensboten» in die heidnische Fremde. Inzwischen bezeichnet sie auch die Entsendung von Soldaten ins feindliche Ausland; und weil das Ziel der kirchlichen Mission die «Verkündung des rechten Glaubens unter Andersgläubigen» war, benennt das Wort auch den rechtgeleiteten militärischen Auftrag: «Auf der anderen Seite sieht Israels Militär die Mission der Scharfschützen, auf jeden zu schießen, der sich der Grenze nähert, als präventive Sicherheitsmaßnahme.»

Ja, die Mission muss weder kirchlich noch militärisch sein: «Meine Mission war, diese Entführungsgeschichte besprechbar zu machen», umreißt Johann Scheerer, Sohn des gekidnappten Jan Philipp Reemtsma und Autor des Buches «Wir sind dann wohl die Angehörigen», sein Anliegen. «Unsere Mission ist es, die Gesundheitsdaten der Welt nutzbar zu machen», bringt eine Kardiologin das Ziel der Google-Firma Verily auf den Punkt. Der Telekom-Konkurrent Vodafone wirbt besonders raffiniert mit dem Spruch «Deine Privatsphäre – unsere Mission». Sehr richtig: Die Mission der Firma besteht in deinen Daten.

Bedeutungserweiterung, nicht Präzision liegt im Trend. Das muss kein Nachteil sein. Die «Olympiade» etwa: Im Altgriechischen bezeichnete sie die Zeitspanne zwischen den Olympischen Spielen, heute belegt man auch das Sportfest selbst (und andere Wettbewerbe wie die «Schacholympiade») mit dem Wort. Warum auch nicht? Auf der alten Wortbedeutung zu beharren, hieße, auf Deutsch altgriechisch reden zu sollen.

Mehr als nur zweierlei Bedeutung angenommen hat die altgriechische «Euphorie» (eigentlich: «gelöste Stimmung, Heiterkeit»):

Sie deckt mittlerweile von Zustimmung, Zuversicht und Zufriedenheit bis Freude, Begeisterung und Hochstimmung sämtliche
Facetten von Bejahung und Einverständnis ab. Auf Beispiele kann
verzichtet werden, denn vor allem in der Sportberichterstattung ist
die «Euphorie» allgegenwärtig.

Ebenso gern genommen wird die «Motivation» alias Ansporn,
Anlass, Grund, Ursache und überraschenderweise auch Ziel («Sie
staunen, dass ich so hart trainiere? Die Olympiade ist meine Motivation!»). Die vielseitige Verwendbarkeit ist es, die zum Gebrauch
«motiviert» und nebenbei den Satzbau verändert: Statt «Was motiviert Sie, das Wort Motivation zu verwenden?» hätte man früher
eine einfache «Warum»-Frage gebildet.

In der Regel vollzieht sich der Wandel unmerklich und unbemerkt. Dafür ist das Adjektiv «notorisch» ein Beleg, das eigentlich
«bekanntlich» bedeutet, aber inzwischen meist im Sinn von «dau-
ernd, ständig, wiederholt» verwendet wird wie im Fall «der notorisch ignorierten ökologischen Wende».

Die notorische Glossiererei hingegen sorgt bei Ihnen hoffentlich
für «eine aufgekratzte Euphorie»!

Ein äußerst brutales Blutbad

Ein alter jüdischer Witz handelt von einem Heiratsvermittler, dem
Schadchen. Der hat zur Besprechung über die Braut einen Gehilfen
mitgebracht, der vor dem Bräutigam in spe seine Mitteilungen be-
kräftigen soll.

«Sie kommt aus einer angesehenen Familie», sagt der Schad-
chen. «Was heißt angesehen? Die Familie gehört zur Crème de la
Crème!», ruft der Gehilfe. – «Und ihr Vater ist wohlhabend.» «Was
heißt wohlhabend? Ihr Vater ist reich wie Rothschild!» – «Und das
Mädchen ist schön.» «Was heißt schön? Sie ist eine Venus!» –
«Aber das eine ist wahr», gesteht der Schadchen zu, «sie hat einen

winzigen Buckel …» «Was heißt Buckel? Einen Buckel wie ein Berg!»

Übertreibungen gehören «definitiv» zum Geschäft, sie prägen «ultimativ» die öffentliche wie die private Rede. «Richtig falsch» sind sie nicht in jedem Fall; aber nicht, weil Trommeln «absolut» zum Handwerk gehört, sondern weil Trommeln zum Handwerk gehört. Die Wörter sind nämlich, Überraschung!, mehr als nur Geräusch und bedeuten etwas.

Allerdings ist die Bedeutung der Wörter nirgends gesetzlich festgelegt, nicht einmal die der Zahlwörter. Den Beweis liefern die Zeitungen. Sie berichten zum Beispiel, dass auf dem Parteitag der Südwest-SPD der Kandidat Andreas Stoch «mit acht Stimmen Vorsprung» gewählt wurde, und erinnern daran zwei Spalten später: «Der Parteitag wählt Andreas Stoch mit der denkbar knappsten Mehrheit zum Vorsitzenden» – eine Stimme Mehrheit wäre also nicht so knapp.

Die Wahrheit ist konkret, aber zum Glück gibt es die Sprache. Da trötet die Zeitung, dass die Ehe des Schauspielers George Clooney mit der Anwältin Amal Alamuddin «glamouröser nicht sein könnte», obwohl die Zeitung bestimmt einige glamourösere Beziehungen kennen dürfte. Und der «alle mitreißende Musiker und Dichter Leonard Cohen»? Der hat wenigstens nicht alle mit seiner Musik und Dichtung eingeschläfert.

Aber das Übertreiben hat nun mal oberste Priorität, ja sogar «alleroberste Priorität» – jedenfalls wenn es Priorität hat. Super muss es sowieso sein, noch nie dagewesen, die Nummer eins, the one and only, zum Beispiel beim Infosender Phoenix: «Der Rhein – Europas einziger Fluss, der die Alpen mit der Nordsee verbindet». Mit Loriot zu reden: Sa-gen-haft! Getoppt werden könnte das allenfalls von dieser Sensationsmeldung: «Die Nordsee – das einzige Meer, in das der Rhein mündet!!»

Die Sprache muss «von endlichen Mitteln einen unendlichen

Gebrauch machen», diagnostizierte Wilhelm von Humboldt. Nach 200 Jahren, in denen viele Wörter infolge massenhaften Gebrauchs verbraucht wurden, ist zu ergänzen: einen unendlich leeren Gebrauch. Folglich muss Nachschub her – und sei es durch Umetikettierung, also Bedeutungswandel. Gerade in der Wäsche steckt «brutal»: Die vormalige SPD-Bundestagsabgeordnete Petra Hinze hatte ihren Lebenslauf «brutal gefälscht», ein ZDF-Journalist muss «zu brutal früher Stunde» das «Morgenmagazin» moderieren, und eine Schriftstellerin schildert, so wähnt eine Zeitung, die Probleme gewöhnlicher Menschen «auf brutalst charmante Art». Damit Sie aber nicht glauben, auch «brutal» bedeute nicht mehr brutal, sei der Sender One zitiert, der einen Trailer mit dem Halbsatz beschließt: «Bis der Junge Amok läuft und ein äußerst brutales Blutbad anrichtet» – statt bloß eine Glosse zu schreiben.

Drama, Baby!

Jeder will normal sein, dabei ist das Normale dem Durchschnittlichen, Mittelmäßigen und Gewöhnlichen wesensverwandt. Interessant sind und bemerkt werden, weil sie auffallen, die Abweichungen, während das Normale, Angepasste und Vernünftige langweilig ist, übersehen wird oder Überdruss hervorruft. Es wird also seinen Grund haben, dass Dinge, die aus dem Rahmen fallen, mit Vokabeln aus dem Gegenreich der Unvernunft und Torheit belegt werden wie «Wahnsinn», «toll», «unheimlich», «verrückt», «crazy» oder, da wird das Abirren vom rechten Weg ausdrücklich gefeiert, mit «irre».

«Irrsinniges Talent» sagt das Feuilleton einem Dokumentarfilmer nach und rühmt einen «irre komischen, irre rasanten, irre großartigen Roman». «Es war ein tolles Jahr, in dem ich wahnsinnig viel gelernt habe», resümiert eine Angestellte ihr erstes Jahr bei der Firma. «Man braucht einen Schuss Wahnsinn», gesteht auch eine Journalistin, die mit einer Reportageseite im Internet Geld verdienen will. Studenten sind gegen Semesterende selbstredend «wahnsinnig gestresst», und eine Juristin bekennt, ihr Beruf mache ihr «unheimlichen Spaß». Der Druck der Normen und Regeln ist offenbar so groß, dass schon eine irre kleine Abweichung vom Mittel genügt, damit etwas als crazy gilt.

Man kann vermuten, dass der verrückte Bedeutungswandel dieser tollen Wörter im 18. Jahrhundert einsetzte, als mit dem Aufstieg des Bürgertums das Rationale, Zweckmäßige und Nützliche als Ideal etabliert wurde und sich, bewusst oder unbewusst, eine verrückte Gegennorm, eine Opposition herausbildete. Möglicherweise begann der Wandel aber schon früher wie im Fall «toll». Das Adjektiv bedeutete anfänglich, so teilt es Grimms «Deutsches Wörterbuch» mit, «des oder wie des verstandes beraubt und darnach sich geberdend, unsinnig, tobsüchtig, närrisch». Aber, heißt es weiter, schon im Hochmittelalter weitet sich die Bedeutung, und im späten 16. Jahrhundert drückt «‹toll› endgültig auch gute eigenschaften aus, indem der begriff des ausgelassenen und lärmenden übergeht in den von lustig und fröhlich, der des wunderlichen und auffallenden in den von bewundernswert, zum verwundern gut, grosz und schön».

Es handelt sich um abweichendes, nicht von Vernunft und Berechnung geleitetes Verhalten: «Toll» ist das Gegenteil von normal, nüchtern, sachlich. Bis zur Diktatur des Sachzwangs, der irre alternativlos regiert, war es freilich ein wahnsinnig langer Weg. Inzwischen ist der tolle Sprachgebrauch nicht nur unheimlich inflationär geworden, sondern geradezu – irre normal. Deshalb haben in den letzten Jahren einige weitere Wörter wie verrückt, nein: «dramatisch» an Beliebtheit gewonnen. «Dramatisch» bedeutete früher «spannend, bedrohlich», unter Philologen auch: «in Form eines Theaterstücks». Heute verfügt Holland über eine «dramatisch verjüngte» Fußballmannschaft, ein Konzern erzielt «einen

dramatisch höheren Gewinnanteil», und «die Zahl der Demokratien in der Welt wuchs dramatisch» – nehmt euch also in Acht,
Leute! Auch die Patienten sehen sich besser vor, denn im Kampf
gegen Krankenhausinfektionen sind mancherorts «die Erfolge dramatisch».

Der Fußballtrainer Jürgen Klopp fühlte sich «für eine Nieder-
lage dramatisch verantwortlich»; dass in Deutschland mehr englische Literatur als türkische gelesen wird, findet eine Türkisch-
übersetzerin «nach 50 Jahren Migration dramatisch», und die
Zeitung zitiert einen Biologen mit den Worten: «Grizzlys und
Polarbären sind dramatisch unterschiedliche Spezies.» Merkwürdig nur, dass beide sich paaren und die Kreuzungen («Hybride»)
sich propper im kanadischen Norden herumtreiben! (Dramatisch
unterschiedliche Spezies wären eher Wale und Skorpione.) Ein
«dramatisches Ende» aber nahm am 2. Oktober 2012 Dirk Bach, der
kurz vor der Premiere seines neuen Theaterstücks starb – «woran,
war gestern noch völlig unklar». Dramatischerweise könnte er
friedlich im Schlaf gestorben sein.

Das Wort hat seinen Sinn nicht nur verändert, sondern ist im
Begriff, ihn im Dampf der aufgeheizten Emotionen zu verlieren.
«Dramatisch» bedeutet nicht länger «dramatisch», sondern «dras-
tisch, beachtlich, groß, viel, sehr», auch «unverhältnismäßig», «un-
erwartet», «unnormal» und mitunter gar nichts. Fest steht: Wenn
sich die aufgepeitschten Nerven beruhigt haben, kann «dramatisch» nüchtern und sachlich durch ein «sehr» ersetzt (oder wegge-
lassen) werden.

Man könnt' sonst von so viel Drama, wo weit und breit keines
ist, ein Trauma erleiden, schon weil auch ein «Trauma» längst kein
Trauma mehr ist. Eigentlich handelt es sich um eine gewaltsame
Verletzung körperlicher Natur oder seelischer Art. Sprachlich ist
ein Trauma bloß eine ungute Erinnerung: Hollands Fußballer leiden an einem «Final-Trauma von 2010», behauptete ein Presse-

organ im Jahr 2014. Wie sehr es die Kicker lähmte, konnte man kurz danach bei der Weltmeisterschaft im selben Jahr sehen, als die Elftal gegen die Spanier mit 5 : 1 eine drastische, nein: dramatische Revanche für die Endspielniederlage vier Jahre zuvor nahm. Für die Grünen galt nach der verkorksten Bundestagswahl 2013: «Ganze 63 Bundestagsabgeordnete werden es als kleinste Opposition schaffen müssen, die traumatisierte Partei zu heilen.» Nicht besser dran sind die Katholiken: «Benedikt XVI. lässt eine traumatisierte Gemeinde hinter sich», war nach seinem Rücktritt zu lesen – über eine Milliarde Katholiken sind seither in psychiatrischer Behandlung und leisten den Journalisten Gesellschaft. Sie, liebe Leserinnen und Leser, sind von dieser irre dramatischen Pointe hoffentlich nicht traumatisiert!

Definitiv mit das Beste!

Wer eine Allergie hat, reagiert auf Substanzen, die Gesunden nicht schaden und von ihnen nicht einmal bemerkt werden. Es gibt auch sprachliche Allergien.

Uli Hoeneß, schreibt Christoph Bausenwein in seiner Biografie des Fußballspielers, Vereinsmanagers und Steuerkriminellen, hatte als «Würstchen-Millionär finanziell ausgesorgt und konnte im Dienst des FC Bayern völlig frei und ohne alle finanziellen Hintergedanken agieren. Und er blieb stets dankbar für das große Glück, das ihm die Würstchen beschert hatten.» Scheinbar normale Sätze also – doch der Allergiker reagiert auf winzige Dosen: Warum «völlig» frei, warum ohne «alle» finanziellen Hintergedanken, und war Hoeneß wirklich «stets» dankbar?

Zum Ausbruch kam die Erkrankung Ihres allerseits beliebten Sprachkritikers, als er Joseph von Westphalens Roman «Im diplomatischen Dienst» las. Der Ich-Erzähler kennt die «einzige Person» (statt: eine), der man etwas anvertrauen konnte, bemängelt,

dass in Heiratsanzeigen manche Wünsche «nie» (statt: nicht) ausgedrückt werden, und folgert, dass die Heiratswilligen wohl «nie»
danach verlangten. Sodann dünkt ihn etwas nicht schön, sondern
er hält es gleich für «das Schönste», findet etwas nicht bloß wahr,
sondern «einzig wahr», und stuft ein Vorkommnis nicht einfach als
erfreulich ein, sondern zählt es «zu den erfreulichsten Augenbli-
cken» – alles in einem Absatz, ja in einem einzigen Absatz, in dem
sich selbstverständlich auch die Wörtchen «selbstverständlich»
und «natürlich» tummeln und die den Stil eines Autors prägen,
dessen Alter Ego im Roman natürlich als Student in der «ver-
wegensten Wohngemeinschaft von Frankfurt» lebte und für den,
nur noch ein Beispiel, ja ein einziges!, der Maler der Sanella-Mar-
garine-Sammelbilder ein «tausendmal größerer Künstler» ist als
manch anerkannter Maler. Er selbst ist bloß ein tausendmal größerer Prahlhans.

Nun ist der einzige Joseph von Westphalen natürlich von gestern – heute ist es selbstredend Eugen Ruge, der in einem tausendmal aktuelleren Interview bekennt: «Manchmal denke ich: Alles
Quatsch, was du hier machst (…). Schreiben ist ein krisenhafter
Prozess. Nicht, dass man sich jedes Mal umbringen will, aber es
droht immer alles einzustürzen.»

Es wäre selbstverständlich falsch, immer alles jedes Mal auf die
Goldwaage zu legen, obwohl es natürlich megaviel Spaß macht.
Eine Sage ist keine Schreibe. In mündlicher Rede ist es, wenn nicht
«absolut okay», so doch «total» alltäglich, das Wasser «ultimativ»
bei 30 Grad kochen zu lassen. Da wimmelt es «extrem» von Super-
lativen, Elativen (also Steigerungen mittels Adverbien wie «definitiv» oder «ultra»modernen Vorsilben) sowie geistesverwandten
Übertreibungen und Verabsolutierungen. Ob etwas «absolut genial» ist oder nur «genial» oder in Wahrheit nicht einmal das, ist
garantiert 100-prozentig egal; es bei der Wortwahl genau zu nehmen, wäre total Beckmesserei und «geht wirklich absolut gar

nicht» (so eine Sprecherin der Grünen Jugend), denn «absolut gar nicht» oder «gar nicht» brächte nicht, Quatsch: brächte wirklich absolut gar nicht zum total topexpressiven Ausdruck, was sie meint. Selbst die weiland Göttinger Universitätspräsidentin Ulrike Beisiegel entledigte sich einmal zur vollsten Zufriedenheit der protestierenden Studenten ihres elaborierten Codes: «Wir als Uni verstehen ihr Anliegen supergut.»

Es ist superklar, dass die Bedeutung der Wörter durch häufigen Gebrauch verblasst. Dann muss das Event zum Topevent, die Sensation zur Riesensensation, der Star zum Superstar, ja absoluten Weltstar hochgejazzt und ein Talent zum Ausnahmetalent, ja «absoluten Ausnahmetalent» hochgejubelt werden wie vor Jahren der Brasilianer Renato Augusto, von dem man freilich nach seiner Verpflichtung durch den Fußballbundesligisten Bayer Leverkusen nur gelegentlich absolute Superleistungen gesehen hat.

Etwas älter ist die schon von Kurt Tucholsky glossierte Adjektivmethode, den Positiv zum Superlativ hochzudrehen und diesen, der eine Lüge sein könnte, durch ein «mit» oder «vielleicht» einzuschränken. Der Romancier Michel Houellebecq beispielsweise wäre demnach nicht mehr bloß ein großer französischer Gegenwartsautor, sondern vielleicht der größte oder mit der größte. Tucholsky zufolge hat Nietzsche diesen «snobistischen Superlativ» erfunden. Heute tritt er vielleicht mit am meisten in der Form auf, wie ihn zum Beispiel die «Tagesschau» benutzte, als sie verlautbarte, der Georg-Büchner-Preisträger Jürgen Becker sei «einer der überragendsten Lyriker der Gegenwart». Man stößt auf ihn selbstverständlich auch in einem Fußballbuch, in dem natürlich «eines der prägendsten Bilder während der Weltmeisterschaft 2014» gerühmt wird – «das Bild des Jogi Löw im strömenden Regen von Recife» nach dem Spiel gegen die USA. Erinnert sich irgendjemand daran?

Dichter beir Arbeit

Die Dichter sind die Hüter der Sprache, die Schatzmeister des Wortes und die Bewahrer des guten und richtigen Deutsch: Diese lustige alte Auffassung machte vermutlich in den 1950er-, 1960er-Jahren ihren letzten Mucks. Falsch war sie bereits damals und vielleicht schon früher. Oder ist es richtig, wenn Friedrich Schiller in seiner Geschichte über ein «Merkwürdiges Beispiel einer weiblichen Rache» von einem Marquis schreibt: «Er rufte einen seiner Leute»? Oder wenn Bertolt Brecht im «Mann-ist-Mann-Song» so loslegt: «Ach, Tom, bist du auch beir Armee, beir Armee? / Denn ich bin auch beir Armee, beir Armee!»?

Friedrich Nietzsche forderte, man müsse an einer Seite Prosa arbeiten wie an einer Bildsäule; doch ihm selbst ist der Meißel gelegentlich ausgerutscht. So feierte er Zarathustra in seiner Schrift «Ecce homo» als die «höchste Art alles Seienden» und die «umfänglichste Seele», «die nothwendigste», «die weiseste Seele» und endlich als «die sich selber liebendste». Chapeau!

Solche zum Schmunzelndsten reizendsten Schnitzer können beir Arbeit anr Sprache wohl mal passieren. Und quod licet Jovi, licet erst recht Bovi: Wie Schiller in den Wald hineinrufte, schallt es heute aus den Zeitungsschriftstellern, den Journalisten, heraus. «Danach gedeihte der Baum reichlich zehn Jahre», schreibte die Chemnitzer *Freie Presse.* «Während im vergangenen Jahr das Neujahrsbaby pünktlich am 1.1. geboren wurde, schreite es 2013 erst am 4. Januar im Kreißsaal», leste man in der *Bravo*, und der *Greifswalder Blitz* weißte mitzuteilen: «In Greifswald treibte ein Pärchen sein Unwesen». Die *Märkische Allgemeine* bringte die Nachricht: «Derweil schlägte die Affäre auch politisch hohe Wellen», und der *Fränkische Tag* schlägte mit der Schlagzeile zu: «Außenspiegel gestriffen und weitergefahren».

Fürwahr: «Das Elend, das nackte Eleden» packt einen! (Dies en passant zum Thema Druckfehler, er steht in Iwan Gontscharows Erzählung «Die schwere Not», übersetzt von Peter Urban.) Aber ist es außer mitr Sprache nicht auch mitr Sache oft ein Eleden? Friedrich Schiller etwa lässt im «Wilhelm Tell» den Landvogt Geßler den berühmten Apfel direkt vom Baum pflücken – im November! Georg Wilhelm Friedrich Hegel hingegen weiß in seinen «Vorlesungen über die Philosophie der Geschichte» so gut Bescheid, dass er nicht nur behauptet: «Eine Vergleichung der nordamerikanischen Freistaaten mit europäischen Ländern ist unmöglich», sondern gleich im Anschluss, beginnend mit dem begründenden «denn», mehrere Vergleiche anstellt.

Herbert Rosendorfer macht in seiner Erzählung «Mommer und Gottlieb» (enthalten im Prosaband «Das Zwergenschloss», erschienen bei dtv) aus Letzterem auf halber Strecke einen Gottfried; Daniel Defoe lässt seinen Robinson Crusoe nach dem Schiffbruch nackt zum Wrack schwimmen und sich dort die Taschen mit Zwieback vollstopfen; Arthur Conan Doyle wiederum hat Sherlock Holmes' Adlatus Dr. Watson bei einem Afghanistanfeldzug eine Schussverletzung beibringen lassen, die sich laut der «Studie in Scharlachrot» in der Schulter befindet, im Roman «Im Zeichen der Vier» aber im Bein.

Das alles ist Pillepalle gegen Bernhard Kellermann, dem es in seinem Roman «Der 9. November» gelingt, den Hauptmann von Dönhoff noch zweimal auftreten zu lassen, nachdem er gestorben ist. Kellermann kann sich auf große Vorbilder berufen, das größte: Homer. Im 5. Gesang der «Ilias» fällt der Paphlagonenkönig Pylaimenes, im 13. weilt er wieder unter den Lebenden; im 9. Gesang wird der griechische Bogenschütze Teukros tödlich verwundet, im 12. stürzt er sich wieder pumperlgesund ins Gemetzel.

Apropos tot: Die Krimiautorin Sabine Deitmer terminiert in «Kalte Küsse» einen Mord akkurat auf den 31. Juni. Dass es in Krimis mitnichten auf jedes Detail ankommt, kann man aber schon bei

dem großen Raymond Chandler lernen, genauer gesagt: beim etwas kleineren Hans Wollschläger, der die Kriminalerzählung «Blu-
tiger Wind» laut Diogenes-Verlag «Aus dem Amerikanischen»
übersetzt hat (vermutlich ins Europäische). Wollschläger: «Sie
stand nur da, eine schlanke, hungrige Brünette, mit rot geschmink-
ten Backenknochen, dichtem schwarzen Haar».

Muss man also für die Zukunft der deutschen Sprache brunett
sehen? Keineswegs, meine lieben, ja das Deutsche und die Literatur liebendsten Leser! Nur seien Sie fortan aufmerksam beir Lektüre, arbeiten auch Sie anr Sprache und seien Sie aufr Hut. Zur
Probe eine kleine Knobelei! In Woody Allens Krimiparodie «Kno-
beleien mit Inspektor Ford» (aus dem Sammelband «Ohne Leit
kein Freud», deutsch von Benjamin Schwarz) steht der Satz: «Gerade ehe er das Bewusstsein verlor, meinte er eine Männerstimme
haben sagen hören (…).» Wäre er bei Bewusstsein geblieben, hätte
er wohl gemerkt, dass «haben sagen hören» falsch ist. Doch wie
lautet es richtig – «meinte er eine Männerstimme haben sagen zu
hören», «haben hören gesagt», «habe sagen gehört zu haben»,
«habe sagen gehört zu haben sagen»? Was immer Sie jetzt sagen
zu hören meinen, Sie haben das Wort – vielleicht sogar das richtige!

Noch und nöcher

Dichter dürfen schwer verständlich schreiben und Zeugs zu Papier
bringen, dessen Sinn dunkel ist. Journalisten nicht: Sie drücken sich
so aus, dass die Leser ohne Mühe über das Wer, Was, Wie und Wo
im Bilde sind. Deshalb benutzen sie zum Beispiel an sich überflüssige Wörterchen, als da sind Modalwörter, Adverbien, Interjek-
tionen und was nicht alles, genau so, wie es Lieschen Müller und
Mohammed Meier täglich tun, um ihre Rede geschmeidig zu machen. Sagte Marx noch allzu knapp: «Die Philosophen haben die

Welt nur verschieden interpretiert, es kommt drauf an, sie zu verändern», so lautet der Slogan einer Zeitschrift viel besser: «Die
Ökos haben den Kapitalismus *bisher* nur interpretiert, es kommt
aber darauf an, ihn zu verändern.»

Worum es in dieser Glosse mal wieder geht, dürfte jetzt ja wohl
irgendwie klar sein. Nicht, dass das Thema, dem sie sich nun also
einfach mal widmet, so total neu wäre! Schon bereits 1919 beklagte
Kurt Tucholsky, «die deutsche Umgangssprache» sei «arg her-
untergekommen. Das läßt sich vor allem daran beobachten, daß
kaum einer mehr fähig ist, ohne die nichtssagenden Floskeln auszukommen, die jede Rede verunzieren.» Und seither hat sich das
Deutsche immer noch weiterentwickelt, und was Tucholsky damals an der gesprochenen Sprache so bemängelte, gilt inzwischen
ja doch auch für die geschriebene. Man muss dann nur mal einfach
einen Blick in die Zeitungen und in andere Medien werfen, und
dann kriegt man absolut einen Beleg nach dem andern.

«Was ist schon die Besetzung einer Bank gegen die Gründung
einer Bank», versucht die Zeitung, Brecht zu zitieren, als Occupy-
Anhänger in New York ein ethisch sauberes Geldinstitut ins Leben
rufen wollen. Ein anderes Journal berichtet über eine Preisverleihung: «Zum 24. Mal wurde nun der Silberne Kaufmannslöffel
vergeben», obwohl es gestern war. Wenn gestern heute ist, sind
heute und morgen ebenfalls eins, weshalb ein Internetportal das
deutsche Team während der Schachmannschaftsweltmeisterschaft
warnt: «Die Luft wird in den nächsten Runden nun dünner.» Viel
besser gewesen wäre selbstredend: «Die Luft wird dann heute in
den nächsten Runden nun ab morgen jetzt dünner.»

Neueren Datums ist der einfach inflationäre Gebrauch des
Wortes «einfach», das manche Zeitgenossen einfach in jedem Satz
unterbringen und das einfach ihrer tief sitzenden Sehnsucht nach
einer unkomplizierten, übersichtlichen und verständlichen Welt
Ausdruck verleiht. «Einfach» geht es insbesondere in mündlicher

Rede zu, das andere jüngere Modewort «dann» hingegen wird
außerdem gern schriftlich missbraucht.

In den meisten Fällen ist es überflüssig, weil die zeitliche Folge bereits ohne das Flickwort klar ist. «Geboren ist Anastasia
Tikhomirova 1999 in Waiblingen bei Stuttgart, aufgewachsen dann
zwischen den Gegensätzen Moskau und Allgäu», berichtet die
Zeitung, damit kein Missverständnis entsteht und jemand wähnt,
sie sei nicht erst «dann», sondern vorher schon aufgewachsen.
Da Flick- und Füllwörter in der Regel ohne Überlegung in die
Sätze flutschen, kommt es beim «dann» wie beim «nun» ab und
an zu Karambolagen, so im Fall des SPD-Politikers Hinrich Wilhelm Kopf. Der war «von 1947 bis 1948 und von 1957 bis 1959 Innenminister in Niedersachsen, dann von 1950 bis 1951 Minister für
Ernährung, Landwirtschaft und Forsten», weil die Zeit rückwärts
lief.

«Sprachkürze gibt Denkweite», behauptete Jean Paul und über-
sah, dass Sprachkürze erst einmal Arbeit macht, kürzen nämlich.
Explizit machen, was sich implizit von selbst versteht, erspart sie
einem. Ganz wie Sigmund Freud so richtig lehrte, ist es total ersparter Mehraufwand, wenn man drauflosplappert – also ein Zeichen von Verstand. In dieser Frage kann es echt keine «zwei diame-
tral einander entgegengesetzte Auffassungen» geben!

Tatsächlich nehmen im mündlichen Verkehr gewisse Einschieb-
sel der Rede die Härte. «Wann kommst du denn?» klingt freundlich, «Wann kommst du?» klänge barsch. Zu viel Weichspüler
darf's aber nicht sein. Einfach zu gern genommen werden vor allem auch die Modalpartikel «auch» und «noch». Meist werden sie
unauffällig in den Satz geschmuggelt: «Sybille Schnehages humanitärer Einsatz war auch mit einer persönlichen Tragödie verbunden», während «Eusébio bei der WM 1966 mit neun Treffern
Torschützenkönig wurde und Portugal zudem noch den dritten
Platz erreichte». Manche Autoren verwenden das «noch» nachge-

rade noch und nöcher: «Anders war es noch Mitte des letzten Jahrhunderts, als noch ganze Aktenwände die Behörden und Unternehmen zierten. Damals war Papier noch das wichtigste Medium»,
schreibt Roland Leonhardt in seiner Wirtschaftsanekdotensamm-
lung «Da stecken die Nochs drin!», halt: «die Nullen drin!» muss es
heißen.

Ebenso wenig nötig sind natürlich auch die deiktischen Elemente, die im Text auf Vorangegangenes oder Folgendes verweisen und zum Beispiel Haupt- und Nebensatz demonstrativ ver-
ketten. «Weil sie die NS-Erziehungsgrundsätze ablehnte, deshalb
hatte Anna 1936 als Kindergärtnerin aufgehört», oder: «Was das
Thema Griechenland angeht, da hält er einen Grexit für die
sauberste Lösung». Darum ist ja auch gar kein Zeitungleser «ver-
blüfft darüber», wie redundant in seinem Blatt formuliert wird:
Statt der «Frage, ob» wird die «Frage danach, ob» gestellt; «rät»
man «dazu, Problemwölfe abzuschießen»; hatte jemand «damit begonnen, antike Diamanten zu verkaufen»; und ein Fußballer «be-
stritt 205 Spiele und erzielte dabei 42 Tore» statt beim Kirchgang.
Die Kulturredaktion sorgt ebenfalls für Klarheit: «1966 konnten
Alexander Kluge, Ulrich Schamoni, Edgar Reitz und Volker
Schlöndorff *jeweils* ihre Debüt-Langfilme vorlegen» – und nicht
einer womöglich den Film eines anderen, das wäre vielleicht ein
Kuddelmuddel!

«Die Alltagssprache ist ein Urwald – überwuchert vom Schling-
gewächs der Füllsel und Füllwörter», schrieb Kurt Tucholsky über
diese sogenannten Funktionswörter, deren Funktion oft nur darin besteht, Geräusch zu erzeugen oder Platz zu füllen. Weitere
100 Jahre zuvor, im Jahr 1821, musste Goethe konzedieren: «Je mehr
von Jugend auf das Gefühl in mir wuchs, daß man schweigen solle,
wenn man nichts zu sagen hat, und dagegen das Wohlgedachte
auch gut und ohne Stottern hervorgeben solle, desto mehr bemerkt
ich, daß man aus natürlicher Fahrlässigkeit immer noch gewisse

Flick- und Schaltwörter einschiebt, um eine sonst tüchtige und
wirksame Rede, man weiß nicht warum, zu erlängen.» Wobei «Rede»
wirklich die Rede meint und nicht den geschriebenen Text, bei dem
es doch eigentlich jedem noch an die Hand gegeben ist, sein Elabo-
rat mal durchzusehen und im Grunde unnötige Wörter und Wörterchen dann einfach so auszujäten – zum Beispiel das «auch» und
das «immer noch», Herr Goethe!

In Zeiten der Plurale

«O tempora, o mores», jammerten die Römer. «Wirklich, ich lebe
in finsteren Zeiten», klagte Bertolt Brecht. Keinem kam es in den
Sinn, dass der präzise Singular ausgereicht hätte, sei die Zeit nun
finster oder vom Sittenverfall geprägt. Der Plural aber bezeichnet
eine nicht klar umrissene Menge, passt irgendwie immer und heute
besonders.

Weil wir in einer pluralistischen Gesellschaft leben, haben wir
eine ebensolche Sprache und kennen «Realitäten» und «Wahrheiten». Ökonomen erhoffen sich diffuse «Zuwächse» auf ominösen
«Märkten» und befürchten irgendwelche «Rückgänge um 300 Millionen Euro», Politiker kritisieren die «Verurteilungen einzelner
Personen in Schauprozessen» in Ländern, deren Bürger «die Mün-
der nicht aufmachen dürfen»; hierzulande hegen die Leute vage
«Ängste», selbst wenn das Leben «ohne existenzielle Nöte» verläuft, und kriegen «Hautausschläge», wenn sie im Fernsehen «die
Ausmaße der Zerstörungen, die eine Naturkatastrophe anrichtet»,
sehen. Im Sport leistet sich ein Verein gleich mehrere «Saison-
vorbereitungen», während ein Veranstalter schleppende «Karten-
vorverkäufe» beklagt; wird dann gespielt, entpuppen sich Teams
als «Favoritenschrecke», und am Ende fassen Reporter «die Ver-
läufe der ersten und zweiten Hälfte» zusammen.

In der Politik wurden einst «die Widerstände der Westdeutschen gegen die Wiederaufrüstung» gebrochen, während die «leiden-schaftlichen Widerstände der Résistance gegen die deutsche Besat-zung» letztlich Erfolg hatten. Heute leistet man «Widerstände gegen Rassismus und Kapitalismus» und beklagt, dass sich «Klüfte auftun zwischen Ansprüchen und Wirklichkeit»; auch fordert Israel wegen der Bespitzelung seiner Politiker «Erklärungen von den USA», und die SPD-Politikerin Bärbel Kofler verlangt für die Entwicklungshilfe sage und schreibe «Aufwüchse».

Kein Einzelfall. «Bald gibt's Nachtfröste!», warnt der Prospekt eines Gartenbaumarkts die Hobbygärtner; «wochenlang Kräche» gab es einst zwischen Bayern-München-Manager Uli Hoeneß und Trainer Udo Lattek, woran Christoph Bausenwein in seiner Hoe-neß-Biografie erinnert; und das Umweltmagazin prophezeit: «2030 braucht die Menschheit zwei Erden, um ihre Bedarfe zu decken» – und heute schon solche Plurale!

Dabei können Wörter in Pluralen, nein: kann ein Wort im Plural sogar anderes bedeuten als im Singular: «Frauen haben Jahrhun-derte hindurch Großes geleistet. Wir erzählen ihre Geschichten», verspricht eine Buchreklame. Die Geschichte in der Einzahl ist, was die Vergangenheit uns Heutigen erzählt, die Geschichten in der Mehrzahl aber können Döntjes sein, jene Schwänke, die ein Mensch in fröhlicher Runde erzählt, oder auch Lästigeres. Der Mensch (und kein höheres Wesen) macht die Geschichte; aber wenn einer Geschichten macht, mein lieber Scholli!

Der Plural kann eben Fisimatenten machen. Beispiel Kroatien: Das «Elend dieses Zwergenlandes» besteht nicht nur im Natio-nalismus seiner Bevölkerung, sondern offenbar auch darin, dass die Leute so klein gewachsen sind. Aber wenigstens passen so alle in das Zwergland hinein!

Es ist nicht leicht mit der schweren deutschen Sprache, und sie macht es einem nicht einfacher, wenn das eine Subjekt aus meh-reren Teilen besteht: «Das Verkehrs-, Ingenieurs- und Fernmeldewesen werden runderneuert» – weil sich der Singularartikel auf alle drei Wesen bezieht und sie zu einer Einheit zusammenfasst, muss das Verb im Singular stehen. «Ein Mensch, der nie Deutsch studiert hat, kann sich keine Vorstellungen davon machen, wie kompliziert diese Sprache ist», soll Mark Twain in seinem Aufsatz über «Die schreckliche deutsche Sprache» geschrieben haben. In Wahrheit gibt der Satz nur eine Vorstellung von der Fähigkeit seines Übersetzers Werner Pieper im Jahr 2010, die schreckliche deutsche Sprache noch schrecklicher zu machen – wahrlich, wir leben in einer finsteren Zeit!

Beziehungsweise in Zeiten, in denen die Bedarfe nach Pluralen Aufwüchse an Unbestimmtheiten und Unverbindlichkeiten erzeugen. Offenbar haben die Leute «Schwellenängste», die eine Sache oder den einen Sachverhalt, womöglich ein Unding oder einen Tatbestand klar zu benennen, die Einzelheiten zusammenzufassen und auf den Begriff zu bringen. Außerdem erspart der Wischiwaschi-Plural Mühe: Klarheit und Genauigkeit würden Sprach- und Denkarbeit erfordern. Es sei denn, gerade der Plural zeigt klare und genaue Sprach- und Denkarbeit! («Eines Menschen Dummheiten müssen nicht auf genereller Dummheit beruhen, von seinen Weisheiten lässt sich nicht auf Weisheit schließen», merkte einmal der Journalist Johannes Gross an.)

Nicht nur an der Sprache muss der Mensch arbeiten, er hat auch sonst mehr als genug zu tun und muss «in die Gänge kommen» (aber wenigstens nicht wie eine Maschine in Gang kommen). Tag für Tag, im Beruf wie im Privatleben, erfährt er, dass es keine einfache Wahrheit gibt und die Realität je nach Standpunkt anders aussieht, zu schweigen von den vielen «Mächten» und «Zwängen», denen er sich unterworfen weiß. Diese Erfahrung mag im Hintergrund der Pluralinflation stehen. Wer sich allerdings nicht mit einer bloßen Erfahrung begnügen, sondern ihr eine Erkenntnis abgewinnen will, sollte darüber nachdenken, was für Mächte und

Zwänge es sind; sowie darüber, ob es zwischen ihnen und schwammigen Pluralen «irgendwelche Zusammenhänge» (Bausenwein, siehe oben) gibt und wem es nutzt oder schadet, wenn sie unbenannt bleiben.

Nichts weniger als richtig

Eine Folge der Massengesellschaft ist, dass sich nicht nur die Leute einander angleichen, sondern auch ihr Reden: Die immergleichen Phrasen stehen für die immergleichen Zustände parat. Andererseits stellt der millionenstarke konformistische Druck jeden vor die Aufgabe, einen Rest an Individualität zu bewahren. Man kann zum Beispiel, um sich von der Masse abzuheben, hippe Anglizismen benutzen. Umgekehrt besteht eine Möglichkeit für Angehörige der gebildeten Stände, sich herauszuputzen, darin, alte Wörter und Wendungen wieder in Umlauf zu bringen.

«Germanistik finden viele sexy», sagte vor einigen Jahren der Professor für Neuere deutsche Literatur Christoph Jürgensen über das nur scheinbar erstaunliche Interesse an seinem eigentlich staubtrockenen Fach. Doch es ist in alten Mären wunders viel geseit, und manches Wunder kann noch den Zeitgenossen des 21. Jahrhunderts schmücken. So sind die Studenten in altersgrauen Romanen und Dramen auf eine Redewendung gestoßen, die trickreich anmutet und, weil sie anspruchsvoll wirkt, auch den Sprecher nichts weniger als niveauvoll scheinen lässt. Glauben sie jedenfalls.

«Seit einigen Tagen wirbt Günther Jauch für nichts weniger als die Freiheit», schreibt eine Zeitung über des Fernsehmoderators Einsatz für eine schulpolitische Kampagne, bei der es um die Gleichstellung von Religion mit Ethik als Wahlpflichtfach ging. Ein anderes Blatt beschließt eine lobende Rezension von Jochen Schimmangs Roman «Das Beste, was wir hatten» mit dem Urteil, er sei «nichts weniger als ein Epochenroman. Ein Lesevergnü-

gen», und ein namhaftes Nachrichtenmagazin wähnt, «19 kurze
Geschichten über nichts weniger als das ganze Leben» in einem
Erzählband gefunden zu haben. «Die Linke erhofft sich vom Bun-
desparteitag nichts weniger als einen Aufbruch», schreibt ein politischer Journalist, und ein Bildungshistoriker behauptet: «Aufgabe
der Schulen war für Humboldt nichts weniger als allgemeine Men-
schenbildung».

Was wollen die Leute sagen? Nichts weniger als das, was sie
sagen. Anscheinend haben die Leute im Medienzirkus keine Zeit,
über das, was sie reden und schreiben, nachzudenken; sonst würden
sie vielleicht herauskriegen, dass «nichts weniger als» die Kurzform ist von «nichts ist es weniger als». Was nichts weniger als
richtig ist, ist also am allerwenigsten richtig: Es ist völlig falsch.
Genau wie der Gebrauch dieser Phrase in den angeführten fünf Be-
legstellen – es sei denn, man wollte Jauch als entschiedenen Feind
der Freiheit bezeichnen.

Man sollte meinen, dass in Literaturverlagen mehr Zeit zum
Denken ist, mehr Zeit auch zum Nachdenken über Sprache, doch
die Wahrheit entspricht nichts weniger als dem Klischee. «Erwarten Sie nichts weniger als ein Wunder, wenn Sie Ann Patchett
lesen», warnt der Piper-Verlag vor einer offenbar sehr langweili-
gen Autorin. «Es ist nichts weniger als die Stimme einer neuen,
ganz außerordentlichen Prosaautorin», sieht der Verlag Schöffling
& Co. eine seiner Autorinnen ganz ähnlich, und da stimmt unser-
einer *nicht* weniger als voll und ganz zu.

Wer Germanistik nicht nur studiert hat, weil sie sexy ist, sondern weil ihn die Germanistik interessiert, weiß, dass ein Phonem
die kleinste bedeutungsunterscheidende sprachliche Einheit ist.
Ein einziger kleiner Laut kann daher wie mit Zauberzunge aus
falsch richtig machen. Doderer macht es in seinem Roman «Ein
Mord, den jeder begeht» richtig: «Ligharts wurde jetzt nicht weniger als ein Richtpunkt, ein Vorbild» – weil Ligharts, der Jugend-

freund des Erzählers, diesem in der Tat nach langen Jahren erneut zum Richtpunkt, zum Vorbild wird.

Mag sein, dass die Studenten der sexy Germanistik die bewusste Redewendung bei Lessing, Wieland, Schopenhauer, Thomas Mann, Elias Canetti oder eben Doderer aufgeschnappt haben («Er war in seinem Betragen oft nichts weniger als vornehm, unser Baron; aber er sah eben vornehm aus», liest man zum Beispiel im Roman «Die Merowinger»). Für alle, die noch immer nichts weniger als überzeugt sind: Man kann das Pferd auch von hinten aufzäumen. Wenn eine Zeitung über die Idee des bedingungslosen Grundeinkommens schreibt: «Während die einen in der Entkopplung von Arbeit und Einkommen einen Weg zu neuen Freiheiten und kreativer Selbstverwirklichung sehen, fürchten die Gegner nichts weniger als den Untergang», so wäre alles in Butter, wenn es hieße, dass die Gegner «nichts *mehr* als» den Untergang fürchteten.

Vielleicht ist das alles aber nichts mehr als verlor 'ne Liebesmüh'. Sollen die Leute es doch weiterhin nichts weniger als richtig machen! Man erkennt dann wenigstens die Angeber, die sich mit originellen Ausdrücken hervortun wollen und doch nichts weniger als Geist beweisen.

Die Nahetige

«Ein Lichtbild als Eindruck der Wahlplakatiererei fast überall», «Klassen werden durch Staffagen erzählt», «Comics als Parodien der Vorstellung eines Originals» – wenn Sie bei diesen Zitaten bloß Bahnhof verstehen, so ist mit Ihrem Verstand alles in Ordnung. Was die ersten zwei Zitate bedeuten, weiß niemand. Das letzte meint: Der Glaube, es gebe Originale, wird in den (anschließend rezensierten) Comics parodiert.

Im Gespräch muss man's nicht krummnehmen, wenn einer sich

vergaloppiert. Anders bei Geschriebenem, das sich korrigieren
ließe, bevor fremde Augen es zu sehen bekommen. Freilich hilft das
nicht immer. Bei Wikipedia etwa gibt es Leute, die die Lexikon-
artikel gegenlesen. Irgendjemand ließ also den Beitrag passieren,
in dem es über Karl-Theodor von und zu Guttenbergs Doktor-
arbeit heißt, sie sei dreimal rezensiert worden, die dritte Rezension
«verfasste Alexander Cammann. Er beschränkte seine Kritik auf
einen ironischen Kommentar zum Vorwort der Dissertation, welche Guttenberg dort ein Produkt beklagenswerter Eitelkeit genannt hatte.» Guttenberg selbst nannte die Dissertation also ein
Produkt seiner Eitelkeit? Doll!

Die andere Möglichkeit, der Rezensent habe das Vorwort ein
Produkt von Guttenbergs Eitelkeit genannt, kann ausgeschlossen
werden, sonst hätte der Wikipedia-Autor diesen einfachen Gedanken sicherlich ausgedrückt. Indes: Einfache Sachverhalte einfach auszudrücken, ist mitunter eine schwere Kunst, gerade in der
tagesaktuellen Presse, in der die unbeholfenen Beschreibungen
auffallen. Bei einem Konzert buhte nicht ein Teil der Zuschauer,
sondern «eine hörbare Menge an Publikum unter den 12 000 Zuschauern»; oder es wird in der Vorschau auf eine Wahl in Hinsicht
auf zwei Parteien gewünscht, dass «beide Listen gegenseitig voneinander Wähler klauen», weil sie gegenseitig voneinander, Quatsch:
weil sie einander ähnlich sind. Schön, wenn eine große Menge an
Publikum unter den Lesern das auch so sieht!

Wer viele Sprachen spricht, kann in vielen Sprachen Unsinn
reden, sagte Alexander Roda Roda; wer täglich viel schreibt, kann
täglich viele Fehler produzieren. Über Fehler, die das Verständnis
nicht erschweren oder unmöglich machen, liest man in der Regel
hinweg: «Renault-Nissan verfehlt sein Absatzziel deutlich. Schuld
sei die mangelnde Infrastruktur, heißt es. Zum Beispiel fehlen Ladesäulen. Aber wichtige Probleme der E-Mobilität sind noch lange
nicht gelöst.» Haben Sie ihn bemerkt? Er besteht darin, dass da

wunderlicherweise zwischen fehlenden Ladesäulen und den Problemen der E-Mobilität ein Gegensatz behauptet wird.

Leicht verrutscht ist auch der folgende Satz: «Sein bedeutendstes Werk ist eine Sammlung von 6000 Seiten persönlicher Aufzeichnungen», heißt es in einem Leonardo-da-Vinci-Porträt, obwohl es sich statt um ein Werk um eine Hinterlassenschaft, einen Nachlass handelt. Hier könnte ein Formulierungsproblem vorliegen, doch hat sich der Verfasser die Frage gar nicht gestellt, was man statt «Werk» sagen kann oder ob der Gedanke anders ausgedrückt werden sollte (etwa: «Am bedeutendsten ist eine Sammlung von 6000 Seiten persönlicher Aufzeichnungen»), denn der Text knödelt weiter: «Dank der einmaligen Gelegenheit, in den Codex Atlanticus, das größte Werk seiner Aufzeichnungen, Einsicht nehmen zu können, werden Leonardos Ambitionen deutlich» – sowie die Fähigkeit des Autors, den Codex Atlanticus, die größte Sammlung von Leonardos Skizzen, Zeichnungen und Studien, nur annähernd treffend zu benennen.

Es ist schwer, keine Satire zu schreiben, schrieb der Satiriker Juvenal. Es ist schwer, keine Fehler zu machen, kann man über die Sprache sagen. Leichter ist es, sich über die Fehler zu mokieren. Eingestandenermaßen schweben Sprachkritiker immer in der Gefahr, es zu übertreiben, und können froh sein, wenn sie einen derart grotesken Fehlgriff entdecken, dass kein Anwalt der Welt den Übeltäter raushauen könnte. So auch hier:

In einem Roman geht es um eine Frau, die dem Hungertod nah war. Was schreibt man in den Klappentext? «Sie, die dem Hungertod nah war» wäre einfach und richtig. «Die einst dem Hungertod Nahe» wäre auch möglich, klänge aber gekünstelt. Was fällt folglich dem Werbetexter ein? «Die einst dem Verhungern Nahetige». Voilà, Tableau und aus!

Dominieren hat oberste Priorität

Phrasen gebraucht jeder ein Stück weit. Zwar sind die Floskeln und Modewörter nicht wirklich alternativlos. Aber Wendungen wie «gut aufgestellt», «sich neu sortieren» und «auf jeden Fall» total zu meiden, ist extrem schwer, auch wenn man daran definitiv hart arbeitet. Ist doch so, oder? Von daher muss man absolut zufrieden sein, wenn mal jemand sich anders positioniert und nicht solches Blech geredet wird wie hier, und darf dann einigermaßen zufrieden sein.

Wenigstens sollte man seine Rede nicht davon «dominieren» lassen – ein Wort, das im Augenblick die 08/15-Sprache nicht etwa prägt, sondern eben dominiert. Eine Fußballmannschaft hat im Spiel kein Übergewicht oder diktiert es, sondern dominiert es, und hat den Gegner nicht im Griff, sondern dominiert ihn. Das Stadtbild wird nicht von einem Baustil bestimmt, sondern dominiert. Der Konzern hat keine marktbeherrschende Stellung, sondern dominiert den Markt, und «das Interesse an einer funktionierenden Weltwirtschaft dominiert die neue Weltordnung». Der indischen Kongresspartei gelang es in der Vergangenheit «noch, im Süden die Regionalparteien zu dominieren», während sie jetzt von der Hindupartei dominiert wird. Oder dominiert ist! In der Schachsprache kann man nämlich neuerdings behaupten: «Nun ist der Turm dominiert und kann den schwarzen Mattangriff nicht mehr stoppen» – «dominiert» meint hier «machtlos, kaltgestellt, außer Spiel»: zu viel Varianten für ein Schachgehirn, wenn es aus Holz ist.

Die Modewörter und Floskeln sind bequem, ersparen langes Nachdenken und haben deshalb «oberste Priorität», ohne dass jemand den Pleonasmus bemerkt. Eines der vielen Wörter, die nach «dominieren» zweiten Vorrang genießen, ist «fokussiert»: Wer sich einer Aufgabe widmet, ein Ziel hat und auf etwas aus ist, der macht sich zur Linse, stellt sich scharf, bis er nur das eine sieht, und ist darauf fokussiert. Dass man damit zugibt, für alles andere blind zu sein – geschenkt. Oder haben Sie damit ein Problem? «Kein Problem», sagen Sie? Okay …

Statt «okay» könnte man «Gut, einverstanden, in Ordnung, klasse, na dann» und noch vieles andere, oft am einfachsten sogar nichts sagen, aber das wäre altmodisch. Viele der fabelhaften Wörter, die einmal kolossal in aller Munde waren, geraten irgendwann außer Gebrauch, weil sie niemand mehr knorke oder schnaffte findet. Manche allerdings halten sich lange wie das Adjektiv «spannend», das seit schätzungsweise 30 Jahren durch die Presse geistert und anscheinend kein Verfallsdatum kennt. Wer Zeitung liest, weiß, was heute noch spannend sein kann: «Karin Bürkle lebt einen spannenden Spagat: Sie arbeitet als Müllverbrennungs-Ingenieurin in Hamburg und gibt nebenbei Bauchmassagen.»

«Spannend» bedeutet also ungefähr so viel wie «normal, banal, uninteressant, langweilig» und passt zur Reklame für beziehungsweise Berichterstattung über das kreuzgewöhnliche, mithin «spannende» Leseprogramm eines Literaturbüros. Es sitzt wie angegossen der «spannenden» Einkaufsmeile, dem «spannenden» öffentlichen Bücherschrank, der «spannenden» Minigolfanlage und anderen «mediatisierten Vergemeinschaftsorten», wie Bremer Medienwissenschaftler diese «spannenden Orte» nennen.

Was wirklich spannend, also aufregend ist, ist heutigentags geil oder cool. Wie andere fabelhafte Modewörter teilen diese beiden spannenden Adjektive die coole Eigenschaft, ihres geilen Inhalts kolossal entleert zu sein, sonst ließe sich nicht das eine durch das andere ersetzen. Dafür sind sie emotional dominiert, weil heiße Gefühle alleroberste Priorität vor kühlen Gedanken genießen, die bloß untersten Vorrang haben.

Auch nicht neu, aber nach wie vor gern in den Mund genommen wird die «Struktur», die Gott weiß was meint. Da «existiert das Museum als nomadische Struktur», um ein Beispiel aus der Hochkultur zu wählen; was die Volkskultur betrifft, so haben in einem Buch über Fußballfans Ultras und Polizei ein «strukturiertes» Feindbild, außerdem fehlt es an der «Anpassung von Strukturen an jugendkulturorientierte Realitäten», weil die Fanprojekte ein «strukturelles, von Überstunden überhäuftes Feigenblattdasein fristen» und die Sprache eine strukturell von Strukturen strukturierte Struktur darstellt und von Strukturen verkrustete Strukturen ausgebildet hat.

Schablonen erleichtern das Zeichnen, Phrasen den sprachlichen Verkehr. Man spricht wie alle anderen und taucht im Schwarm unter, ohne intelligent aufzufallen: «Das ist einfach auch einfacher», weiß einer im Kulturfernsehen. Wer den Phrasendreschern entkommen will, hat «keine Chance». Die haben auch Mordopfer nicht: Mit den gedankenlosen Worten «Die Opfer hatten keine Chance» beanstandet die Presse regelmäßig Anschläge und Attentate und hält Mord für Sport, in dem der faire Mörder seinen Opfern eine Chance gibt. Entschuldigt er sich hinterher sogar, ist alles halb so schlimm. Sondern: alles gut.

Für diese Spitze entschuldigt sich der Verfasser einfach. Okay? Perfekt!

Ich lass das mal so stehen

«In 80 Phrasen um die Welt (eine Welt, die uns gefällt)» hieß ein 1992 erschienenes Büchlein, für das der Schriftsteller Wiglaf Droste Floskeln und Redensarten gesammelt und der Zeichner Rattelschneck Cartoons beigesteuert hatte. Inzwischen hat sich die Welt weitergedreht, die Sprache sich fortentwickelt und die Verphrasung der Rede zugenommen. Ohne Anspruch auf Vollständigkeit seien hier gut hundert mehr oder weniger neue Wendungen präsentiert, die Ihnen, liebe Leser und Leserinnen, tagtäglich in einer Welt, die uns gefällt, zuhanden sein mögen.

Willkommen im Team.

Gute Arbeit.

Alles klar.

Oder hast du damit ein Problem?

Ich denke mal.

Wir sind auf Augenhöhe.

Mach was draus!

Da geht noch was.

Von jetzt auf gleich.

Da ist noch Luft nach oben.

Hab ich was Falsches gesagt?

Was wird das?

Das kann es nicht sein.

Sprich mit mir!

Sag doch nicht so was.

Tut es weh, wenn ich so mache?

Das habe ich nicht gewollt.

Komm mir nicht damit.

Ich glaub, es hakt.

Du hast deine Chance gehabt!

Womit habe ich das verdient?!

Da noch mal drübergehen.

Seine Leistung abrufen.

Sein Potenzial ausschöpfen.

Gut aufgestellt sein.

Sich neu sortieren.

Sich anders positionieren.

Die Menschen mitnehmen.

Die Menschen da abholen, wo sie sind.

Ein Zeichen setzen.

Wir ermitteln in alle Richtungen.

So sind sie alle.

Hey, was geht?

Geht das so?

Geht's noch?

Das geht gar nicht.

Da kommt nichts rum bei.

Das ist keine gute Idee.

Nee, ne?

Ja, was?

Wie jetzt?

Ohne meinen Anwalt sage ich gar nichts.

Ich schwör!

Nennen Sie mir einen Grund, weshalb ich das nicht tun sollte.

Einen Scheiß muss ich.

Ich habe damit nichts zu tun.

Das hat Konsequenzen.

Ich habe dafür in keinster Weise Verständnis.

Vergiss es!

Das war's dann.

Du bist raus.

Mach dich mal locker.

Einer geht noch rein.

Wie geil ist das denn?!

Immer gib ihm!

Wir sind auf einem guten Weg.

Komm mal auf den Punkt.

Hast du dir das auch gut überlegt?

Geht doch.

Das hat Potenzial.

Das hat oberste Priorität.

Dazu gibt es keine Alternative.

Ist doch so, oder?

Ich selbst habe davon nichts.

Ist das okay für dich?

Kein Problem.

Ich lass das mal so stehen.

Wegen mir gerne.

So machen wir's.

Genau.

Lass mal stecken.

Kein Stress!

Keine Chance.

Hab dich mal nicht so.

Störe ich?

Komm' Se rein, könn' Se rausgucken.

Wir arbeiten daran.

Wir haben ihn!

Jetzt aber!

Echt jetzt?

Ich gehe jetzt da rein.

Nehmen Sie's nicht persönlich.

Du hast jetzt Sendepause.

Hallo?!

Also wirklich.

Der geht aufs Haus.

Da brennt der Baum.

Das musst du mir nicht sagen.

Ich fass es nicht.

Das macht absolut keinen Sinn.

Und sonst so?

Was macht das mit dir?

Wir müssen reden.

Wir suchen noch Freiwillige.

Ich mache Ihnen einen guten Preis.

Hundert pro!

Ich hab da was.

Damit sind Sie auf der sicheren Seite.

Ich liebe es.

Krieg dich wieder ein!

Ich bin angefasst.

Da müssen Sie noch dran arbeiten.

Wir schaffen das.

Alles auf Anfang.

Frisches Geld.

Perfekt!

Das ist der Hammer!

Meine Meinung!

Ihre Entscheidung.

Ich mache nur meine Arbeit.

Na toll.

Komm mal wieder runter.

Das hat was.

Und jetzt alle!

Bingo!

Und so weiter und so weiter.

… und gut is.

Ja, unser Sprachgefühl wird
täglich neu verletzt,
Syntax und Formenlehr' wird
schonungslos zerfetzt.

Molière

Sätze und Strukturen

O tempora, o Zores!

«Eins, zwei, drei, im Sauseschritt / läuft die Zeit, wir laufen mit», reimte Wilhelm Busch im 19. Jahrhundert. Seither hat sich das Rennen weiter beschleunigt, sodass im späten 20. Jahrhundert selbst dem Suhrkamp-Verlag schwindlig wurde und er für eine neue Karl-Kraus-Ausgabe mit dem Satz warb: «*Bald* nach Erscheinen der ‹Fackel› war das rote Heft *sofort* vergriffen.»

Inzwischen kann es im Rausch der Geschwindigkeit sogar passieren, dass die Zeit sich selbst überholt und die Zukunft zur Vergangenheit wird: «In seinem Krimi spielt der Franzose Jérôme Leroy durch, wie in Frankreich die extreme Rechte an die Macht gekommen ist.» Soll heißen: Wie es gekommen ist, so kommt es, wird es kommen und wird es gekommen sein, man muss nur unter vier Alternativen die falsche wählen. So viel zu Frankreich – und Deutschland? Hier kommt im Radio die Jugend zu Wort: «Angela Merkel war schon Kanzlerin, bevor wir geboren sind.» Vollends aus dem Ruder läuft die Zeit auf dem Balkan: «Als er in Belgrad ankam, forderte er Neuwahlen und teilte mit, dass er sich erst mit der Politik beschäftigen werde, bevor er sich behandeln lasse.»

Die Zeiten sind verrückt und das Tempus aus den Fugen. Klassisches Beispiel ist die Konjunktion «nachdem». Regelgerecht drückt sie das zeitliche Vorher durch das Perfekt (und folglich Präsens im Hauptsatz) oder das Plusquamperfekt (nebst logischerweise Imperfekt) aus, worauf schon vor über hundert Jahren Gustav Wustmann in seinem Buch «Allerhand Sprachdummheiten» insistierte. Wenn heute in einer Biografie des Fußballers Julius Hirsch ein Satz so anfängt: «Nachdem er aus dem Karlsruher FV ausgetreten ist», geht er also über hundert Jahre nach Wustmann wie weiter? So: «ist er in den Turnclub 03 Karlsruhe eingetreten». Anders als zu Wustmanns Zeiten weiß man heute nämlich dank Einstein & Co. um die Relativität des Tempus und kann deshalb feststellen: «Nachdem ihre Forderungen nach einem Mindestlohn unbeachtet bleiben, wandten sie sich an die hessische Justizministerin.»

Schon Wustmann musste zur Kenntnis nehmen, dass «nachdem» auch kausal verwendet wird, und zitierte grummelnd Satzanfänge wie «Nachdem der Kaiser keine weitere Verwendung für seine Dienste hat» oder «Nachdem für die Anschaffung nur unbedeutende Kosten erwachsen». Auch in dem zitierten Satz über die Mindestlohnforderung kann man ein «weil» heraushören. Aber nicht allein «weil» ist durch «nachdem» ersetzbar, sondern sogar das Gegenteil, «obwohl»! Im Radio bilanziert ein Ehemann: «Nachdem wir uns oft streiten, sind wir ein Herz und eine Seele.»

Und dann gibt es noch eine Grauzone, wo alles falsch ist. Die Zeitung schreibt: «Nachdem Äpfel und Birnen zu den Kernobstgewächsen zählen, sind sie relativ nah verwandt.» Sowohl «weil» wie das verwandte «indem» oder auch «insofern» passen nicht ganz. Man muss, nachdem, äh: weil der Nebensatz ein dem Hauptsatz Gleichwertiges ausdrückt, es auch syntaktisch gleichrangig sagen, am kürzesten und einfachsten so: «Als Kernobstgewächse sind Äpfel und Birnen relativ nah verwandt.»

Apropos «als»: Den Zeitpunkt zu markieren, an dem zwei Handlungsstränge sich treffen, ist nicht Sache der Konjunktion «nachdem», dafür ist «als» zuständig – außer in der Presse: «Die Meute besteht aus sieben Mädchen, die aus einem Survival Camp türmen, nachdem die Lehrerin sich als verrückt erweist.» Umgekehrt steht natürlich «als» dort, wo «nachdem» stehen müsste. Über ein Länderspiel gegen Frankreich: «Als in der zweiten Hälfte Paul Pogba seine Ausputzerrolle vor der Abwehr engagierter angegangen war, lief bei den Deutschen nicht mehr viel.»

Weil nachdem als obwohl stehen kann, weiß niemand, wie die Zukunft der Konjunktionen heute aussieht und – nein, noch mal: Niemand weiß heute, was morgen sein wird. Aber weiß man, was gestern war? Man sollte es, weil die Gegenwart das Resultat der Vergangenheit ist. Aber zugleich formt die Gegenwart sich ihre Vergangenheit: Völker träumen sich ihre Geschichte schön, die Mormonen taufen Tote, um deren Seelen zu retten – und im Sport werden nicht bloß aktuelle Weltranglisten geführt. Das Foto von einem Schachturnier in Frankfurt am Main 1878 zeigt angeblich den «Sieger Louis Paulsen, der zum Zeitpunkt des Frankfurter Kongresses Weltranglistenerster war» – ein echtes Kunststück, denn die von *chessmetrics.com* gebastelte Liste gab es damals so wenig wie den Bedarf nach solchem Quatsch.

Wen schert's? Tempus fugit, der Zeitpunkt entflieht! «Notorious B. I. G. begann ab dem zwölften Lebensjahr mit Drogenverkauf», heißt es in einer «Kriminalgeschichte der Künste», die Nachrichtenagentur weiß über ein Importverbot: «Es tritt ab dem 1. Mai in Kraft», also jeden Tag aufs Neue; und gewisse «Komiker beliefern auch den seit Ende Oktober gestarteten YouTube-Kanal Ponk», behaupten die Ernstler eines gewissen Nachrichtenmagazins: Möge der Zauber, der jedem Anfang innewohnt, nie enden. Die Zeit rast – wir rasen mit!

Sich die Haare rauf!

Wirklich, wir leben in verrückten Zeiten! Nachdem das deutsche Tennis-Davis-Cup-Team in Valencia gegen das spanische gespielt hatte, resümierte die Zeitung: «Die Spanier hatten seit 1999 auf heimischem Territorium nicht mehr verloren.» Aber das Gegenteil

traf zu: Sie hatten mit 3 : 2 gewonnen, waren nach wie vor unge-
schlagen und *haben* seit 1999 nicht mehr zu Hause verloren. Zwei
Monate später berichtete dieselbe Zeitung anlässlich des französischen Filmfestivals über Paul Newman als Regisseur: «Sein dritter Film, 1972 entstanden und im Wettbewerb von Cannes zu sehen,
ist beachtlich.» Beachtlich mag er sein, aber im Wettbewerb von
Cannes 1973 war er zu sehen *gewesen.*

Filme hebeln scheinbar die Zeit aus, weshalb vielleicht auch in
der Filmkritik Vergangenheit und Gegenwart durcheinandergehen
wie in dieser Inhaltsangabe von «The Notebook»: «Allies wohlhabende Eltern sind gegen die Verbindung und verbieten ihrer
Tochter, Noah wiederzusehen. Erst viele Jahre später kamen die
Liebenden für immer zusammen.» Es geht sogar noch besser: «Vor
wenigen Tagen hat der neue Imagefilm, mit dem der Verein Göttingen Tourismus für die Stadt wirbt, im Kaufpark Premiere.»

Und es geht auch ohne Film: «Freitagabend war Eröffnungs-
party. Angekündigt sind ein Flying Buffet, eine Rede von Olaf
Scholz und», Achtung!, «ein Zeitraffer-Loop.» Mag sich der Zeit-
pfeil draußen in der Realität nur in eine Richtung bewegen – in der
Medienwirklichkeit loopt er wie verrückt. Auch in der Russlands,
wo 2017 Xenia Sobtschak gegen Putin antrat: «Sie war die Tochter
des früheren Petersburger Bürgermeisters Anatoli Sobtschak» –
und ist es also nicht mehr!

Der Epochenbruch, der gerade stattfindet, scheint sich auch in
der Grammatik niederzuschlagen, im Tempus. Es beginnt eine
neue Zeit – und die deutsche Sprache hält mit: Es gibt nicht mehr
nur Vergangenheit, Gegenwart und Zukunft, es braucht mehr als
Präsens, Perfekt, Imperfekt, Plusquamperfekt, Futur I und Futur II. «Lawrence hatte ‹Mr. Noon› als Kurzgeschichte konzipiert
gehabt», vermeldet der Journalist; und der Schriftsteller Peter
Handke kann (im «Nachmittag eines Schriftstellers») das Plusplus-
quamperfekt ebenfalls: «Von nicht wenigen hatte er ihr ganzes Le-

ben erfahren und schon am folgenden Tag das meiste vergessen gehabt.»

Das mag ein Grenzfall sein, weil unklar ist, ob «vergessen» ein Partizip oder ein Adjektiv ist – für glasklares Denken ist Handke nicht bekannt. (Otto und Ottilie Normalverbraucher übrigens ebenso wenig. «Ich bin im Jahr soundso geboren», schreiben sie und verwandeln ein vergangenes Geschehen in eine aktuelle Eigenschaft, die sich von selbst versteht.)

Besser als Handke macht es jedenfalls sein österreichischer Landsmann Michael Ziegelwagner. Korrekt durch die Form der Vorvorvergangenheit markiert er im Roman «Der aufblasbare Kaiser» die Chronologie: «Dann merkte sie, dass es ihr auf ein zweites Dankeslächeln angekommen war, wo sie doch schon das erste nicht verdient gehabt hatte.»

Es geht um die berühmt-berüchtigte Consecutio Temporum, die, wie die neuen Beispiele zeigen, nicht nur praktiziert, sondern sogar ausgebaut und verfeinert werden kann. Die Zukunft hingegen, die allen Futurologen zum Tort unvorhersehbar ist, lässt sich nicht analog erweitern. Versucht wird es trotzdem. Man «ahnt, welchen Preis dieser Mann in den Achtzigern und Neunzigern noch zahlen werden wird», hieß es in einer Rezension über den Helden eines Romans; im Radio unkte jemand über Obama, «dass er viele ungeklärte Probleme hinterlassen werden wird».

Offenbar handelt es sich um eine Art Futur III oder eher Futur I½, denn weiter als mittels Futur II wird niemand die Zukunft jemals beschrieben haben. Mit Zeit und Tempus, das wusste schon Hans Reimann in seinem «Vergnüglichen Handbuch der deutschen Sprache», ist es halt so eine Sache. «Das Spiel hat sich gedreht» ist Perfekt, also Vergangenheit? Nein, Gegenwart. «Da wird er sich geschnitten haben»: Futur II? Ja, aber Vergangenheit! Man klingelt vergeblich an der Wohnungstür: «Sie werden nicht da sein.» Futur I? Schon, und doch Gegenwart! «Ich wollte bloß fragen, wie …»

Ebenfalls Gegenwart! «Wann ging unser Flieger nach Dings?» Zukunft! «Wirst du endlich die Klappe halten?» Ein Befehl – also eigentlich: Imperativ! «Ich hätte gern ein Bier» – ebenfalls!

Dann gibt es noch «ein erzählendes Futurum», auf das Kurt Tucholsky als besondere Qualität des Berlinerischen hinwies: «Ick komm die Straße langjejangn – da wird mir doch der Kuhkopp nachbrilln», und so weiter. Und schließlich ist noch der Comic da! «Schlürf, schlürf!» – endlich ein richtiger Imperativ? Nö, Präsens, Gegenwart. «Sich die Haare rauf!», möchte man da seufzen – und wieder kein Imperativ, sondern eine weitere neue, zweite Form: der Inflektiv oder, nach der großen Donald-Duck-Übersetzerin Erika Fuchs, der Erikativ.

Ja, die Zeiten sind relativ, und die moderne Physik ist schuld. Mehr noch! «Die verspiegelten Fassaden der mächtigsten Geldinstitute der Welt», rapportiert die Auslandskorrespondentin aus New York, «stehen hier bisweilen so dicht, dass» man erkennt: Zeit ist Raum und Raum ist Zeit. Jedenfalls bisweilen!

Durch nichts kommt nichts

Die Zeitung lobt Uganda für den Kampf gegen die Plastiktüte: «Damit das kleine Land im Herzen Afrikas nicht zumüllt, verhängte die Regierung 2008 ein Totalverbot». Ebenso kennt sie sich in Regensburg aus: Die «Stadt erschüttert den größten kommunalen Korruptionsskandal Deutschlands.» Fraglich ist nur, ob die Zeitung auch den Unterschied von Aktiv und Passiv kennt.

Wer im Schulunterricht brav aufgepasst hat, weiß, dass das Passiv mit «von» gebildet wird. Wer gefehlt hat, wird Journalist und schreibt über eine Preisverleihung: «Kafka, Brodsky und Borges werden neben anderen durch den Schriftsteller Clemens Setz in seiner Laudatio aufgerufen.» Wessen Wissen aber über die Schulweisheit hinausgeht – wird auch Journalist und berichtet so von einem

Tag der (für Besucher) offenen Tür im Gefängnis: «Das Essen wird den Gästen durch Häftlinge serviert.» Es gibt nämlich einen klitzekleinen Unterschied zwischen kausalem «von» und instrumentalem «durch». Die Gefängnisinsassen tischen das Essen auf, weil man sie durch eine höhere, Quatsch: weil man sie von höherer Stelle dazu vergattert und instrumentiert hat. Schön, dass Journalisten so sprachbewusst und geschickt sind!

Wenn die Schlagzeile also lautet: «Anführer des IS durch Drohne getötet», dann ist das richtig, weil die Drohne das Mittel, das Werkzeug ist, während die Täter irgendwo vor dem Monitor hocken. «Durch» nichts kommt nichts! Und wenn es über einen Film heißt, er erzähle «die Geschichte dreier Kunsträuberinnen, die sich durch niemanden stoppen lassen», dann ist das abermals korrekt, weil ihre Gegner im Auftrag statt aus freien Stücken tätig sind – auf diese Feinheit will die Zeitung aufmerksam machen.

Groß kann der Unterschied auch sein – wenn ein Film «die Befreiung von den Alliierten 1945» zeigt und den Traum alter und neuer Nazis realisiert. Manchmal kommt eben nur durch «durch» etwas Richtiges zustande! Als ein Schwarzer 2014 in Ferguson/ USA von einem übergeschnappten Gesetzeshüter getötet wurde, schrieb die Zeitung zutreffend von einer «Erschießung durch einen Polizisten»: Die Erschießung *von* Polizisten *durch* einen rachsüchtigen Heckenschützen ereignete sich in den USA erst 2016. (Sie haben es bemerkt: «von» markiert hier einen notwendigen Genitiversatz.)

Die Präposition «durch» anstatt «von» (und umgekehrt) kann also richtig und grundverkehrt sein, wie nun an einem Schild in Markt Eisenheim zu verdeutlichen. «Kein Trinkwasser!», warnt es: «Abgabe nur an Bürger. Bei Entnahme von Nichtbürgern erfolgt Anzeige wegen Diebstahls.» Richtig: Das ist falsch! Wie anders dies: «Bei einem Verkaufsflug in Indonesien war der Jet durch einen Pilotenfehler gegen einen Berg geprallt» (*taz*) – denn das Gegen-

den-Berg-Prallen war schon immer das beste Mittel für einen Flug-
zeugabsturz. Geschähe er ungewollt, müsste es, bezogen auf die
Ursache, «infolge», «aufgrund», «wegen» heißen, bezogen auf die
Zeit könnte man simpel «nach» sagen.

Damit kommen wir zum Schluss. Sie sind gefragt, liebe Leserinnen und Leser! Zum Einstieg ein Satz, der in einem Organ der
Jugendpresse stand: «Nun verschiebt sich die Eröffnung des neuen
Clubs auf Februar. Schuld daran ist ein alter Wasserschaden, wodurch der Boden gänzlich erneuert wird.» Richtig?

Ja, es ist falsch. Fragten Kinder einst: «Wieso? Weshalb? Warum?», fragen sie heute anscheinend: «Wodurch?» Aber nun zu den
Aufgaben. Welche Präposition wäre richtig?

Plastikpartikel «sind teilweise kleiner als ein Millimeter und
werden dadurch mit Plankton verwechselt und gefressen»? «Durch
ein Loch im Kopf war Vanessa monatelang ans Klinikbett ge-
fesselt»? «Die Gesamtbelastung von Steuern und Versicherungen
würde 50 Prozent betragen»? «Durch den vielen Regen sei die
Qualität sehr hoch»? «Insgesamt spielen Zeitungen in Mexiko nur
eine untergeordnete Rolle, da sie für die Mehrheit der Menschen zu
teuer sind und damit nur eine geringe Reichweite haben»? «Man
habe sich durch familiäre Wirren noch nie kennengelernt»? «1946
wurde Pietrochowski durch eine Denunziation zu zehn Jahren Haft
verurteilt»? Und als Zusatzaufgabe: Probleme «müssten von neuen
Blickwinkeln beleuchtet werden»?

Richtig: Alles falsch. Korrekt wären − kleine Zusatzaufgabe:
Bitte selber suchen und einsetzen (Mehrfachnennungen möglich!):
«wegen», «deshalb», «infolge», «nach», «durch», «infolgedessen»,
«aufgrund» und − «aus», denn Blickwinkel leuchten nicht.

Apropos «wegen»! Wenn es falsch ist, steht es da: «Befeuert wird
die Diskussion außerdem wegen eines Kommentars des Journalisten Christian Bommarius». Von wegen!

Der Realist

Verdrösse ihn nicht sein Beruf, Herr Mustermann genösse sein Leben. Wäre er Bauer, mit Freuden mölke er die Kuh, drösche das Korn, das auf seinen Äckern sprösse, und die Scheuer bärste vor eingebrachtem Getreide. Selbst wenn es nach Landluft röche – ihm stänke ein Dasein als Bauer nicht.

Oder wäre Herr Mustermann Schäfer, wie gern schöre er seine Schafe und schösse den Wolf, der sonst seine Tiere fräße!

Herr Mustermann priese sich auch glücklich, wäre er Bäcker. Der Teig quölle unter seinen Händen, und er büke Brot und Kuchen in einer großen, nicht endenden Lust.

Oder als Koch im eigenen Restaurant! Da lüde er täglich zu Tisch, der sich unter der Last der Speisen böge; er sötte das beste Fleisch, führe die besten Weine auf, und die Gäste äßen und tränken bis zum Abwinken.

Oder sogar General! Er schlüge jeden Feind aus dem Feld, kniffe vor keinem und flöhe nie, sondern beföhle stets den siegreichen Vormarsch. Er beschiede sich auch mit dem Rang eines Gefreiten, kröche durchs Unterholz und schräke vor keinem Unternehmen zurück, selbst wenn es wie aus Kübeln gösse oder ihm in Eis und Schnee die Zehen abfrören!

Die Flamme der Begeisterung glömme ebenso in ihm, wäre er Sportler und mäße sich mit Rivalen aus der ganzen Welt. Er schünde sich um des Erfolges willen, dass der Schweiß tröffe, ränge als Ringer jeden nieder und würfe sie auf die Matte, als Schwimmer schwämme er schneller als ein Fisch, als Rennfahrer stöbe er allen auf und davon. Kurzum, er überwände sämtliche Konkurrenten, gewönne alle Titel und erwürbe unsterblichen Ruhm, sodass man ihm einen Siegeskranz nach dem andern flöchte und ihn zum Sportler des Jahrtausends köre.

Ihm verdürbe es auch nicht die Laune, wenn er bloß ein Weber wäre, im Gegenteil! Vom Morgen bis zum Abend, erquickend und labend, spönne und wöbe er.

Oder er wüsche als Wäscher die Wäsche weißer als weiß, wränge sie, bis kein Tropfen herausflösse, und bliche sie in der Sonne auf der Trockenwiese. Nichts föchte ihn auch an, wenn er Brauer wäre, denn seine Maische göre gewiss am besten! Hinwieder als Diamantschleifer schliffe er halt Diamanten und wurde reich … Oder er flöge als Pilot mit seinem Passagierflugzeug die großen Städte der Welt an!

Andererseits pfiffe er auf Ruhm, Geld und ferne Länder, schmölze er in Liebe zu einer Frau dahin. Nie schrie er sie an oder schnöbe vor Wut. Und am allerwenigsten schölte er seine Kinder aus. Deshalb sängen sie ja später alle ein Loblied auf ihn als vorbildlichen Vater!

Was gäbe es alles für Möglichkeiten, wenn Herr Mustermann nicht Herr Mustermann wäre! Als Tenor schölle seine Stimme durch alle Opernhäuser. Als Schriftsteller schriebe er fantasievolle Romane, erklömme den Gipfel des Parnass und gewänne den Nobelpreis. Nie aber grübe er aus Neid einem Kollegen eine Grube, sondern bewöge durch seine Meisterwerke die Menschheit, edel, hilfreich und gut zu werden – selbst wenn man ihn dafür nicht fürstlich entgölte! Und als Literaturkritiker verschlänge er jede Neuerscheinung und empföhle ausschließlich künstlerisch wertvollen Lesestoff.

Ja, Herrn Mustermann gelänge alles. Sogar als Pfarrer! Da schiede er mit leichter Hand die Böcke von den Schafen, und gesetzt, er wäre sogar Gott, so erschüfe er glatt eine neue, bessere Welt. Nichtsdestoweniger bliebe er bescheiden – niemals schwölle ihm ob seiner Allmacht der Kamm!

Oder er ergriffe, mehr praktisch gedacht, den Arztberuf: Bei ihm genäsen alle Kranken, und wenn er sich selbst dabei verschlisse. Vielleicht betriebe er auch medizinische Forschung und fände ein

Wundermittel, sodass Blutern fortan das Blut geränne. Tierversuche aber verböte er.

Wenn es anders nicht ginge, schisse er aber auf Recht und Gesetz. Ha, was er für Verbrechen verbräche, wie viel er stähle, wie er die Leute betröge und Millionen verschöbe, wobei er selbstverständlich mit der korrupten Polizei unter einer Decke stäke! Wie er als Auftragskiller die Leute abstäche, dass das Blut tröffe! Er ersänne das perfekte Verbrechen, und käme er dennoch vor Gericht, er gestände nie, löge das Blaue vom Himmel herunter, schwöre Meineide und spie Gift und Galle gegen die Zeugen.

Ja, Herr Mustermann söge Honig aus jedem Beruf! Aber er war kein Bauer, kein Bäcker, kein Sportler, nichts von alledem. Er konnte sich nichts anderes vorstellen, als was er tatsächlich machte, denn er war knochentrockener Realist und deshalb Politiker geworden. Man spänne doch, höbe man vom Boden der Tatsachen ab! Nein, Herr Mustermann kannte ausschließlich Fakten, Sachzwänge, alternativlose Entscheidungen und den Indikativ. Ach, wenn ihm doch jemand auf die Sprünge hülfe, vielleicht auch hälfe, notfalls hielfe oder sogar hölfe!

Heute schon gelegt?

Die wichtigste Sprachnorm ist Verständlichkeit, ausgenommen in der Wissenschaft. Und in der Lyrik. Sowie im Journalismus! «Der Film ist immer wieder von schimmernden Begebenheiten durchsetzt», verkündet die Zeitung, stottert: «Stromversorger sorgen Rechnungen», und lallt von der «Neuerfindung des Kaffeehauses als Pauschalierung für den gesellschaftskritischen Teil der tschechischen Bevölkerung».

Statt Kaffeehaus versteht man Bahnhof. Vielleicht ahnt man, was gemeint ist; doch wenn die Zeitung mäkelt: «Die Beckett-Inszenierung auf der Dercon-Waagschale bringt im Vergleich zu Castorf

nicht viel auf», dann wird es desto unklarer, je genauer man nach-
spürt. Besonders unklar wird es, wenn der Nachricht sogar ein
Foto beigefügt ist und die Bildunterschrift lautet: «Clarence Green
vor seiner baptistischen Kirche in Greenville. Dort wurde gelegt.»
Es hilft dem Betrachter nicht unbedingt auf die Sprünge, dass eine
Kirche weit und breit nicht zu sehen ist.

Sprünge macht stattdessen die Grammatik. In einem Prospekt
wird ein Buch über Karl May gelobt, weil es zeigt, «wie er kolpor-
tierte Abenteuer zu fantastischen Geschichten beflügelte». Den
einen Kritiker beflügelt seine fantastische Vorstellungskraft zu der
Feststellung, ein Film habe «die für Regisseur Burton so charak-
teristische Mischung aus süßlichen Oberflächen mit dunklen Aus-
läufern»; der andere weiß, dass ein «Film als sauertöpfischer Platz-
anweiser» daherkommt – als wenn es für diese Aufgabe nicht
Sprachglossen gäbe!

Sigmund Freud hat gelehrt, dass ersparter Aufwand nützlich ist
und ebendas in einem guten Witz geschieht: Der Erzähler sagt nicht
alles, sondern überlässt es seinen Hörern, die Lücken auszufüllen.
Der gute Journalist macht es nicht anders. Wenn er also schreibt:
«Ein deutsch-palästinensisches Kommando entführte 1976 einen
Passagierjet von Tel Aviv nach Paris», dann macht er es richtig.
Zwar wurde der Jet nicht nach Paris entführt, sondern nach Ent-
ebbe; aber es handelte sich um den Linienflug «von Tel Aviv nach
Paris», und das genügt für gute Leser, um den Rest zu ergänzen.

Nur dort, wo Missverständnisse auszuschließen sind, muss
ausdrücklich geholfen werden. Genau dazu dient dieser Satz aus
der Vorschau auf eine BBC-Dokumentation: «Bevor die Erde von
Dinosauriern bevölkert wurde, gab es schon Leben dort.» Das ist
goldrichtig formuliert: Es gab Leben dort und nicht anderswo,
etwa auf dem Mond! Das ist klug um die Ecke gedacht, der Aufwand hat sich gelohnt, die Leser ebenso wie der Glossator werden
vor irreführenden Gedanken bewahrt.

Im Witz geht es um die unerwartete Kongruenz des Inkongruenten, die überraschende Ähnlichkeit von Unähnlichem – außer wenn das nicht witzig ist. Etwa wenn in einem Krimi ein Familienvater von Gangstern, «die das Leben seiner Familie erpressen», genötigt wird, ein Verbrechen zu begehen und dadurch selbst zum Kriminellen zu werden, «obwohl die Ähnlichkeit nur verwandt ist». Das ist der springende Punkt: die verwandte Ähnlichkeit, die gottbehüte nicht immer zum Lachen ist!

Auch was nicht zum Lachen ist, darf verständlich sein. Zum Verständnis aber, das will die Zeitung sagen, genügt es, wenn das Gesagte dem Gemeinten irgendwie ähnlich ist, zwischen beiden irgendeine Art von Verwandtschaft besteht. Deshalb ist es durchaus richtig, wenn der Autor eines Films, der von Anders Breiviks Massenmord an den Jugendlichen eines sozialdemokratischen Ferienlagers handelt, «einen Vater des Massakers von Utøya befragt».

So leicht wird man vom Leidtragenden zum Schuldigen! Aber Kunst und Journalismus sind halt nicht von dieser Welt, und nicht immer ist das Missverhältnis zum Lachen.

«Ja! Nein, ich meine …»

«Ein kleines Licht hat der Vater sie genannt, meist immer dann, wenn sie der Mutter beim Tischabdecken nicht zur Hand gehen wollte», lautet ein Satz in Feridun Zaimoglus Erzählung «Ein Liebesdienst». Der Fehler ist Ihnen, aufmerksamer Leser, aufmerksame Leserin, zweifellos aufgefallen: «Meist immer» ist ein Widerspruch in sich. Im Alltag, wo man es sowieso immer nicht so genau nimmt, richtet so was keinen Schaden an und wird kaum einmal bemerkt, wohingegen Sie jetzt die anderen Paradoxien hier in diesem Satz wahrscheinlich sicher, anders gesagt: also wohl mit Sicherheit bemerkt haben.

Einem Autor und seinem Lektor sollten solche Schwupper im-

mer nie passieren. Indes sind im Medienbetrieb Zeit und Gehirnschmalz meistens immer knapp, und so passiert es: Dem Polito-
logen Claus Leggewie zufolge «könnte sich der Westen stark
verändern – und zwar sicherlich nicht zum Positiven»; die Auto-
bahnpolizei-Serie «Alarm für Cobra 11» folgt dem Motto: «Zu Beginn jeder Folge fliegt oft ein Auto in die Luft»; und der Zeitung
unterläuft in jeder Nummer manchmal ein ähnlicher Missgriff,
etwa wenn jemand über Romy Schneiders Schicksal klagt: «Die
Deutschen konnten zunehmend wenig mit ihr anfangen» – und
nicht etwa abnehmend viel.

Zugegeben: Es ist einfach schwierig. Das umso mehr, als die
Sprache selbst kein logisches Konstrukt ist und es sogar Wörter
gibt, deren Bedeutung ins Gegenteil kippen kann. «Gewiss» zum
Beispiel meint bisweilen nichts anderes als «ungewiss», «gewisse
Leute» sind durchaus unbekannte. Schon Kurt Tucholsky ertappte
die Juristen dabei, dass sie «zweifellos» schrieben, wenn sie Zweifel
hatten – eine Methode, die Politiker ebenso anwenden und mit Ironie manchmal oft gewisse Sprachkritiker. Überhaupt ist Ironie ein
bewährtes Mittel zur Umdeutung: Das mit allen Schikanen aus-
gestattete Auto erweist sich öfter, als einem lieb ist, als schöne Bescherung.

Andere Wörter erfahren die Umdeutung, ja Umkehrung ihrer
Bedeutung nicht durch ironische Brechung, sondern im Ernst. Beispielsweise mahnt eine linksliberale Gazette, gegenüber der AfD
«Haltung zu zeigen und alle nicht grundgesetzkonformen Vor-
haben dieser Partei mit allen Mitteln des Rechtsstaates zu verfol-
gen» – also zu bekämpfen oder zu betreiben, wie's beliebt.

Der moderne Klassiker unter den verbalen Kippfiguren ist
«sanktionieren». Zum Beispiel in Sachen US-Embargo gegen Kuba:
«Die Gesetze sanktionierten kubanische Handelspartner und wei-
teten das Embargo auf Drittländer und Unternehmen aus»; ganz
anders klingt das, wenn Jan Philipp Reemtsmas These referiert

wird von der «zivilisierten Gesellschaft, die in Friedenszeiten das Böse ausgrenzt, obwohl sie in Zeiten des Krieges dieses Böse freisetzt und sanktioniert» – man könnte demzufolge sprechen von einer zivilisierten Gesellschaft, die in Friedenszeiten das Böse sanktioniert, obwohl sie in Zeiten des Krieges dieses Böse sanktioniert. Chapeau!

Auf einem ähnlichen Weg zum Gegenteil ist anscheinend «scheinbar». Eigentlich meint es: Es scheint nur so, ist aber anders. Aber anders ist der Sprachgebrauch: «Scheinbar» steht manchmal immer für «offenbar». So hier: «Drei Wochen vor dem Start suchen viele Kommunen noch nach Interviewern. Der Job ist scheinbar wenig attraktiv.» Ein Bedeutungswandel von «scheinbar», den man wohl sicher sanktionieren sollte …

Offenbar einen Bedeutungswandel bereits durchlaufen hat eine noch recht neue Redensart. Als 2001 Schalke 04 beste Chancen auf die deutsche Fußballmeisterschaft hatte, grölte ein Fan voller Hoffnung ins «Sportschau»-Mikrofon: «Wenn Schalke Meister wird, brennt hier der Baum!» Die Meisterschaft wäre für ihn nämlich wie Weihnachten gewesen. Dass in letzter Sekunde doch wieder Bayern München triumphierte, war zweifellos eine schöne Bescherung für ihn. Eine schöne Bescherung ist es gewiss auch, was mit der Redensart passiert ist – offenbar weil die Leut bei einem brennenden Baum «eher nur» (Sándor Márai: «Bekenntnisse eines Bürgers», deutsch von Hans Skirecki) an eine Brandkatastrophe denken: Nach einer Reihe von Misserfolgen, heißt es typischerweise in einem kürzlich erschienenen Buch über einen anderen Fußballverein, «brannte in Leverkusen der Baum».

Woher rührt dieser paradoxe Wortgebrauch? Zweifellos will man auf Nummer wahrscheinlich sicher gehen und sich nicht exakt festlegen; die Standardsprache braucht eher nur das Ungefähre, meistens nie wissenschaftliche Präzision. Gewiss liegt's auch daran, dass der Zwang zum schnellen öffentlichen Statement zu-

nehmend wenig Zeit zum Nachdenken lässt. Auch könnte sicherlich die weitverbreitete Empfindung von einer unübersichtlich und
widersprüchlich gewordenen Realität eine Rolle spielen. Bekannt
ist, dass die Leute meistens immer zwei Meinungen zu einem
Thema haben; und während man sonst bei jeder Gelegenheit bloß
«kontrovers diskutiert», haben jetzt die Personen selbst, so liest
man's in der Presse, eine «kontroverse Persönlichkeit».

Was sagen Otto und Ottilie Normalverbraucher dazu? Stimmt
das oder nicht? «Ja! Nein, ich meine …»

Im wahrsten Sinne des Wortes zerknirscht

Nicht nur Gemäldegalerien, auch die Sprache steckt buchstäblich
voller Bilder. Dumm nur, dass sie mit der Zeit im wahrsten Sinne
des Wortes verblassen! Um sie wortwörtlich im alten Glanz erstrahlen zu lassen, gibt es jedoch einige Mittel. Am gebräuchlichs-
ten sind die untauglichen – was soeben dreimal demonstriert
wurde.

Um mit einer sprichwörtlich ollen Kamelle anzufangen: Die
Meinung, bei einem bevorstehenden sportlichen Wettbewerb gebe
es keinen Favoriten, drückte die *Zeit* einmal so aus: «Der Fußball-
Weltmeister 1986 wird buchstäblich vom Himmel fallen.» Zum
Glück für Argentiniens Balltreter wurde der Weltmeister 1986 aber
doch auf dem Rasen ermittelt. Auch der «Miss Yokohama 2010»
dürfte es erspart geblieben sein, zermatscht auf dem Boden der
Tatsachen zu landen, obwohl es auf YouTube hieß: «Veronika Mi-
randa fiel buchstäblich aus allen Wolken, als sie zur Gewinnerin er-
koren wurde.»

Die Kasseler *Sonntagszeitung* wiederum berichtete einmal von
einer Ausstellung mittelalterlicher Folterwerkzeuge: «Achtzig der
über 300 Exponate zählenden Sammlung spannen den Besucher im
wahrsten Sinne des Wortes auf die Folter» – in einem modernen

Rechtsstaat! Die *taz* hingegen wusste von einem Berliner Wissenschaftler, den ein Misserfolg nicht nur seelisch belastete: «Professor Knirsch ist im wahrsten Sinne des Wortes zerknirscht.» Hatte
er die Folter-Ausstellung besucht?

«Buchstäblich» bedeutet laut Duden «genau nach dem Wort-
laut». Doch damit ist es im übertragenen Sinn Pustekuchen, wird
in den angeführten Beispielen doch gerade der bildliche Gehalt
betont und eine abgenutzte Metapher, die kaum einer noch wahr-
nimmt, aufpoliert – und im richtigen Gefühl, einer Phrase aus-
weichen zu müssen, ungewollt komischer Unsinn produziert. Vor
allem in der hektischen, mehr von Leidenschaft als von Überlegung
durchwalteten Welt des Sports schießen Journalisten und Fans des
Öfteren «im wahrsten Sinne des Wortes» ein Eigentor. So behauptete das ZDF bei einem UEFA-Pokalspiel zwischen dem FC Porto
und Celtic Glasgow glatt: «Capucho wird ausgewechselt – er hat
sich im wahrsten Sinne des Wortes aufgerieben.» Ein nostalgisch
gestimmter Anhänger von Rot-Weiss Essen erinnert sich in einem
Buch über seinen einst in der Bundesliga spielenden Verein: «Wir
Fans brannten für diesen Verein im wahrsten Sinne des Wortes» –
obwohl es damals noch keine Pyrotechnik gab. Den Vogel abge-
schossen aber hat Ex-Fußballnationalspieler Karl-Heinz Rumme-
nigge: «Wir sind beschissen worden, im wahrsten Sinne des
Wortes!», klagte er nach dem unglücklichen Ausscheiden des FC
Bayern München im Europapokal.

Er muss es wissen. Vieles weiß auch der Deutschlehrer der Nation Bastian Sick. Doch auch ihm geht es «buchstäblich», nein: eben
nicht buchstäblich in die Hose. Im Vorwort seines Buches «Der
Dativ ist dem Genitiv sein Tod», das die Beiträge seiner *Spiegel
online*-Kolumne «Zwiebelfisch» versammelt, äußert er sich über
diese Namensgebung. Der «Zwiebelfisch» bezeichne in der Zei-
tungs- und Druckersprache den versehentlich in einer falschen
Schriftart gesetzten Buchstaben innerhalb eines Wortes: «Und da

diese Kolumne es sich zur Aufgabe gemacht hat, ‹falsch gesetzte› Wörter in deutschen Texten aufzuspießen, also ‹Zwiebelfische› im übertragenen Sinn, schwamm ihr der Name buchstäblich zu.» Das wäre in diesem falschen Sinn «buchstäblich» ein Griff ins Klo, mit dem der Deutschmeister den Zwiebelfisch sprichwörtlich an Land zog.

«In der eigentlichen Bedeutung des Wortes» können keine dieser Unstimmigkeiten jemandem ins Auge springen oder fallen, sondern nur in der übertragenen. Aber selbst wer spürt, dass sich in diesem sprachlichen Minenfeld, bildlich gesprochen: Hürden auftun, ist noch lange nicht auf der sicheren Seite. Ein noch größeres Kunststück als Bastian Sick gelang nämlich dem Bayerischen Fernsehen, das über ein Brüxer Kohlebergwerk vermeldete: «Mit dieser Kohle lässt sich nicht nur sprichwörtlich viel Kohle verdienen» – sondern auch echte Kohle, womit das Perpetuum mobile erfunden wäre! Das Meisterstück lieferte ein Sportjournalist, der in einem Aufsatz über «Ultras und Fanbeauftragte» Furchtbares berichtete: «Insgesamt sehen sich die Fanbeauftragten in einer ‹Sandwichposition› zwischen Vereinsführung und Ultragruppen, in der sie auch häufiger real und nicht nur psychologisch ge- und zerdrückt werden.»

Selbst wer merkt, dass er sich gewissermaßen auf dem Glatteis befindet, gelangt also, uneigentlich gesagt, nicht unbedingt ans sichere Ufer, sondern landet manchmal im Wunderland des Nonsens. Um mit einer sozusagen ollen Kamelle auch zu schließen, sei die *Frankfurter Rundschau* zitiert, die einst über Helmut Kohls Sommerurlaub in Österreich und seine damit verbundene Fastenkur berichtete: «Der Diät-Plan ist im wahrsten Sinne des Wortes manger.» Und nicht etwa im wahrsten Sinne des Wortes dinck!

Die überflüssigste Redewendung aller Zeiten

Womöglich ist dies die erste Sprachglosse aller Zeiten, die sich der superlativsten Redewendung aller Zeiten widmet. Aber weil jedes Jahr eine reiche Ernte liefert und das, in dem dieses Buch erscheint, also das 2022. Jahr aller Zeiten, ebenfalls, müssen einmal die besten Beispiele aller Zeiten oder wenigstens ein paar mehr oder weniger brauchbare aus der letzten vorgeführt werden. Als «das beste Album aller Zeiten» pries das Versandhaus Zweitausendeins, was es vom Beach-Boys-Musiker Brian Wilson im Programm hat, während die *taz* die Platte «Monarchie & Alltag» von den Fehlfarben «zum besten deutschsprachigen Album aller Zeiten» hochjazzte. Für den Fernsehsender Phoenix war Artus «der größte König aller Zeiten» und seine Geschichte die «Geschichte des edelsten Herrschers aller Zeiten»; der von Porsche aufgemotzte Sportwagenklassiker wiederum wurde als «der beste 911er aller Zeiten» ausgerufen, wenn auch bloß von der *Hannoverschsten Allgemeinsten* aller Zeiten.

Wer «alle Zeiten» meint, scheint viele Zeiten zu kennen, tatsächlich gibt es nur drei: Vergangenheit, Gegenwart, Zukunft. Daraus folgt, dass Sportwagenfahrer ihr Geld künftig bei einer anderen Automarke loswerden müssen, weil der nächste 911er schlechter sein wird; es bis in alle Zukunft kein besseres Album geben kann als das von Brian Wilson, man also kein anderes mehr kaufen muss, schon gar nicht bei jenem Versandhaus. (Aber das hat die besten Zeiten aller Zeiten sowieso hinter sich.)

Damit nicht genug: Weil der *Kicker* zum Start der Fußballsaison 2012/13 «das dickste Sonderheft aller Zeiten» herausbrachte, waren das nächste und alle folgenden bis in alle Ewigkeit ganz sicher dünner, versprochen ist versprochen; und da der Schachspieler Ruslan Ponomarjow 2002 mit 19 Jahren «jüngster Weltmeister aller Zeiten» (*chessbase.de*) wurde, steht fest, dass seither neue

Champions mindestens 20 sein müssen, ehe sie besser als alle anderen sein dürfen.

Wer einwendet, dass dies die haarspaltendsten Auslegungen aller Zeiten sind, dem sei entgegnet, dass die dümmsten Belege aller Zeiten erst noch folgen. Vor allem Sportjournalisten tricksen gern. So schreibt der sonst sehr zuverlässige Fußballhistoriker Dietrich Schulze-Marmeling über den FC Bayern München, der sei 1965/66 als Bundesliga-Aufsteiger Dritter geworden und damit «der beste Neuling aller Zeiten» – mithin besser als der 1. FC Kaiserslautern, der 1997/98 als Neuling bloß deutscher Meister wurde. Jürgen Thiem wiederum widmet sich in seinem Buch «Helden für einen Sommer» jenem Schalke-04-Team, das 1972 den DFB-Pokal gewann und Vizemeister wurde, und erzählt damit laut Untertitel «Die Geschichte der besten Schalker Mannschaft aller Zeiten» – sechs Meistertitel plus ein Pokalsieg, die Jahrzehnte zuvor die legendäre Schalker Elf um Ernst Kuzorra errang, sind nix dagegen!

Nicht nur Sportler, auch ihre Schreiber scheinen oft gedopt zu sein. Doch für alle Zeiten gilt der nüchterne Befund: Wo Aufschneider und Blender den Ton angeben, ist die Sprache aufs Beeindrucken und Überwältigen angelegt, nicht auf Information. Manche ahnen immerhin, dass eine der unsinnigsten Floskeln aller Zeiten eine der bis heute falschesten ist – doch halt, das wäre zu einfach! Es ist vielmehr eine der bis heute falschesten aller Zeiten: «Das bis dahin größte Konzert aller Zeiten» hätten die Beatles 1965 in New York gegeben (quakte das *Arte-Magazin*); «der Bankenverband sprach von der bisher größten Umschuldung aller Zeiten» (ratschte NDR Info über die Griechenlandkrise); Bobby Fischer, der 1958 mit 15 Schachgroßmeister wurde, war «der damals jüngste Großmeister aller Zeiten» (blödelte *chessbase.de*) – alle Zeiten waren freilich 1992 vorbei, als die noch etwas jüngere Ungarin Judit Polgár Schachgroßmeisterin wurde.

Alle Zeiten sind seltsame Zeiten und womöglich niemals richtig.

«‹Sergeant Pepper› ist das beste Beatles-Album aller Zeiten»: Das sei «richtig verwendet», behauptet jemand auf Wikipedia, «weil es die Beatles nicht mehr gibt». Aber was es nicht mehr gibt, gehört in die Vergangenheit; sowieso ist die Frage, warum es nicht einfach heißt: «‹Sergeant Pepper› ist das beste Beatles-Album.» Die Antwort: Es klänge nicht protzig, nicht großmäulig genug – die apodiktische Schlichtheit würde augenblicklich Widerspruch wecken. Was wichtigtuerisch wie die richtigste Tatsachenbehauptung aller Zeiten auftritt, wäre als bloße Meinungsäußerung eines Schaumschlägers entlarvt.

Am Ende bleibt über den Gröfaz, den größten Fehler aller Zeiten, nur zu sagen, was vor ein paar Jahren die Berliner Heavy-Metal-Spaßband Knorkator sagte. Sie kündigte ihre nächste Platte an als «das nächste Album aller Zeiten».

Damit weiter zur nächsten Sprachglosse aller Zeiten!

Augen auf beim Sprachgebrauch!

Die Tennisspielerin Maria Scharapowa triumphierte einer Zeitung zufolge einst «im Sand von Paris», während eine Fernsehdoku «eine Reise durch die Hollywood-Legenden» wie John Wayne oder James Stewart versprach. Merkwürdig verhielt sich auch ein Kambodschaner, der «am Sterbebett» seinen letzten Schnaufer tat, also vielleicht auf dem Bettvorleger.

Der Mensch ist ein Augentier, ausgenommen der deutsche. Er sieht nicht, was er sagt, und stolpert von einem sprachlichen Fettnapf in den nächsten. «77 Prozent der Bürger beurteilen die Leistungen ihres Regierungschefs Netanjahu als gut bis sehr gut. Verteidigungsminister Mosche Jaalon», berichtete die Zeitung über eine Umfrage in Israel, «landet mit 76 Prozent dicht unter ihm.» Kurz danach trat Jaalon zurück – wahrscheinlich war ihm die Luft zu dick.

Vielleicht dachte der Autor an eine Liste, auf der die Personennamen untereinanderstehen. Auch sonst zeitigt die Verwechslung von Papier und Realität schöne Ergebnisse. «Oberhalb des Ärmelkanals entsteht ein neuer Staat. Man könnte ihn Kleinbritannien nennen», halluzinierte ein Nachrichtenmagazin im Vorfeld des Brexits eine Fata Morgana. Kein Hanns Guck-in-die-Luft, sondern ein Guck-in-den-Atlas ist auch der Lyriker Joachim Sartorius – er gräbt tiefer und kennt ein «Afrika unterhalb der Sahara».

Die Leute haben eine Landkarte anstelle der Wirklichkeit vor Augen – und was außerdem, wenn sie, wie man hin und wieder liest, Österreich ein «schnitzelförmiges Land» nennen? Ein Schnitzel sicherlich nicht, weil kaum eines diese Form hat, es hat auch keine Knochen; Österreich aber hat die Alpen. Richtig heißt es «kotelettförmiges Land», und so nannte es Bernd Eilert einst in der *Titanic.*

«Sprich, damit ich dich sehe», bat Sokrates. 2500 Jahre später muss es heißen: «Sprich, damit ich sehe, ob du einen Knick in der Optik hast.» Da wird Marcel Duchamps berühmte «Fontäne» zur Spritzpistole, nämlich als ein «um 90 Grad gekipptes Urinal» beschrieben. Ein anderes Kipp-Phänomen liegt vor, wenn «bei den Einstiegsgehältern ein Nord-Süd-Gefälle» konstatiert wird, weil «ein Absolvent in München mehr als ein Kollege in Schwerin verdient», es beim Gefälle also bergauf geht.

Eine alte Bauernregel, um solchen Ausrutschern vorzubeugen, lautet: «Das muss man sich mal vorstellen!» Dann würde keiner, der an die vergifteten Flüsse von einst erinnert, behaupten, dass «die Fische im Rhein kopfüber schwammen». Angela Merkel, von Jürgen Roth in seinem Hörbuch «‹Ich gebe Ihnen mein Ehrenwort!› Lügen und Lumpereien aus siebzig Jahren deutscher Politik» mit Glanzleistungen zitiert wie «Damit es in Deutschland besser geht, werden die Weichen aufwärts gestellt», sie würde – doch nein, bei so viel genialem Irrsinn gibt's nur eines: genau so weiterquaken!

Und sich beispielsweise, um ein beliebtes Verfahren vorzuführen, kurz, nämlich zu kurz fassen: Als «die zerrissene Frau» porträtiert die Zeitung eine türkischstämmige Integrationsministerin, die folglich nicht innerlich zerrissen, sondern körperlich zerfetzt ist; «das zierliche Mädchen nimmt ihren Glauben sehr ernst und zerreißt zwischen den Anforderungen von Mutter und Pfarrer», schreibt ein Versandhaus im Reklametext eines Spielfilms. Ähnlich wirbt ein Fernsehsender für ein Fernsehspiel: «Zwischen der stolzen Frau und dem gebrochenen Quartalstrinker kommt es zur vorsichtigen Annäherung» – vielleicht gelingt es der Frau ja, den Säufer zusammenzukleben! Besser dran ist «Thomas Schäfer. Selbstbewusst und souverän tritt er vor die Schüler. Als Chorleiter geht der Mathematiklehrer auf.» (Einsfestival-Videotext)

Man staunt über die zerrissenen, gebrochenen und aufgehenden Menschen, aber die Medien erschaffen halt ihre eigene Wirklichkeit. «Seine Miniaturen mit dem reduzierten Strich», heißt es über den Zeichner Robin Thiesmeyer, «geben den abgehangenen Erwachsenen die großen Kinderaugen wieder zurück.» Es ist eine besondere Wirklichkeit, die von einer besonderen Sprache abgespiegelt werden muss, gibt es in dieser Welt doch «getrennte Väter», die Alimente zahlen, «Menschen, die gewogen morgens um sechs Uhr schon grüßen» und eine Frau, die über sogenannte Kriegskinder-Literatur arbeiten will und erkennt, «wie stark sie selbst noch verwoben ist».

So gewogen grüßt die Zeitung jeden Morgen ihre abgehangenen Abonnenten, so stark sie noch verwoben sein mögen. Andere Medien grüßen ihr Publikum mit Katachresen, in denen eigentliche und übertragene Bedeutung so verwoben sind, dass es die Leut schier zerreißt: «Windrad spaltet Nachbarn», macht eine große Zeitung auf eine tödliche Gefahr der Energiewende aufmerksam; «Trockenheit verhagelt Ernte» – unerwartete Folgen des Klimawandels scheinen in einem lokalen Blättchen auf. Was tun bei so

viel Unglück? Sich betrinken? Warum nicht? Indes, ein Weinhänd-
ler wirbt mit «Würze und Frucht vom Stiefelabsatz». Darum nicht!

Hinters Ohr gehauen

Viele Redensarten haben den Vorteil, etwas anschaulich zu machen.
Viele haben aber auch den Nachteil, etwas anschaulich zu machen.
Um sie zu verstehen, muss man nämlich ihre Bedeutung kennen.
Außer wenn man kreativ ist und sich den Sinn selbst zurechtbas-
telt: «Eine Wiedererrichtung der UdSSR als geopolitische Einheit
droht nicht», weil dem Kreml «finanzielle und militärische Mittel
fehlen, um das alte Reich wieder an die Kandare zu nehmen».

Im besten Fall kann Journalismus hermetische Poesie sein. So
heißt es in der Zeitung über einen parteilosen, aber erfolgreichen
Freiburger Politiker: «Es scheint, als hätte er die Kretschmann-
Grünen in Baden-Württemberg auf die Spitze getrieben.» Was ge-
meint ist? Schnurz, schließlich ist die Trennung von Inhalt und
Meinung die Grundlage des Qualitätsjournalismus. Oder um einen
Aphorismus von Adorno zu paraphrasieren: Wahr sind nur die Re-
densarten, die sich selber nicht verstehen.

Besondere dichterische Höhen zu erklimmen, war aber keiner
Spitzenzeitung, sondern einem südbadischen Lokalblatt vorbehalten, das den Schlossherrn und FDP-Politiker Nikolaus von Gayling
auf die Spitze trieb und gleich mehrere bildliche Ausdrücke an die
Kandare nahm: «Während der eine oder andere adelige Vorfahr bereits weit früher den Silberlöffel schmiss, hält sich das Ebneter Ur-
gestein wacker am Puls der Zeit.»

Ebenfalls sehr hübsch machte es ein Fernsehreporter, der während der Fußball-WM 2018 unkte: «Das dritte Gruppenspiel – da
werden keine Verwandten mehr gemacht», und aus den Redewendungen «keine Gefangenen machen» und «keine Verwandten kennen» ein Bild schuf, das sicherlich manchem von seiner Familie ge-

plagten Individuum aus der Mördergrube sprach. Ein Chemnitzer Werbeblättchen wiederum befasste sich mit windigen Haustür- und Telefongeschäften, deren Opfer zu spät merkten, «dass sie hinters Ohr gehauen wurden», und rührte aus den Phrasen «übers Ohr hauen» und «hinters Licht führen» gekonnt etwas Neues zusammen.

Die Sprache steckt voller Bilder, die ihre Sprecher «in höhere Weihen» entführen und manchmal sogar in kubistische Sphären: «Ganz wichtige Mosaiksteine der Straßensozialarbeit sind die Streetworker.» In surrealistische Gefilde geriet sogar der Jugendsender One, als er sein Mitgefühl mit den Alten ausdrückte, denn «ihre auslaufende Lebensuhr tickt unaufhaltsam». Schön, dass Dalí so populär ist!

Der Sinn der Wörter und Phrasen existiert unabhängig vom einzelnen Sprecher. Nicht der einzelne Mensch legt die Bedeutung fest, sondern sie ergibt sich aus dem kollektiven Sprachgebrauch. Das Individuum (sofern es nicht der allwissende Sprachkritiker ist, versteht sich!) weiß manchmal nur ungefähr, was richtig ist, und krokelt am Ausdruck herum: «Frau Mair-Holmes, Herr Bergmann», beginnt der Kulturredakteur ein Interview mit den beiden Leitern von Trikont, «los ging es 1967 nicht als Plattenfirma, sondern als Verlag, schon damals mit glücklichen Händchen.» Es ist also nicht so, dass beide im übertragenen Sinn ein glückliches Händchen haben, sondern sie haben wirklich glückliche Händchen, was immer das sein mag.

Wer dieser haarfeinen Interpretation widersprechen will, liebe Leserinnen und Leser, «gibt Paroli». Zugestanden: Sie ist pingelig, aber anders kann man einen kleinen Knick in der Optik nicht entdecken, geht es bei Gestalt und Gehalt von Wörtern und Phrasen doch «ums Eingemachte» einer Sprache. Das Eingemachte hält freilich nicht ewig: Ausdrücke und Redensarten nutzen sich ab, ihr anschaulicher Inhalt verblasst. Aber er kann wieder aufgehübscht

und vor Augen gebracht werden, etwa in der Inhaltsangabe eines
Fernsehfilms: «Thomas, dessen Ermittlungen ihn ins Milieu der
Vornehmen und Reichen führen, beißt sich an den Befragten die
Zähne aus.»

So schwer man es mit den Redensarten hat, sie haben den Vorteil,
dass man es herrlich vermasseln kann: Die Unglücksfälle zeugen
von Erfindungskraft und Schöpfergeist. Manches Beispiel lacht
einen direkt an, anderes ist mehr was für Feingeister. Etwa manche
Katachrese: «Genüsslich», schreibt die Zeitung, «setzt Arno Ber-
tina eine absurde Kette von Verwicklungen in Gang, die am Ende
darin gipfelt, dass …» … diese Glosse im Schlusspfiff gipfelt!

Welche Tiere Mieter halten

Schöne Wörter hat das Deutsche, Wörter wie «Götterspeise»,
«Liebestraum», «Waldeslust», «Kinderlachen», «Blumengebinde»,
«Turnvater» oder «Wiesenschaumkraut» – um Robert Gernhardt
zu zitieren. Er legte sie in einer Bildergeschichte Napoleon in den
Mund: Der ging «nach der Schlacht von Wrmbs, wie er es immer
zu tun pflegte, durch die Reihen der Verwundeten, und für jeden
hatte er auch diesmal ein gutes Wort …».

Schöne Sätze gibt es auch, Sätze wie «Am Anfang schuf Gott
Himmel und Erde» oder «Die Stadt Göttingen, berühmt durch ihre
Würste und Universität, gehört dem Könige von Hannover und
enthält 999 Feuerstellen, diverse Kirchen, eine Entbindungsanstalt,
eine Sternwarte, einen Karzer, eine Bibliothek und einen Ratskeller,
wo das Bier sehr gut ist» – klassische Beispiele, in denen jedes Wort
an seinem gut gewärmten Platz ist. Es geht auch anders.

Meist auf der richtigen Seite siedelt, wer sich brav an die Reihenfolge Subjekt-Prädikat-Objekt hält – siehe Heines sauber verputz-
ten Satz. Man kann aber auch das Objekt voranstellen, am besten
so: «Welche Tiere Mieter halten dürfen, entscheidet der Vermie-

ter.» Hätte der Verfasser geschrieben: «Welche Tiere ein Mieter halten darf», wäre es langweilig – aber er hat zum Glück die Pluralkrankheit.

Von der Regel, dass es keine Regel ohne Ausnahmen gibt, gibt es keine Ausnahmen; auch hier nicht, weil es massenhaft Ausnahmen gibt vom SPO-Muster: dank der stilistischen Vorschrift, zuvörderst den Schwerpunkt der Aussage, das Rhema, zu nennen, das den Satzakzent trägt, und dann erst den Ausgangspunkt der Mitteilung, das Thema. Wenn dieses ominöse Rhema nach vorn marschiert, muss sogar der liebe Gott zurücktreten: Deshalb steht nicht Er, sondern buchstäblich der Anfang am Anfang der Bibel.

Die Reihenfolge der Wörter ist nicht schnurz, sonst geht die Erschaffung zwar nicht der Welt, aber – «es kommt zu sagen einer Binse gleich» – die eines Satzes daneben, und es geschieht ein Unglück, im besten Fall ein komisches: «Neun der Packstellen befinden sich auf Höfen mit bis zu 12 000 Hühnern, die ihre Eier selbst vermarkten.» Meistens ist es nicht so albern: «Die Durchsuchungen fanden im Rahmen des Aktionstages gegen Hasspostings des Bundeskriminalamtes statt.»

Dass man einen Satz zu Unrecht richtig verstanden hat, merkt man oft erst auf den zweiten Blick; etwa wenn das Lokalblatt behauptet: «John Cleese und seine damalige Frau Connie Booth schrieben die Kultserie ‹Fawlty Towers› zusammen» – womit die Zeitung suggeriert, die beiden hätten das Zeug doch eigentlich zusammengeschmiert. Die Wahrheit ist: Sie schrieben zusammen die Kultserie «Fawlty Towers».

Man weiß, was gemeint ist; aber hilfreich ist es, man drückt es auch aus. Die Grammatiker lehren, dass die Reihenfolge der Satzglieder (bis auf das finite Verb) im deutschen Satz frei ist; die Bedeutung eines Satzes ist es jedoch nicht. Sonst passiert es, dass man unfreiwilligerweise das Pekinger Regime lobt, weil eine gewisse Guo Jianmei «wie viele andere Menschenrechtsanwälte in China

nicht verhaftet worden sei» – ein unbeabsichtiges Lob, zustande-
gekommen, weil nicht ein einziges Wort an der richtigen Stelle,
stopp: weil ein einziges Wort nicht an der richtigen Stelle steht: In
Wahrheit wurde Guo Jianmei nicht wie viele andere Menschenrechtsanwälte verhaftet.

Vermutlich haben manche den kleinen Unterschied, der zwischen Wahrheit und Journalismus liegt, nicht bemerkt. Es genügt
halt, auf der richtigen Seite zu stehen, wenn man unfähig ist, das
auszudrücken: «Rückkehrer, die in Syrien oder im Irak für den
‹Islamischen Staat› gekämpft haben, gibt es auch bei uns. Manche
von ihnen haben sich inzwischen losgesagt, doch wie kann man
verhindern, dass es so weit kommt?»

Um zu verhindern, dass es zu einem Missverständnis kommt,
muss man manchmal pingelig sein. So drängt die Meldung «Der
Film- und Theaterregisseur ist kürzlich erst aus dem Hausarrest
entlassen worden» semantisch in die falsche Richtung, weil sie den
leisen Verdacht erzeugt, der Mann sei dann wieder verhaftet worden. Um dieses Missverständnis auszuschließen, müsste es statt
«kürzlich erst» umgekehrt «erst kürzlich» heißen. Das entfernt
den möglichen Akzent vom «erst» (ergänze: Hausarrest), der ein
«dann» (ergänze: das nächste Unglück) erwarten lässt.

Meist überliest man solche kleinen Fehler und versteht die Sätze
so, wie sie gemeint sind. Es mag Pedanterie sein, wenn man jedes
Wort auf die Goldwaage legt und dann über den Satz stolpert, den
eine Zeitung über den bis 2021 amtierenden und zuletzt erfolglosen
Trainer der deutschen Fußballauswahl schrieb: «Joachim Löw beklagt seit Langem strukturelle Mängel in der Nachwuchsarbeit.
Jetzt ist er auch Opfer dieser Misere» – und nicht nur ihr Verursa-
cher? Andernfalls hätte die Zeitung doch «Jetzt ist auch er Opfer»
geschrieben …

Wirklich zum Opfer eines falschen Satzbaus werden die Leser
durch ein Wörtchen, das die Globalisierung auf den Punkt bringt,

etwa wenn die Presse frohlockt: «Im Mai hat das Londoner Unterhaus als erstes Parlament weltweit einen Umwelt- und Klimanotstand ausgerufen.» Sehr gut; nur bleibt unklar, was genau das Unterhaus getan hat: Hat es sinnvollerweise einen weltweiten Notstand ausgerufen – oder doch bloß als weltweit erstes Parlament einen nationalen Notstand?

Das kommt davon, wenn man einen deutschen Satz mit englischer Grammatik infiziert. Die spielt auch in diesen Satz in einem Buch übers sogenannte Groundhopping (das Sammeln von Stadionbesuchen) hinein: «Rund 14 000 Fußballvereine weltweit und rund 35 000 Grounds sind in der App gelistet.» Begönne der Satz richtig mit «Weltweit sind rund» und so weiter, bezöge sich «weltweit» auf beides – so nur auf die Vereine. Deutlicher noch wird die Sache im Fall einer medizinhistorischen Ausstellung, die über die «Entwicklung von Gesundheit und Krankheit weltweit belehrt»: In Wirklichkeit wird nicht weltweit die Menschheit belehrt, sondern die Besucher vor Ort werden es über die weltweite Entwicklung von Gesundheit und Krankheit.

In anderen Fällen ist die Reihenfolge tatsächlich bloß eine Stilfrage. Dass bis auf das finite Verb die Stellung der Satzglieder scheinbar beliebig ist, hat zur Folge, dass man die Satzglieder fast nach Belieben in den Satz stopfen kann. Meist geht es gerade noch gut, zum Beispiel: Der «Markus Söder überrascht uns halt immer wieder alle», sagt ein CSUler der Zeitung. Mehr noch: Entgegen der alten Regel darf das finite Verb eben doch von seinem angestammten Platz rücken: «Beim Lesen fällt auf, was heute fehlt. Vor allem der kluge Blick auf das, was da ist nämlich.» Trotzdem verständlich nämlich ist es.

Allerdings würde es der Verständlichkeit nicht schaden, wenn die natürliche, gottgegebene Reihenfolge der Satzglieder eingehalten würde! «In den Räumen, in denen früher das griechische Lokal Z-Sorbas seinen Platz hatte, bietet das Mallorca nun am Papendiek

spanische Küche an.» Schon richtig – aber übersichtlicher geglie-
dert wäre der Satz, wenn es «In den Räumen am Papendiek, in
denen» hieße, außerdem die Umstellung «nun das Mallorca» erfolgt wäre, damit man nicht etwa glaubt, das Mallorca sei zuvor
woanders gewesen. Es ist aber neu.

Nachlässig gebaute Sätze können in die Irre führen und sugge-
rieren, dass die sozialen Medien nicht etwa Mark Zuckerberg, sondern einem ominösen «C.» gehören, nur weil man die Wörter egal
in den Satz schüttet: «Was für eine überraschende Reaktion auf den
Wahlsieg von Donald Trump in den sozialen Medien von C.s
Freunden!» Und was geschieht in den deutschen Medien? «Binnen
fünf Jahren wurde eine Einspar-Zielmarke von 44 Millionen Euro
ausgegeben», heißt es über einen Zeitungskonzern, der sich also
viel Zeit ließ, ein Sparprogramm auszuhecken, und trotzdem noch
nicht weiß, binnen wie viel Jahren er die 44 Millionen einsparen
will.

Weiter im Programm! Hängt von einem Satzglied ein anderes
ab, dann können bekanntlich die Teile des übergeordneten eine
Klammer um die untergeordneten bilden. Die Zeitung demonstriert, warum: «Der New Yorker Schriftsteller und Musiker Ri-
chard Hell liest aus seiner aufrichtig genannten Autobiografie
‹Blank Generation›.» Unterschwellig gibt die Zeitung damit zu
verstehen, dass die Autobiografie vielleicht nicht aufrichtig ist. Gemeint ist hoffentlich das Gegenteil, das mit den richtig platzierten
Worten, also: «in seiner aufrichtig ‹Blank Generation› genannten
Autobiografie», zum Ausdruck käme.

Ungewollt aber lässt manches Organ manchmal doch seine
wahre Meinung durchscheinen: «85 000 Menschen haben 2017
schon Italien erreicht», warnt die Zeitung und zieht die Alarm-
glocke: Obacht, die ziehen sogar weiter nach Norden! Ginge es
mehr um das Los der Flüchtlinge, hätte sie geschrieben, dass schon
85 000 Menschen Italien erreicht haben.

Apropos Richtigkeit – weil's so schön ist, zum Schluss einfach noch zwei Schlagzeilen: «Polizei geht Straftäter ins Netz» und «Basketballerinnen der Eisvögel ließen Kinder in einen Korb werfen». Applaus!

Irgendjemand meckern?

Kinder lernen erst einzelne Wörter zu sprechen, dann kurze Sätze zu bilden und schließlich Ungetüme zu bauen, wie sie nicht erst Mark Twain in seinem Essay über «Die schreckliche deutsche Sprache» zusammengefummelt hat. Schon 1824 wurde in einem Buch mit dem Titel «Neues Museum des Witzes» dieses Zitat «aus einem Bericht» verewigt: «Dem P… wurde eine weitläufige Instruction, von welcher das Vergleichs-Instrument, welches der Commissarius, der überhaupt die Verhandlung, die sich in die Länge zog, leitete, verfaßt hatte, abcopiert war, mitgetheilt.»

Der Satz ist, des Zweifels, ob der Herausgeber, wie zu vermuten ist, nachgeholfen hat, ungeachtet, correct. Alle Relativsätze werden correct mit Pronomen eingeleitet – heute aber schreibt eine Zeitung über Flüchtlinge, «bei denen man von einer Ausweisung Abstand nehmen wollte und ihnen eine Aufenthaltserlaubnis erteilte». Abstand genommen wurde auch vom zweiten Relativpronomen: «und denen man eine Aufenthaltserlaubnis erteilte», sollte es heißen.

Oder? Richtig und falsch sind nämlich nicht jedes Mal auseinanderzuhalten. Formt man den Relativ- zum Hauptsatz um, stimmt es plötzlich: «Man wollte (…) Abstand nehmen und erteilte ihnen eine Aufenthaltserlaubnis.»

Das funktioniert auch, wenn der Journalist Henryk M. Broder, der sich über die Ausschreitungen beim G20-Gipfel echauffierte, vom Satiremagazin *Titanic* zitiert wird: «Aber natürlich muß man nun ‹die Frage nach der Verantwortung stellen›, was Sie dankens-

werterweise übernehmen und zum Schluß kommen, die ‹friedvollen
Demonstranten› seien schuld, weil die Gewalttäter sich zwischen
ihnen gemäß Mao ‹im Volk bewegten wie ein Fisch im Wasser›.»
Auch hier scheint die Satzkonstruktion falsch zu sein, denn «was
Sie zum Schluß kommen» kann unmöglich stimmen – und ist vielleicht doch richtig, denn die Hauptsatzvorlage würde lauten: «Dan-
kenswerterweise übernehmen Sie das und kommen zum Schluß.»

Aller guten Beispiele sind drei: «In diesem Kasten standen mehrere Geranium- und Goldlacktöpfe, zwischen denen hindurch die
Sperlinge huschten und sich in großstädtischer Dreistigkeit auf
den am Fenster stehenden Küchentisch setzten.» Erheischt die
Schulgrammatik nicht «huschten, die sich» und so fort? Die Probe
aufs Hauptsatzexempel zeigt, dass dem Erheischen nicht stattge-
geben werden muss: «Die Sperlinge huschten zwischen ihnen hindurch und setzten sich (…).» Ist ja auch ein Satz von Theodor Fon-
tane! (Aus seinem Roman «Frau Jenny Treibel».)

Aber heute geht es sowieso einfacher: «All die Befürchtungen,
heute noch riesig, könnten schrumpfen.» Was immer das Thema des
Satzes, eben zu lesen, war: Die traditionelle Grammatik, gestern
noch verbindlich, spielt keine Rolle bei diesem Relativsatz, heute
ohne Relativpronomen und sogar ohne finites Verb.

Überhaupt sind unvollständige Sätze populär, zum Beispiel
Fragesätze ohne Fragepronomen und ebenfalls ohne Verb: «Donna
Langley ist eine der mächtigsten Figuren im immer noch von Män-
nern beherrschten Hollywood. Das Geheimnis ihres Erfolgs?»
Was dem einen Magazin recht, ist dem anderen Blatt billig: «Am
Freitag wurde ein russisches Marinegeschwader um den U-Boot-
jäger ‹Nordmeer› gesichtet. Irgendjemand Angst?»

Sogar das Subjekt, sonst notwendig, ist verzichtbar. «So stolz,
Teil dieses Teams zu sein», twittert ein Sportler, und die Zeitung
schreibt: «Staatsanwaltschaften und Finanzbehörden erwarten von
den Bürgern Zustimmung und Verständnis, zum Beispiel beim An-

kauf sogenannter Steuer-CDs. Nachvollziehbar.» Nachvollziehbar: Im ersten Fall wegen der Kürze eines Tweets. Im zweiten Fall wurde das Adverb aus dem ganzen Satz herausgelöst, damit es wie eine Signalkerze seine riesengroße Bedeutung erstrahlen lässt und alle Leser die wichtige Meinung des Autors mitkriegen. Nachvollziehbar?! Ärgerlich!

Aber die eigene Meinung, so stolz auf sie, müssen alle wissen und teilen! «Dmitri Rogosin kann nichts für sich behalten. Bissig, militant und rücksichtslos, eine Armada von 90 000 Anhängern schätzt die Tweets, die der Supervisor der russischen Rüstungsindustrie versendet.» Sanft, freundlich und rücksichtsvoll nachgefragt: Beziehen sich die bissigen Adjektive auf die Person oder die Tweets? Oder sogar auf seine 90 000 Anhänger?

Wenigstens schreibt die Zeitung nicht: «Bissig. Militant. Rücksichtslos. Eine Armada. Von 90 000 Anhängern. Schätzt die Tweets.» Solche Kurzsatzbündel sind besonders modern. Statt «Er ist schnell, unbürokratisch und jederzeit verfügbar» heißt es in der Zeitschrift einer Krankenkasse über ihren eigenen Webdienst: «Er ist schnell. Unbürokratisch. Und jederzeit verfügbar.» Ob ein Kassenarzt diese redaktionelle Kurzatmigkeit behandeln kann?

Früher bildeten Sätze eine Art Sinneinheit. Aber. Es geht. Auch anders. Das merkt man. Wenn man die Stummelsätze zitiert, wie sie geschrieben werden. Nämlich. Weil nicht mit Komma, Gedankenstrich, Doppelpunkt angeschlossen. Ohne Kontext: «Wenn in Leuna wieder an der Geheimformel gebastelt wurde und seltsame Gase die Luft schwängerten.» «Auch die aus schwierigen deutschen Familien.» «Und Liz Mohn, die Witwe des Bertelsmann-Patriarchen Reinhard Mohn.» «Mit viel Verbiegen.» «Obwohl.» «Nun.» «Aber.» «Und.»

Am Ende wird man wieder zum Baby, das nur einzelne Wörter spricht. Irgendjemand nein?

«Seit ich zwei Jahre alt bin»

Eine Glosse kann man auch in Einfacher Sprache schreiben. Einfache Sprache heißt: «Wir benutzen einfache Wörter. Wir schreiben einfache Sätze.» So einfach sagt es Hauke Hückstädt. Er hat das Buch «LIES! Literatur in Einfacher Sprache» herausgegeben. Es ist im Piper-Verlag in München erschienen, einer Stadt in Bayern. 13 Frauen und Männer haben für das Buch 15 Geschichten geschrieben. Sie heißen Alissa Walser, Kristof Magnusson, Nora Bossong und noch anders.

Auch ein Buch kann man also in Einfacher Sprache schreiben. Kann man in Einfacher Sprache auch «komisch erzählen»? Der Klappentext behauptet es. Aber die Geschichten sind dann doch nicht komisch. Es gibt bloß in einigen Geschichten Stellen, die so ähnlich sind, weil sie überraschen. Zum Beispiel, wenn ein türkisches Dorf das Opferfest feiert: «Ich sehe zu, wie aus den Kühen immer kleinere Stücke werden.» Oder wenn ein Autor einen Gedankenblitz hat: «Auf einer geraden Straße kann man sich nicht verirren.» Das ist eine schöne Merkregel.

Die Geschichten sind alle für einfache Erwachsene. Aber sie sind wie für Kinder geschrieben: «Giuseppe wurde vor vielen, vielen Jahren in Italien geboren. Italien ist ein Land im Süden Europas. Es ist sehr schön dort.» Solche Sätze liest man sonst in ABC-Fibeln.

Auch der Verfasser dieser Glosse hatte vor vielen, vielen Jahren selber eine. Mit ihr hat er lesen gelernt. Und er hat sie noch heute. Sie heißt «Kinderland». Manche Geschichten darin sind viel poetischer als die Geschichten in dem Lesebuch für Erwachsene. Eine Geschichte geht so: «Susi hat einen schönen Traum. Susi fährt im Traum ein Auto. Sie fährt über das Haus und über die Schule. Sie fährt durch die schwarze Nacht. Nun fährt Susi in die Sonne hinein.»

Nein, das ist keine komische Geschichte. Aber die gibt es in «LIES!» auch nicht. Das heißt: Eine Ausnahme gibt es: Maruan Poschen. Er hat für das Buch viele ganz kurze Geschichten geschrieben. Die hat er alle unter dem Titel «Splitter» zusammengefasst. Eine Geschichte heißt «Mann ohne Namen». Sie geht so: «Den Kopf in die Kissen gelegt, geht er heute nicht mehr aus. Seinen Namen werden wir nie erfahren.» Oder der «Kuss»: «Unter einer Trauerweide küssen sich zwei, dann essen sie Pommes Frites, dann küssen sie sich wieder.» Eine dritte Geschichte heißt «Rauchzeichen». Sie lautet: «Im Winter geht ein Mann spazieren und atmet kleine Wolken aus, weil es so kalt ist. Ein anderer Mann sieht die Wolken, sonst sieht sie niemand. Der andere Mann ist ein Indianer und versucht die Wolken zu lesen, als wären es Rauchzeichen. Aber der erste Mann atmet nur Blödsinn.» Das hat immerhin was von Ror Wolf.

Diese Kürze ist nicht infantil, sondern lakonisch. Das gibt gedankliche Weite. Die anderen Autoren schreiben lange Texte mit kurzen Sätzen. Das ermüdet. Es fehlt die Abwechslung. Es fehlt sogar noch mehr. «Die Grenzen meiner Sprache bedeuten die Grenzen meiner Welt.» Das hat der Philosoph Ludwig Wittgenstein gesagt. Daraus folgt: Die Grenzen der Einfachen Sprache bedeuten die Grenzen einer Kinderwelt. Und die Autorin Anna Kim ist sogar selbst noch ein kleines Kind. Sie selbst sagt es. Sie wurde 1977 in Südkorea geboren. Aber «seit ich zwei Jahre alt bin, lebe ich in Österreich und Deutschland».

Wenn Heilsames mitunter heilsam ist

Luther schaute dem Volk aufs Maul – dass er ihm nicht auch nach dem Maul schrieb, beweist seine Bibelübersetzung. Sie wäre unlesbar.

Eine Schreibe ist keine Spreche. Was in jener verkehrt wäre, ist in dieser an der Tagesordnung: Wiederholungen, dann auch so Füllsel und äh, Urlaute, falsche und falsch flektierte Worte, nee: Wörter, außerdem Wiederholungen sowie abgebrochene Sätze, die unvollständig – aber Miene, Gebärde, Stimme, Betonung und situativer Kontext lenken das Verständnis schon irgendwie in die gewünschte Richtung. Und Wiederholungen!

Die Schriftsprache erreicht das durch vollständige Sätze, korrekte Wortformen, passgenaue Wortwahl und akkurate Wortstellung. Radio und Fernsehen liegen irgendwo dazwischen: Moderatoren und Gäste orientieren sich am geschriebenen Deutsch, aber ausschließlich in druckreifen Sätzen reden konnte nur Adorno.

Für alle anderen gilt, dass die Aufnahmefähigkeit nicht nur der Hörer, sondern auch die eigene begrenzt ist. «Viele Unterstützer sehen einfach keine Alternative, *mit der die CSU* 2018 bei der Landtagswahl die absolute Mehrheit verteidigen und *mit der sie* ihren Einfluss in Berlin sichern könnte.» Geschrieben bräuchte es die Wiederaufnahme von Konjunktion und Nebensatzsubjekt nicht. Doch was Leser sich merken können, muss für Hörer ausgesprochen werden. Über die chinesische Kulturrevolution: «Die Wahrsagerei ist eine der wenigen *Traditionen*, die den Angriffen der Kommunisten *auf chinesische Traditionen* getrotzt haben.» Und außerdem werden Sätze nach Belieben mit «und» angeknüpft: «Die Stadt hat zu wenig gebaut, und umsonst gibt es nichts mehr. Und wenn also eine der Hauptdarstellerinnen in Irene von Alberts Essayfilm» – und so weiter, und es gibt sogar Sätze mit sechs-, siebenmal «und».

Typisch sind ferner deiktische Elemente, also Pronomen, die auf bereits Gesagtes verweisen: «Der Hype um die Partei, die keine richtige Partei sein will, *der* ist Vergangenheit.» Oder: «Als er Mitte der 70er-Jahre die Fraktion seiner Partei im Gemeinderat führte, *da* hielt die SPD dort 27 Sitze.» Die Freistellung eines Satzglieds, sie geschieht auch in der Überschrift eines Kommentars in der Zeitung: «Der Krieg, mit dem Putin droht, er ist längst da». Und sogar bei sehr kurzen Sätzen, da erfolgt sie ebenfalls: «Beethovens Neunte, sie klingt so.»

Um Wichtiges hervorzuheben, dazu dienen sie, solche Isolierungen. Und Wiederholungen! «Am vergangenen Freitag ist die neue ‹Vogue› erschienen, und *schon* zwei Tage zuvor, als *schon* das Cover veröffentlicht wurde, war klar, dass» hier Tempo gemacht wurde. Du musst es zweimal sagen, damit es nicht gleich wieder vergessen wird – oder wenn man selbst vergesslich ist: «Paracelsus fand heraus, dass heilsame Substanzen in Überdosierung tödlich sein können – und in angemessener mitunter auch heilsam.»

Und auch die Wortstellung, sie ist variabler. «Jürgen Klopp fehlte wegen einer Operation an der Seitenlinie»: Gedruckt wäre das komisch; das Ohr merkt's womöglich nicht, weil es statt des Gesagten nur das Gemeinte heraushört.

Weiter im Text, es wird pingelig! In der Schriftsprache werden Bedeutungsnuancen durch syntaktische Feinheiten zum Ausdruck gebracht. Die Frage «Warum gibt es kaum laute Kritik am Islamismus in der arabischen Welt?» ließe Leser stutzen, weil es die Kritik ja gibt. Schriftlich müsste man fragen: «Warum gibt es in der arabischen Welt kaum laute Kritik am Islamismus?» Oder wenn es über einen gewissen Grogan heißt: «Grogan kriegt immer nicht alles, was er will», dann wird damit gesagt, dass er nie alles kriegt; verstanden wird aber zu Recht, dass er *nicht immer*, also ab und zu nicht alles kriegt, was er will. Und jenes Rettung verheißende Geschäft, «das ein nur dünner Strohhalm» ist – statt eines dicken? Weil «nur» an der falschen Stelle steht!

Gang und gäbe ist es, das finite Verb auch im Nebensatz an die zweite Stelle zu pflanzen: «Es gibt Experten, die sehen darin» und so fort. Sogar holprig und fehlerhaft darf die Syntax sein; Hauptsache, man wird verstanden: «Ihre Stimme war der AfD-Europaabgeordnete Marcus Pretzell und neuer AfD-Chef in NRW.» Es fällt auch nicht auf, wenn eine Präposition fehlt: «Die Studie ist die größte über die Bewerbung und Vergabe von Stipendien» – eine Bewerbung «von» statt «um» Stipendien wäre gedruckt so verkehrt wie die skurrile Beobachtung «von zwei Männern in dunklem Gewand und geflochtenem Zopf». Selbst Widersprüche gehen glatt durch: «So sind *etliche* Unternehmen nur *selten* darauf ausgerichtet, bestimmte Daten zu bestimmten Zeiten zu löschen.»

Gesprochenes Deutsch ist unordentlich. Die Regeln der Schriftsprache, sie gelten nicht, und man spricht, wie er einem wächst gerade, der Schnabel: «Seit drei Jahren darf Ulrike B. nicht arbeiten, weil sie so gut ist, in ihrem Job.» Geschrieben muss alles regelkonform sein; dafür hat man Zeit zum Formulieren und Korrigieren. Wenn man sie denn nutzte! Sämtliche Zitate stammen nämlich nicht aus Radio und Fernsehen, sondern aus gedruckten Quellen, aus Zeitungen, Sachbüchern und einem Roman. (Aus Luthers Bibel kein einziges.)

Vom Ich zum Sich

Dass Theodor W. Adorno und seine Schüler das nachgestellte Wörtchen «sich» auf die Fahnen sich geschrieben hatten, sprach als ein komisches Merkmal und Mätzchen der Frankfurter Schule herum sich spätestens, als Eckhard Henscheid 1971 in seinem Aufsatz «Die gespaltene Linke oder Dialektik des postponierten Reflexivums» darüber lustig sich machte.

Die Mode hat heute überlebt sich, das Reflexivpronomen hat sich an seine übliche Satzposition zurückbegeben. Genauer gesagt: Es hat sich nicht nur an seine übliche Satzposition zurückbegeben, sondern sich in Sätze eingeschlichen, in denen es «sich» niemand erwartet. Wer scheinbar normale Schlagzeilen wie «Berliner Philharmoniker wählen sich einen neuen Chefdirigenten» oder Formulierungen à la «wer sich das Verhalten der USA gegenüber der UNO einmal näher betrachtet» einmal näher betrachtet, «muss sich zugeben», dass das «sich» jedes Mal überflüssig ist.

«Klar lotet man sich innerlich immer alle Möglichkeiten aus», redete es aus dem Fußballer Sami Khedira nach dem WM-Spiel 2010 gegen Ghana, das Reflexiv aber lotet sich sogar alle Unmöglichkeiten aus: «Über Jahrzehnte wagte sich kein schwarzer Boxer mehr aufzutreten wie Johnson», liest man im Sportteil über den selbstbewussten ersten schwarzen Boxweltmeister im Schwergewicht von 1908. Sogar die Dichtersleute wagen sich dasselbe: «Schließlich, nach Wochen täglicher Abwehr, findet man sich, obwohl noch ein wenig verwirrt, zu sich selber zurück», dichtet Rainer Maria Rilke sich was in den «Briefen an einen jungen Dichter».

Die Dichter der Vergangenheit waren, dieser Tatsache sollte man «sich gewahr sein», oft schwer an Individualität erkrankt. Heute ist das anders, auch gewöhnliche Leute pochen auf die ihre. Millionen und Abermillionen halten sich für einzigartig, und so ist es paradoxerweise der im Großen konformistische und im Einzelnen individualistische Zeitgeist, der «sich verantwortlich zeichnet» für diesen Tick: Im rückbezüglichen Fürwort verrät sich ungewollt ein Selbstbezug, eine Egozentrik, die nichts kennt als die eigene wertvolle Person, die womöglich nur eine sich wertvolle Person ist.

«Ich wünsche mir, dass auch die einfachsten Arbeiter gesundheitlich gut versorgt werden, dass sie nicht früher sterben als die Führungskräfte. Ich wünsche mir, dass auch ein Billigarbeiter als wertvoller Mensch zählt, auf dessen Leben es genauso ankommt wie auf das eines reichen Managers. Ich wünsche mir, dass keine Arbeit krank macht», beschließt Frank Hertel sein Buch «Knochenarbeit. Ein Frontbericht aus der Wohlstandsgesellschaft» – doch warum wünscht er es sich statt den anderen, den Betroffenen? Geht es ihm in Wahrheit mehr um sein seelisches Wohlgefühl, das nicht durch die Existenz unmoralischer Zustände da draußen gestört werden soll? Hauptsache, man «ist mit sich rundum glücklich»!

«Ich Ich Ich» betitelte Robert Gernhardt selbstironisch und den Zeitgeist auf eine Formel bringend 1982 seinen Roman; «Sich Sich Sich» wäre die Überschrift für die Gegenwart, in der sich der Individualismus dem Autismus nähert. Der kann harmlos bleiben wie in solchen Sätzen aus der Fußballwelt: «Damit eroberte sich das Team von Markus Babbel die Tabellenführung zurück.» Er kann aber, wie bei schweren Autisten nicht selten, lebensbedrohlich werden: «Die Männer pellen sich die Haut ab und essen den Fisch», berichtet eine Zeitung – gesunde Männer hätten dem Fisch die Haut abgezogen.

«Ich hätte mir gehofft» (ein Hörer im Radio), dass man sich von der Zukunft mehr Sprachbewusstsein gehoffen darf. Doch wenn im Fernsehen ein Hänschen tönt: «Man lernt, sich mit den Tieren gut auszukommen», so wird Hans kaum mehr lernen, sich mit der Sprache gut auszukommen. Es lässt sich auch wenig gehoffen, wenn in der Zeitung ein junger Aktivist sagt: «Mit einem linken Anwalt habe ich mich vorsichtshalber schon konsultiert» – über seine missratene Sprache hat er sich leider nicht konsultiert.

Würde man zum Thema interviewt, so fragte der Reporter beziehungsweise die Reporterin wahrscheinlich, wie es oft geschieht: «Wie erklären Sie sich das?» Überraschenderweise haben es die Interviewten aber dann doch den Reportern und damit den Lesern erklärt. Dieser Text hier ist zwar kein Interview, aber trotzdem gehoffe ich mir, dass Sie für sich mit ihm zufrieden sind. Das ist sich schließlich die Hauptsache! Andernfalls hört sich doch der Spaß auf.

Wechselfälle des Kasus

Englische Substantive haben's gut: Das Einzige, was ihnen zustoßen kann, ist ein s im Genitiv und im Plural. Deutsche haben's schwerer, ihnen muss man je nach Genus, Kasus und Numerus eine andere Endung verpassen – obendrein die richtige. Es sei denn, man lässt es einfach! «Der BVB hat es dem Favorit schwergemacht», urteilten die «heute»-Nachrichten des ZDF über ein Finale der Fußball-Champions-League, während die «Tagesschau» befand, der

SPD sei auf ihrer 150-Jahr-Feier «öffentlich Respekt von Frankreichs Präsident» bekundet worden. Dementsprechend entwickelt sich ein sehenswertes Gebäude laut *FAZ* «zum Touristenmagnet», und ein holländischer Seefahrer des 17. Jahrhunderts wurde «von einem Entdecker zum Diplomat» (Phoenix); das bayerische Kulturmagazin *aviso* widmet sich «dem Komponist Ludwig Berger», wohingegen sich die *taz*-Kulturseite mit «einem Fürst der Intrige» befasst. Arte gibt der ersten Folge einer dreiteiligen US-Doku über «Die Anfänge der Menschheit» den Titel: «Vom Affen zum Mensch» – der korrekte Dativ war halt schon dem frühen Mensch unbekannt –, und das *Neue Deutschland* beklagt «Sprachdefizite bei Migrantenkinder», statt die eigenen zu beheben.

Im Migrantendeutsch braucht's Kasusmorpheme aber sowieso nicht: «Ich knall dir die Kugel direkt durch dein Bauch», droht der Rapper Haftbefehl (alias Aykut Anhan) vermutlich den Spießern, die sein Deutsch bekritteln. Im deutschen Deutsch braucht's diese Dinger auch nicht. Die *Titanic* erinnert daran, dass in Hamburg einst «Carl Hagenbeck, im Schlepptau ein Elefant», den Alsterrundweg gelaufen sei. Anders gesagt, der Nominativ ersetzt den Akkusativ, weshalb das Fachblatt *ver.di publik* den verstorbenen Roger Willemsen in einer Filmrezension würdigt: «Er spricht zu uns als diejenigen, die sehenden Auges auf die Katastrophe zusteuern.» Noch besser wäre «zu wir als diejenigen».

Wie das Beispiel «Franken sucht den Supernarr» (so der Titel einer Sendung des Bayerischen Rundfunks) zeigt, kann man, was man im Dativ falsch macht, auch im Akkusativ einsparen, den Tierfilmer «Heinz Sielmann als einen Held» bezeichnen (*taz*) und Theodor Heuss einen «idealen Präsident der ersten Stunde» (*Göttinger Tageblatt*) nennen. Ein des Betrugs verdächtigter Schachspieler greint: «Sie haben mich wie einen Riesenterrorist durchsuchen lassen» (*chessbase.de*), und schon im Star-Trek-Spielfilm «Der erste Kontakt» von 1996 rief ein Offizier: «Ich suche einen Zivilist!»

Gesprochene und geschriebene Sprache sind bekanntlich zwei Paar Stiefel, und das ist auch gut so. Beim Sprechen unterlaufen kleine Fehler, die man, wie alle wissen, beim schriftlichen Formulieren ausmerzen muss, aber in einer Unterhaltung kaum auffallen und sogar unbemerkt bleiben, weil das Ohr dümmer ist als das hochgebildete Auge. Das kann in Ruhe die Buchstaben fixieren und stutzt, wenn die *taz* meldet: «Er wurde durch mehre Hiebe mit einem Schlagring am Kopf schwer verletzt». Bei mündlicher Rede schöbe man den Schnitzer auf eine undeutliche Aussprache. Doch auch gedruckt handelt es sich um kein Einzelfall, pardon: keinen Einzelfall, weshalb beispielsweise das *Göttinger Tageblatt* über ein Öko-Projekt berichtet, das «eins von mehren in der Klimaschutzwerkstatt» ist.

Dass man sogar beim Schreiben Silben verschluckt oder nuschelt, ist also mitnichten ungewöhnlich. Da aber nach den allseits bekannten Grundsätzen der Thermodynamik in der Sprache nichts verloren geht, taucht alles anderswo wieder auf: Was zum Beispiel im Dativ verschwindet, kommt im Genitiv wieder zum Vorschein. Ob es um die «Tochter eines Diktatoren» geht oder um die «Bücher des Bremer Autoren» Willi Gmehling, des falschen Genitiven ist kein Ende.

Die einen vergessen das richtige Suffix, die anderen bringen es haargenau dann zum Einsatz, wenn es verkehrt ist wie im Fall «des Weinbauers», der sich in Hedwig Lachmanns Übersetzung von Balzacs Roman «Eugénie Grandet» findet. Ein Bauer ist ein Bauer ist ein Bauer, aber nur im Nominativ – zwischen einem Bauern, einem Bauer und einem Bauer (lies: Erbauer) jedoch gibt es einen Unterschied.

Das deutsche Deklinationssystem ist kompliziert. Endungen zu tilgen, wenn der Kasus bereits anderweitig angezeigt wird, macht die Sache seit jeher einfacher, weshalb man heute «dem Nachbar» sagt (also schwach dekliniert, wie es im Fachjargon heißt) und «dem Kinde» eher nicht mehr. Diese Tendenz zur Angleichung der Formen zeigt sich auch sonst und erklärt vielleicht, warum dem «Herrn» neuerdings im Singular gern die Pluralendung angeklebt wird: Da hat nicht nur «die Tochter des Hausherren» (*taz nord*) ein e zu viel, sondern auch die christliche Mörderbande «Lord's Resistance Army», wenn sie auf Deutsch «Widerstandsarmee des Herren» (*Hannoversche Allgemeine*) heißt. Einen zu viel kriegt auch Fausts Mephisto, wenn der *Tagesspiegel* glaubt, er diene «dem Herren nur als aufmüpfiger Knecht». Das klappt auch im Akkusativ: «Brillen für Ihre besonderen Augenblicke – für den Herren» verspricht die Firma Apollo Optik; und die *taz* kennt «den Herren über Leben und Tod».

Doch es geht nicht nur bei den Formen drunter und drüber. Schon die Wahl des richtigen Kasus bereitet bisweilen Schwierigkeiten. Den klassischen Fehler lehrt Sie erstens das folgende Beispiel aus Tobias Rothenbüchers Übersetzung von Anne Brontës Roman «Agnes Grey»: «Welch herrliche Aufgabe, jungen Gedanken das Sprießen zu lehren!» Zweitens dieser Satz aus der *taz*, demzufolge der US-amerikanische Schriftsteller James Baldwin nach Paris auswanderte, um «jener Zerstörung zu entgehen, die seinem Freund das Leben gekostet hatte».

Grammatik und Realität gehen selbstredend nicht immer Hand in Hand. Dass manche Verben richtigerweise den doppelten Akkusativ erfordern, ist eine syntaktische Frage, keine semantische. Zu dieser wird es, wenn lehren mit lernen in eins gesetzt wird. «Göttingerin lernt Zirkuskindern in Manege ABC»: So klingt das Deutsch, das man den Reporter des hessisch-niedersächsischen Reklameblatts *Extra Tip* gelehrt hat! Aber wähne niemand, das sei Unterschichtsdeutsch: «Wir haben schon so mancher Restauflage das Laufen gelernt!», prahlte vor Jahren ein «Buchhändler Hillenbrand» im *Börsenblatt für den Deutschen Buchhandel*.

Auch wenn die Sprache eigenen Regeln folgt: Sie dient dazu, die

Wirklichkeit abzubilden, und die Feinheiten der Grammatik haben den Sinn, den feinen Unterschieden in der empirischen Realität gerecht zu werden, beispielsweise wenn es um Ort und Richtung geht. Der Unterschied zwischen wo und wohin spiegelt sich im Unterschied von Dativ und Akkusativ. Außer im *Spiegel*: «An die Wände der Chauvet-Höhle bildeten die Menschen vor 37 000 Jahren die steinzeitliche Tierwelt ab.» Außer auch in der *taz*, die an den «Beamtenexport aus dem Bonner Innenministerium im Osten der erweiterten Republik» erinnert. Ob infolge von dem Import, nein: infolge des Import, nee: des Imports solcher Neuerungen im Deutsch, ach was: im Deutschen, Quatsch: ins Deutsche es dem Mensch beschieden ist, irgendwann wieder zum Aff zu werden?

Im Zeichen des Genitiv

Bereits vor über 15 Jahren kritisierte Bastian Sick eine Entwicklung, «an derem Ende» (das war in einer südniedersächsischen Tageszeitung zu lesen) der Dativ dem Genitiv sein Tod sein wird. Geholfen hat seine Warnung wenig: Wer sich diesem Thema annimmt und dem guten alten Genitiv gedenken will, entdeckt rasch, dass er sich einem sprachlichen Trend erwehren muss, der keineswegs auf typische Fehler wie die drei eben gemachten begrenzt ist.

Es mag ein Druckfehler vorliegen, wenn eine Zeitung aus Südthüringen sich für die Schlagzeile «Bayreuth gedachte den 130. Todestag Wagners» den Akkusativ bedient; vermutlich wollte sie sich dem Dativ bedienen, der etwas weniger falsch gewesen wäre. Eher schon volle Absicht dürfte es sein, wenn jemand schreibt, es habe «erst den dramatischen Sturz der Auflage bedurft», um ein deutsches Nachrichtenmagazin wachzurütteln, das einer personellen Neuausrichtung bedurfte – oder wenn das Sportfernsehen beklagt, dass der Schiri einen Trainer auf die Tribüne verbannt habe, «weil er das Meckern überdrüssig hat».

Dass ein Flüchtigkeitsfehler vorliegt, wenn man anstelle des deklinierten Genitivs sich nur des Genitiv bedient und ihn auf die Nominativform verkürzt, ist ebenso fraglich. «The Quest – der Fluch des Judaskelch» betitelt das Privatfernsehen ein US-Movie von 2008, «Der Stich des Skorpion» heißt ein deutscher Spielfilm von 2005. Ob es um eine «Vortragsreihe des Courant Forschungszentrum» geht, bei einer Sanierung «über den letzten Rest eines ehemaligen Passagenkaufhaus» zu entscheiden ist, auf der Wirtschaftsseite «das Ergebnis eines Stresstest» referiert und im Sportteil über den «Fall eines Unentschieden» spekuliert wird, im Literaturressort das «Buddenbrookhaus im Zeichen des Exil» Thema ist oder Politiker «brav dem Kurs des Bundesvorstand» folgen – die Fälle sind zu häufig, um Zufälle zu sein; und bei Ländernamen wie dem des Irak und des Iran ist der Verzicht aufs Genitivmorphem sogar üblich und vom Duden anerkannt.

Immerhin sind Deklinationsfehler wie die zitierten selten – aber nur, weil der Genitiversatz mithilfe von «von» weiter verbreitet ist. «Graells wird neuer Chef vom Tageblatt», teilt die Lokalzeitung mit und meldet: «Auf dem Gelände vom ehemaligen Herkulesmarkt will Edeka einen der größten Lebensmittelmärkte der Region bauen.» Der Kulturteil lobt die «Innovationskunst vom Stuttgarter Georg Winter», und der Goldene Löwe der Filmfestspiele in Venedig «geht an ‹Faust› von dem russischen Regisseur Alexander Sokurow». Selbst wenn es richtig vorgemacht wird, macht es die Zeitung falsch nach: «Kolja Mensing dekonstruiert in ‹Die Legenden der Väter› die Heldengeschichte von seinem Großvater.»

In der Politik wird die «Praxis von Datensammeln» kritisiert, «das Versagen von Rechtsstaat» beklagt und darauf hingewiesen, dass «die Leugnung von einem gerichtlich als Völkermord deklarierten Ereignis strafbar» ist. Ein Fachblatt für Journalisten schließlich erinnert seine professionell mit Sprache arbeitende Klientel an den «Geburtstag von Sepp Maier», «von John Travolta», «von Niki Lauda» und «von Koffein-Entdecker F. F. Runge».

Das «von» macht die Sätze hölzern und hässlich: Deshalb steht es, weil sich gemäß einer uralten Faustregel in der Sprache der Sprecher spiegelt, sogar dort, wo man es weglassen könnte. Mit dem Satz «Ein Muss für alle Fans von intelligenter Satire» wirbt das ZDF für seine «heute-show»; die überregionale Zeitung berichtet über jemanden, der «einst Online-Chef von der österreichischen Boulevardzeitung *Krone* war», kennt Kulturschaffende, die «Teil von der Initiative Common Wallet» sind, und weiß, dass auf den Philippinen «Batangas südlich von der Hauptstadt Manila» liegt. Im Lokalblatt sucht ein Inserent jene «Unterstützung bei Verwirklichung von einer Geschäftsidee», die er bei der Formulierung seiner Anzeige nicht bekam; und dem persischen Romancier Amir Hassan Cheheltan («Teheran – Stadt ohne Himmel») schreibt sein Übersetzer Kurt Scharf «22 Stufen von einer Treppe» in die deutsche Fassung hinein.

Der präpositionale Ersatz von dem Genitiv liegt im Trend, weil sich das Deutsche von einer synthetischen zu einer analytischen Sprache entwickelt, in der Wörter («von») statt Morpheme («s») die grammatische Funktion anzeigen. Manchmal geht das zulasten der Kürze und oft gegen das Stilgefühl, weil die Konstruktionen umständlich, unbeholfen und kindlich wirken können.

Der Tod vom Genitiv ist aber keineswegs unabwendbar. Es gibt eine gegenläufige Tendenz, die beides verbindet: das Umständliche und die korrekte Beugung! Dann zählt einer «zu den Vertrauten Jozo Brinkwerths» (eines Trainers) statt einfach zu Brinkwerths Vertrauen, kennt «den Neffen Francis Ford Coppolas» oder steht «vor dem Haus Giselher Swanenflogels» (einer Sehenswürdigkeit). Das hat insofern Sinn, als es den Namen betont, und insofern keinen, weil hinter dem Namen das eigentlich Wichtige – der Vertraute, der Neffe, das Haus – ungerechtfertigterweise zurücktritt.

Man legt Hörern und Lesern Stolpersteine in den Weg, wenn man sich als Philosoph dem «Œuvre Marx'» zuwendet und den «Historischen Materialismus Karl Marx'» untersucht. Man blamiert sich ein bisschen, wenn man als Historiker die Zeit «während der deutschen Besatzung Paris'» unter die Lupe nimmt, und mehr als ein bisschen, wenn man sich als Soziologe über «Motive aus der Studie zum autoritären Charakter Adornos» auslässt.

Der Genitiv, so viel steht fest, blüht, und neuerdings auch dort, wo man es nicht vermutet hätte. Der Vorsitzende des ägyptischen Richterrats sei «bekannt für seine Gegnerschaft der Muslimbrüder», irrlichtert es in der Zeitung, während die Hamas «ihren selbst erklärten Sieg des jüngsten Krieges feiert»; der Lokalteil vermeldet derweil ein aufgebrochenes Auto und deliriert: «Außerdem wurde die Seitenscheibe des Täters zerstört.»

Mag also die Ermordung des Genitivs bevorstehen – im Mord des Genitivs bleibt er am Leben. Damit ist das Ende von dieser Glosse erreicht.

Da de di do dum oder Des Genitivs Schönheit

Ob seiner altmodischen Eleganz erfreut sich der Genitiv eines gewissen Rufs, eines guten und schlechten. Die einen wollen seiner nicht entraten und genießen es, mithilfe des Genitivs einen ästhetischen Mehrwert zu erzeugen. Die anderen möchten sich seiner am liebsten entledigen, schon um der Vereinfachung der Grammatik willen, deren das Deutsche angesichts der Migranten bedarf, die dieser schwierigen Sprache noch nicht mächtig sind und ihrer so leicht wie möglich Herr werden sollen.

In den Deutschkursen der Volkshochschule bedient man sich der Einfachheit halber statt des Genitivs deshalb des Dativs mithilfe der Präposition «von». Dieser Genitiversatz ist ohnehin weitverbreitet, selbst viele Muttersprachler sind des traditionellen Genitivs müde geworden. «Das ist ein Erfolg vom Österreicher René Benko», schreibt eine Zeitung über den Warenhausbesitzer anlässlich irgendeiner Transaktion und meldet, dass ein Literaturarchiv «wertvolle Briefe vom zu Weimar wirkenden Dichterfürsten Goethe» anschaffen konnte, der sich dieses Dativs vielleicht geschämt hätte.

Wahrscheinlich hätte er sich auch des Kopfschüttelns nicht erwehren können ob des deutschen Fernsehsenders, der «eine Produktion von BBC» ausstrahlt; und des Schmunzelns wäre womöglich kein Ende gewesen, wäre er dieser Schlagzeile ansichtig geworden: «Frau nach Tötung von altem Mann verhaftet». Spätestens dann wird man sich des Umstandes bewusst, dass zwecks einer fehlerfreien Verständigung die deutsche Sprache des ehrwürdigen Genitivs nach wie vor bedürftig ist.

Genug des «von» also – schon weil es jenseits dieser Präposition genügend andere gibt, man muss sich ihrer nur entsinnen! «Saudi-Arabien greift an der Spitze einer Koalition *aus* arabischen Staaten im Jemen ein», berichtet die Presse, findet irgendetwas «*für* eine zivilisierte Nation völlig unwürdig», schreibt über «das Verbot *gegen* die Querdenken-Demos» und fragt die Jugend sowie alle anderen wegen der vernachlässigten Mentoren-Rolle der Älteren: «Berauben wir uns und die Gesellschaft nicht *um* elementare Dinge?»

Wer sich mangels Grammatikkenntnissen um den Genitiv beraubt, spottet schnell jeder Beschreibung. Aber weil der Genitiv für eine Kultursprache würdig ist, ist der Tod vom Genitiv ungeachtet der Häufung aus solchen Grammatikunfällen bislang nicht eingetreten. Er ist noch da. Nur wie! Das Fernsehen wirbt für einen Aufenthalt im «Reich des legendären Rübezahls», und ein Printjournalist beschreibt «die aufgequollene Haut eines Harald Juhnkes», denn das Merkmal des Genitivs ist das s. Das Kulturradio besucht infolgedessen «Ukraines Präsident», und die Presse berichtet aus

Tschechien über «Babiss ANO-Bewegung», denn das ist der Genitiv von Andrej Babis.

Eingedenk der Rechtschreibregel, derzufolge in einem solchen Fall anstelle des s ein Apostroph stehen muss, folgt natürlich, dass in allen Fällen anstelle des s ein Apostroph stehen muss. Infolgedessen schreibt ein Satiremagazin über «die Verbreitung des Zika-Virus'» – noch besser wäre «Virusens», aber infolge des Sprachwandels ist diese Behelfsform den Weg allen Fleisches gegangen.

Man kann des Aussterbens des Genitivs nicht gewiss, aber seines fragilen Status', nein: Statusens, ach was: Status bewusst sein. Sein Gebrauch ist in jedermanns Belieben gestellt; aber das Beispiel des Englischen lehrt, dass gerade die Liebhaber des Genitivs seiner Gefährdung innewerden müssen. Das Englische, das kraft seiner globalen Stellung andere Sprachen beeinflusst und ummodelt, hat sich des sächsischen Genitivs bereits weithin entschlagen und erinnert sich seiner nurmehr bei Lebewesen («Gentlemen's Agreement») oder Zeitangaben («A hard day's night»). Er ist zugunsten der Bildung mit der Präposition «of» in den Hintergrund getreten, wobei die Angelsachsen ihrerseits unter dem Einfluss des das Altenglische umkrempelnden Französischen gestanden haben mögen: Es ermangelt wie andere romanische Sprachen, das Spanische, das Italienische, das Portugiesische, des Genitivs seit Unzeiten, die ihn anhand der Präposition «von» bilden, pardon: mittels der Präpositionen «da», «de», «di», «do», «dum».

Ob eines Tages die Deutschsprechenden des Genitivs ganz überdrüssig und sich dieses Kasus guten Gewissens enteäußern werden, statt sich weiterhin einer schönen und des Öfteren exquisit wirkenden Ausdrucksweise zu befleißigen, niemand weiß es. Einerseits gibt es mehr und mehr Leute, die sich unbedacht dieser Chance auf eine feinere Rede begeben und lieber der Ruhe pflegen als dem Genitiv, pardon: des Genitivs. Andererseits gibt es auch Menschen guten Willens, die sich des Genitivs annehmen, voll des Lobes für

ihn sind und ob der Tatsache, dass der Gang der Geschichte unvorhersehbar ist und man stets einer Überraschung gewärtig sein
muss, nicht schwarzsehen.

Ob sie aber über die Zukunft vom Genitiv wirklich froh sein,
stopp: Ob sie aber wirklich der Zukunft des Genitivs froh werden
können, hängt davon ab, dass sich mehr und mehr Deutsche dem
Genitiv erbarmen. Äh, des Genitivs natürlich!

Dem Dative zum Gruße

Lob und Preis dem Dativ-e: Obwohl seit über hundert Jahren auf
dem absterbenden Aste, lebt das e-Morphem noch immer! Von
einem Provinzjournale wie dem *Göttinger Tageblatte* bis zum im
ganzen Lande gelesenen *Spiegel* hält man ihm im Hause der deutschen Sprache bis zum heutigen Tage ein Plätzchen frei. Manchen
Worten klebt es schier am Arsche: «Sie rang mit dem Tode»,
schreibt die *taz* im Zuge eines Nachrufs auf die Anfang Oktober
2020 verstorbene Ruth Klüger und erinnert an einen schweren Un-
fall, den die Schriftstellerin und Literaturwissenschaftlerin im
Jahre 1988 in Göttingens Altstadt erlitten hatte, weil sie an einer
Straßenecke einem Radfahrer im Wege stand.

Dem Tode sitzt das ehrfurchtgebietende e wie angegossen. Ähnlich tiefsitzender Respekt vor dem Unabänderlichen war es wohl,
der den Sprachkritiker Gustav Wustmann in der 1908 erschienen
vierten Auflage seines Buches bewog, als Beispiel für das erhaltens-
werte e-Schwänzchen den Satz zu formulieren, «daß die berechtig-
ten Interessen des Volks ihre beste Stütze im Throne finden» – als
ließen die oberen Zehntausend die Plebs in einem Klassenstaate
wirklich zu Worte, nämlich zu ihrem Rechte kommen!

Heutzutage stehen einem darob die Haare zu Berge; in diesem
Geiste zu sprechen und vor der Obrigkeit zu Kreuze zu kriechen,
tut nicht mehr not. Im Punkte der Notwendigkeit einer Hinter-

fragung von Autorität und Herrschaft haben sich die Zeiten in diesem unseren Lande mit seinem «dem deutschen Volke» gewidmeten Reichstage denn doch geändert. Ablesen lässt sich das auch an August Heinrich Hoffmann von Fallerslebens miserablem «Lied der Deutschen», das ihnen gleich in der ersten Strophe auftrug, dass es «stets zum Schutz und Trutze / brüderlich zusammenhält» – und andere Länder überfällt, was der ersten deutschen Einheit bekanntermaßen auf dem Fuße folgte.

Noch Wustmann war in seinem Kampfe gegen das, was er «Allerhand Sprachdummheiten» nannte, gegen die Vermeider des Dativ-Schnörkels zu Felde gezogen und tadelte, «daß immer mehr die Neigung um sich greift, das Dativ-e ganz wegzuwerfen und zu sagen: vor dem König, in dem Buch, aus dem Haus, nach dem Krieg, nach dem Tod, im Jahr, im Recht, im Reich, im Wald, auf dem Berg, am Meer». Dem sei, wie ihm wolle, fest steht, dem Manne konnte geholfen werden.

Der Historiker Sönke Neitzel salbadert in seinem jüngst erschienenen Buche über deutsche Militärgeschichte über das richtige «Verständnis vom Kriege», und in einem weniger gefährlichen, im Radiofeuilleton besprochenen Kriminalroman zeigt die beim Ehebruche fotografierte Gattin ungerührt «die Fotos ihrem Ehemanne»; wie ihm «bei diesem Befunde» (Wikipedia im Lexikonbeitrage über den Dativ) zumute war, steht dahin.

Ob es nun fehl am Platze ist oder nicht: Im Grunde genommen klebt im Falle eines Falles das e-Anhängsel «von Hause aus» (Dietmar Wischmeyer in seinem Roman «Begrabt meinen rechten Fuß auf der linken Spur») einfach alles. Es ist sogar im Internette zu Hause und tritt selbst in der Duden-«Grammatik» von 2016 zutage, die, statt dem e zu Leibe zu rücken, anders zu Werke geht und solche im Netz gefangenen Sätze billigt: «Was ist, wenn der Wolf aus dem Walde kommt?» – «Wir hatten am Eingange des Tales einen Posten aufgestellt.» – «Der Diener konnte nun leicht vor dem Kö-

nige seine Unschuld beweisen.» War es vielleicht doch die Ausgabe
aus dem Jahre 1916?

Allen Unkenrufen zum Trotze ist also der Dativ-Arabeske als
einem ehrwürdigen Merkmale noch nicht das letzte Amen gesprochen worden, gereicht es doch offenkundig einem gepflegten oder
auch nur gewollt gehobenen sprachlichen Ausdrucke zum Wohle.
Nicht zuletzt gereicht es zur Lyrik, sei's «am Brunnen vor dem
Tore», sei's mit einem Male in einem Ostergedicht von Jörg Borger-
ding, wo es gleich einem Eie, ja: ausdrücklich «in Forme eines Eis»
am 13. Aprile 2017 in der Berliner *tageszeitung*, der berühmt-berüch-
tigten *taze*, prangte.

Man muss sich deshalb des Dativs wegen keine Sorgen machen,
wegen dem Dative aber womöglich schon. «Entgegen des Ein-
drucks» (so zum Beispiel jüngst in dem Buch «Made in Germany»
über deutsche Technikgeschichte), dass nur der Dativ dem Genitiv
sein Tod ist, ist nämlich auch der Genitiv des Dativs Tod. Wer ein
Liebhaber von dem Wemfall ist und gern dem Dativ gedenkt, vernimmt die Botschaft sicherlich gern, dass beispielsweise die «wegen»-Präposition «gemäß des Befundes», nein: gemäß dem Befund
des Linguisten Daniel Scholten (in seinem Buche «Denksport
Deutsch») sprachgeschichtlich richtig den Dativ erfordert. Dito,
wie zu ergänzen ist, die Verhältniswörter «nahe» («dem Fluss»)
oder trotz («heftigen Regem», hoppla: «heftigem Regen»).

Also Obacht und trau, schau, wem oder wessen! Sie, liebe Leserinnen und Leser, sind nun im Bilde über den Kampf, der zwischen
Genitiv und Dativ in vollem Gange ist, und ebenso über den um
den e-Kringel im Dative. Um zu Rande zu kommen: Gut dem
Dinge! Denn solche Kämpfe und Konflikte fördern das Sprachbewusstsein und fordern den Geist; ja sogar, wenn Sie jetzt geniti-
visch fragen: «Wessen Geist?» So lautet die dativische Antwort:
«Sie schärfen uns den Geist.» In diesem Sinne!

Respekt zu diesem Deutsch!

Fällt Ihnen an diesen Zitaten etwas auf? «Die ländliche Bevölkerung ist stark mit ihren Traditionen verwurzelt.» – «Tatsächlich sind im Zuge der rasanten ökonomischen Entwicklung ganz
konkrete Nöte des Alltags entstanden, auf die Chinas Führung
keine politischen Lösungen anbietet.» – «In Reaktion auf das Blutbad hatte die damalige Bundesregierung das Waffenrecht ver-
schärft.»

Selbstverständlich ist Ihnen der Fehler in jedem Zitat aufgefallen – jedenfalls wenn Ihr Deutsch *in* der traditionellen Grammatik
wurzelt, Sie deshalb die richtige Lösung *für* jedes Präpositionspro-
blem parat haben und auch diese Glosse genießen, die *als* Reaktion
auf solche grammatischen Schnitzer entstand. Sie nährt sich – anders als manche Leute, die sich «an den düsteren Aussagen der
Wirtschaftsexperten nähren» – von passenden Beispielen und ist,
während die Zeitung «eine Philippika über die ideelle Anspruchs-
losigkeit der zeitgenössischen Architektur» korrekt findet, eher
eine Philippika gegen sprachliche Nachlässigkeit.

Martin Luther schrieb ein Deutsch, das für die Schriftsprache
vorbildlich wurde. Lebte er heute und schaute den Journalisten
beim Tippen ihrer Texte zu, er würde zwar nicht, wie ein Reporter
schrieb, wie ein Feuerwehrmann «für Regen beten», aber womöglich um göttlichen Beistand bei der Lektüre von Sätzen wie diesem,
der im Livestream eines über ein Formel-1-Rennen berichtenden
Fernsehsenders zu lesen war: «Grosjean hängt jetzt Alonso im
Heck.» Und die Sprache gleich mit.

Solche Unfälle passieren, wenn man nicht genug Zeit in seine
Arbeit investiert und den Folgen von Hektik und Stress erliegt.
Einem unter großem Erfolgsdruck stehenden (und bald tatsächlich entlassenen) Fußballbundesligatrainer ist es ja nachzusehen,
wenn er sagt: «Ich bin fixiert in meiner Arbeit», weil er sich an-

scheinend wie ein im Prokrustesbett festgeschnallter Patient fühlt;
Journalisten hingegen sollten besser auf ihre Arbeit fixiert sein. Sie
tragen die Verantwortung für das, was sie sagen und schreiben,
auch für eine verrutschte Formulierung à la «Sie hat eine Verantwortung über ihre Leute», die über Angela Merkel im Radio zu hören war.

Es scheint schwer, die in der Tradition wurzelnde korrekte
Verwendung der Verhältniswörter, wie die heute «zu Deutsch» als
Präposition Firmierenden einst auf Deutsch genannt wurden, zu
erhalten. Zwar ist ihr korrekter Gebrauch im Deutschen nicht ex
cathedra geregelt und die Grenze zwischen richtig und falsch nicht
jedes Mal eindeutig markiert. Wenn man korrekterweise «zu»
einer Sache etwas beiträgt, darf man halt auch bescheiden einen
Beitrag «zu» einem Thema leisten, einen Artikel «zu» etwas schreiben, eine Rede «zu» etwas halten, an einer Diskussion «zu» etwas
teilnehmen und vielleicht sogar Spekulationen «zu» was auch immer anstellen, statt souverän sein Thema zu beherrschen und sich
über ebendieses zu verbreiten.

Welche Präposition man wählt, liegt spätestens dann nicht im
freien Ermessen, wenn das Verhältniswort ein klares Verhältnis
zur Wirklichkeit abbildet – genauer gesagt: abbilden sollte. «Für»
etwas zu sein, sollte das Gegenteil von «gegen» etwas zu sein bezeichnen – außer in der Medienrealität, wo man auf die Schlagzeile
«Keine Anklage für US-Polizisten» trifft; und wenn man liest, dass
sich bei einem Fußballländerspiel «Angst eingeschlichen hatte
unter die Köpfe der deutschen Spieler», mag man nicht wissen, wo
genau.

Der genaue Blick auf diesen Satz lohnt sich hingegen: «Matt
Groening hat das Konzept einer Animationsserie als Sammel-
becken für Reflexionen auf die amerikanische Gesellschaft und die
Populärkultur mit ‹Futurama› fortgesetzt», heißt es in einem Re-
clam-Buch über den Erfinder der «Simpsons»-Serie – durchaus zeit-

gemäß, weil der Schreiber das aufs Denken zielende «reflektieren über» mit dem gierigen «auf etwas reflektieren» verwechselt. Ähnlich sinnvoll heißt es in der deutschen Übersetzung von Céline Minards Roman «Mit heiler Haut»: «Er fühlte sich innerlich gewachsen, völlig ruhig, bereichert an etwas, von dem er nicht hätte sagen können, was es war» – sehr richtig, denn das materielle «sich an etwas bereichern» passt besser ins 21. Jahrhundert, als bloß seelisch um etwas reicher zu werden.

Ähnlich zeittypisch ist der Glaube an die freie Selbstbestimmung des herrlichen Individuums. Es entscheidet sogar, «für» was es sich fasziniert! Da gibt es die «Faszination für die DDR», die «Faszination für die arktischen Regionen» und die «Faszination für einen der bedeutendsten deutschsprachigen Autoren» – mithin eine verkehrte Welt, weil Faszination vom Objekt ausgeht, nicht vom Subjekt. Dieses ist von jenem fasziniert, verhält sich also passivisch, weshalb es «Faszination durch» (beziehungsweise «fasziniert von») heißen müsste.

Präpositionen gibt es viele, die Auswahl ist groß. Entweder entscheidet man sich im Zweifelsfall für die falsche – dann ist man zum Beispiel «desillusioniert gegenüber der eigenen politischen Führung» – oder man beschränkt sich auf wenige. Gern genommen wird, wie schon gezeigt, das Wörtchen «für», das außer «durch» und «gegen» auch «mit» ersetzen kann: «Manche Insulaner sympathisierten für die Deutsch-Nationalen, andere für die Kommunisten», schreibt die Zeitung über einen historischen Sylt-Krimi.

Beliebter noch ist die Präposition «über» – vorausgesetzt, sie passt nicht. So ist es im Fall der Überschrift «Urteil über Rechtsrocker», die den Unterschied zwischen Gerichtsurteil und Meinung einebnet. Man ist «schockiert über» Gewalt, «überrascht über» ein hohes Einkommensniveau und ist dann schockiert und überrascht, dass das «über» dort fehlt, wo es am Platz ist. In den

Medien debattiert man nämlich gern «um» etwas – statt etwa eine Debatte über den Gebrauch von Präpositionen zu führen. Der ist zwar nicht immer logisch oder durch das Gebot vorgegeben, ein bestimmtes Verhältnis zur Realität (wie etwa, siehe oben, im Regelfall von «für», «gegen») widerzuspiegeln. «Die Fans – aufgebracht gegen die eigene Mannschaft», meldet die Sportredaktion, denkt richtig und macht es falsch, weil die historisch gewachsene, alt und krumm gewordene Grammatik ein «über» verlangt.

Aber es gibt nun mal eine Tendenz zur Vereinheitlichung, und «über» ersetzt mittlerweile eine Fülle anderer Präpositionen. «Das Volk der Bolebedu blickt über eine 400 Jahre währende Geschichte des Regenmachens zurück», heißt es in einem Reiseführer, der auf Südafrika blickt. Ein Prospekt über die Westtürkei rühmt die antiken Denkmäler von Sardes, denn sie «vermitteln ein beeindruckendes Bild über den damaligen Reichtum der Stadt», aber ein schlechtes vom Sprachgefühl der Werber. Ein Journalist ist «über die Entscheidung zufrieden», dass ein Gericht die Sitzplatzverlosung bei einem großen Prozess wiederholen lässt, während ein anderer an die «Proteste über die Wiederwahl Ahmadinedschads vor vier Jahren» erinnert. Zum Ausgleich wird, wie schon angesprochen, dort, wo «über» am Platz wäre, eine andere Präposition aus dem Lostopf gefischt. Nicht nur in der Grammatik, auch in der Technik zeichnen sich deshalb schreckliche Möglichkeiten ab: «Uros Djurovic macht einen Film zum Neonazi.»

Dieses «zu» ist die zweite Allzweckwaffe. Horacio Cortes in Guatemala «sucht den Schulterschluss zu den USA», Obama aber «richtet seinen Blick zu den Wachstumsregionen im Pazifik»; und die «Rede zu» beziehungsweise «Diskussion zu» wird derart inflationär verwendet, dass man nur «Respekt zu diesen Erfolgen» bekunden kann. Nur manchmal geht es so überraschend wie unfreiwillig korrekt zu: Der Papst «suchte den Dialog zu den anderen Religionen», wird ein Erzbischof zitiert – was genau der Dialog ist, der diesen Herrschaften vorschwebt? Tja. Die einzig wahre Kirche spricht zu, nicht mit den anderen.

Ein Drittes: Man zeigt den grammatischen Status nicht mehr durch Kasusendungen an (geht «synthetisch» vor), sondern durch Präpositionen («analytisch»): «Das ist eine Täuschung am Leser», behauptete eine Kultursendung über eine nicht als Reklame gekennzeichnete Scheinrezension. Man sieht: Nicht nur der Dativ, auch die Präposition kann der Tod am Genitiv sein. Respekt zu diesem Deutsch! (Über? Für? Vor?)

Ein Artikel über den Artikel

Wenn Freunde lange auf einen Nachzügler warten, beschwichtigt wohl irgendwann einer die Ungeduldigen mit den Worten: «Ach, der kommt schon!», und eine stimmt zu: «Na ja, der ist halt immer etwas spät dran.» Wenn die Leute einander zwar nicht ganz fremd sind, aber nicht so gut kennen, heißt es eher: «Er wird den Termin doch nicht vergessen haben?», und jemand versichert: «Er wird schon kommen!»

«Der» klänge in diesem Zusammenhang abfällig, und das gilt auch fürs geschriebene Wort, das sich an eine anonyme Menge wendet. Dennoch schreibt die *taz* über Roland Kaiser: «Der trat Anfang 2015 in Dresden auf bei einer Kundgebung gegen Pegida», obwohl sie bei dieser Gelegenheit doch mit ihm hätte sympathisieren können. Beim nicht so linksgrün versifften *Göttinger Tageblatt* verwundert es weniger, dass es über den Wissenschaftler Samuel Salzborn, der über Rechtsextremismus forscht, dies schreibt: «Salzborn schaltet sich regelmäßig in öffentliche Debatten ein. So warf der dem Publizisten Jakob Augstein wegen dessen Äußerungen zur israelischen Außenpolitik Antisemitismus vor.»

Aus Süddeutschland, wo der Sepp und die Zenzi dahoam sind, stammt die Angewohnheit, Vornamen mit Artikel zu versehen. Für

norddeutsche Ohren klingt das allerdings weniger familiär als ab-
schätzig. Nicht anders im geschriebenen Deutsch: «Der Balthasar,
der ist verliebt und macht Verse, dem können Sie allerlei Zeug ein-
reden, aber bei mir kommen Sie schlecht an!» (E. T. A. Hoffmann:
«Klein Zaches, genannt Zinnober»)

Das geht auch mit vollem Namen. «Hundert wäre der Arno
Schmidt in diesem Jahr geworden», so einst die *taz*. Besser zu Gesicht steht es ihr allerdings, statt gegen revolutionär neue Schreib-
weisen erprobende Schriftsteller gegen konservative Politiker zu
sticheln: «Seit sieben Jahren ist der Volker Bouffier schon böse auf
die ‹Frankfurter Rundschau›.» Oder gegen Pfaffen: «Anfang Oktober öffnete die Schlosskirche ihre Tür, wo der Luther am 31. Oktober 1517 seine Thesen angeschlagen haben soll.»

Nur fragt sich, ob die Invektive überhaupt Absicht ist, ist der
kindliche Artikel vor Namen oder Berufsbezeichnungen doch keine
Seltenheit mehr. «Der König Ludwig XVI. gab dieses Gemälde in
Auftrag», liest man in einem Kunstband, während man auf ZDFinfo
vernimmt: «Der Regisseur Werner Herzog lässt in der Dokumentation ‹Im Todestrakt› fünf Todeskandidaten zu Wort kommen.»

Überhaupt steht der Artikel gern dort, wo er überflüssig ist:
«Dem Angeklagten wird die Beihilfe zum Mord vorgeworfen»
(*taz*); oder über Kanada: «Die Hauptstadt ist die viertgrößte Stadt
Ottawa» (*Arte-Magazin*). Mehr noch: Der bestimmte Artikel steht
sogar, wenn das Bezeichnete unbestimmt ist wie im Fall einer
«Rede, die der englische Staatsmann aus dem letzten Jahrhundert,
Jones Seymon, 1932 gehalten hat» (*chessbase.de*). Man hätte hier eher
einen anderen englischen Staatsmann erwartet, schon aus dem
Grund, dass er *der* englische Staatsmann des 20. Jahrhunderts war:
der Winston Churchill. Sorry: Winston Churchill.

Der bestimmte Artikel steht also, wenn der unbestimmte am
Platz wäre; und umgekehrt! «Das Ruhrgebiet kämpft mit dem
‹1. Tag der Trinkhalle› gegen ein weiteres Aussterben seiner Tradi-

tion», schreibt die *Hannoversche Allgemeine*, was nicht ganz falsch und nicht ganz richtig ist. Was auszusterben droht, ist klar benannt (die Trinkhalle), und im Hintergrund steht, dass es eine Tradition unter anderen ist – präzise sollte es also heißen: «Das Ruhrgebiet kämpft mit dem ‹1. Tag der Trinkhalle› gegen das weitere Aussterben einer Tradition».

Einfacher ist dieser Fall: «Das Oberlandesgericht Schleswig hat einen Besitzer einer Photovoltaikanlage zur Rückzahlung von rund 200 000 Euro EEG-Beihilfe verurteilt», obwohl er als *der* Besitzer der Anlage genau bestimmt ist. Genauso hier: «Abubaker C. soll im Mai in ein Haus eines Rentnerehepaars in Bad Friedrichstal eingedrungen sein» – oder hatte das Rentnerehepaar mehrere, wenigstens aber zwei Häuser? Und hier: «Der rund sechsköpfigen Gruppe wird vorgeworfen, ein Auto eines Polen in Brand gesetzt zu haben» (dreimal *taz*) – hatte der Pole wirklich mindestens ein weiteres Auto? («Rund sechsköpfig» ist auch sehr gut.)

Ein letztes Zitat: «Mehmet Öcalan, der jüngere Bruder des PKK-Chefs, hatte erstmals wieder eine Erlaubnis bekommen, seinen Bruder auf der Gefängnisinsel Imrain zu besuchen» (wieder *taz*) – warum ein, nein: der unbestimmte Artikel, obwohl genau angegeben ist, wozu die Erlaubnis dient? Und ein allerletztes! Dass im US-Senat «die Republikaner eine Mehrheit besitzen», wusste seinerzeit der *Spiegel*, aber was ist das für eine andere Mehrheit, die sie demnach außerdem besitzen?

Wird ein *Spiegel* das herausfinden und eine Welt darüber aufklären? Nein, bevor jetzt mit solchen Fragen eine große Verwirrung über einen richtigen Gebrauch des oder eines Artikels ausbricht, schließt eine Glosse wie diese. Sagt ein Autor, über den Sie jetzt vielleicht stöhnen: «Ach, der mit seinen Sprachkritiken!»

Diese und jene Pronomen

Frohe Kunde für Tierschützer: Selbst ihre Kontrahenten machen mit! Der Beweis ist eine Nachricht in der Zeitung, betreffend die «Alternativen zu Tierversuchen. Einige konservative Politiker halten diese für ethisch bedenklich» – also die Tierversuche; hielten die Konservativen die Alternativen für bedenklich, hätte die Zeitung selbstverständlich ‹jene› geschrieben.

Sollte sie aber «diese» und «jene» nicht auseinanderhalten können, befände sie sich in guter Gesellschaft, beispielsweise in der des großen Romanciers Eduard von Keyserling. In seinem Roman «Die dritte Stiege» schrieb er: «Als Lothar am Morgen in die Redaktion ging, fand er Barnisch bei Klump. ‹Ah!›, sagte dieser. ‹Wir warten auf dich.›» Wie sich herausstellt, ist es aber nicht «dieser», der Lothar begrüßt, sondern jener – nicht Klump, sondern Barnisch.

Wie in den Räumen einer Redaktion hilft ein gutes Orientierungsvermögen auch in der Sprache, um sich zurechtzufinden: «Diese» sind näher als «jene», folglich bezieht sich «dieses» aufs zuletzt, «jenes» aufs zuerst Genannte. Im gesprochenen Deutsch muss man nicht allweil penibel sein, weil die Umstände der Rede meist für Klarheit sorgen. In einem geschriebenen Text fehlen sie: Er muss allein durch seine Wortwahl bestehen.

Es geht also um Nähe und Distanz: Meint man jene, muss «diese» stehen; meint man diese, «jene». Alles klar? Klar ist auch, dass jedes der beiden Demonstrativpronomen ohne sein Gegenstück stehen kann. Wenn man es denn kann! Der erste Satz einer Schauergeschichtenparodie in der Zeitung lautet: «Als Lisbeth Schuber den Treppenabsatz erreicht hatte, löste sich just jener unter ihr auf.» Richtig oder falsch?

Falsch! Richtig heißt es in einem Fußballroman, der Ich-Erzähler sei einst «für ein Fanzine unterwegs (gewesen). Also für ein von Hobbyautoren gemachtes Heft. Jenes Magazin hieß ‹Bude›» – das ist richtig, weil sich im Pronomen die zeitliche und inzwischen auch innere Distanz des Erzählers ausdrückt. Zeitliche Entfernung kommt ebenfalls zum Ausdruck, wenn es in einem aktuellen Buch über die deutschen Handballweltmeister von 1978 heißt: «Brand zahlte zu den Pfeilern (gemeint sind: Stützen) jener Mannschaft, die mit diesem Triumph in die Ruhmeshalle des internationalen Handballs einzog.»

Weniger um Abstand als um Nähe geht es in der Liebe, doch heißt es in einem Postkartengedicht recht distanziert: «Göttliche Liebe: / Es ist diese jene Liebe, / die alles gibt und / nichts begehrt.» Lieben ist nicht einfach, Liebeslyrik aber könnte es sein; dann würde der Satz nicht verschwurbelt «Es ist diese jene Liebe» lauten und auch nicht «Diese ist jene Liebe», sondern schlicht: «Das ist jene Liebe», oder noch einfacher: «Es ist die Liebe» (mit betontem Artikel, für den der folgende Relativsatz die Begründung liefert).

Selten ist die Aufplusterung simpler Personalpronomen oder Artikel zum Demonstrativpronomen nicht. «Sollte es zu einer Hungersnot kommen, hätte diese Millionen Tote zur Folge», schreibt die Zeitung, oder: «Man erwog einen Umzug. Vollends nötig wurde jener, als» – unnötig sind dagegen die prätentiösen Demonstrativa, weil «sie» beziehungsweise «er» genügen.

Zudem kann die Verwendung von «jene» anstelle von «diese» verräterisch sein. Ein Gastrokritiker rühmt «Doraden», denn er «schätzt sie gebraten auf Fenchelgemüse oder in Olivenöl vom Grill. Am liebsten tummelt sich jener schmackhafte Speisefisch in den wärmeren Küstengewässern des Mittelmeers»: Er wahrt Distanz, obwohl ihm scheinbar das Wasser im Mund zusammenläuft. Wahrscheinlich paraphrasiert er bloß eine fremde Meinung, hat aber den Fisch selber nicht auf dem Teller gehabt. Die Dorade ist für ihn weit entfernt, in jenem Mittelmeer. «*Dieser* schmackhafte Speisefisch» wäre geschickter gewesen und korrekt, zumal das Demonstrativpronomen auf schon Gesagtes verweist.

Aber in den Medien gelten andere Regeln! «Seit Anfang der 90er Jahre arbeitet der deutsche Archäologe Dietrich Raue zu dieser Tempelanlage», schreibt eines, ohne sie (übertrieben wäre: diese) zuvor erwähnt zu haben. Das (nicht: dieses) geschieht erst zehn Zeilen später.

Dass es an einem mangelhaften Orientierungssinn liegt, wenn «diese» und «jene» falsch benutzt werden, dafür sprechen auch andere Irreführungen im Raum der Sprache. «Die Frage, die sich stellt, ist: Beginne ich ein Sinologiestudium oder eine Lehre auf dem Bau?», grübelt jemand in der Zeitung und sinniert: «Hier winken jahrelange unbezahlte Praktika und Kurzsichtigkeit, dort Hungerlohn und Biertitten.» Biertitten beim Sinologiestudium – es ist eine seltsame Welt!

Rein und raus

«Ich hab's mir angewöhnt, dass ich jeden Tag in der Früh in den Garten schau und vielleicht eine Blume hinrichte», lautet ein Schwupper von Edmund Stoiber. Auch wenn man es dem seinerzeitigen bayerischen Ministerpräsidenten und Kanzlerkandidaten der Unionsparteien nicht anhört: Der Fehler rührt daher, dass Stoiber auf Hochdeutsch bairisch spricht. Im Dialekt steht «hinrichten» für «herrichten».

Dass «hin» und «her» in der Hochsprache Unterschiedliches bedeuten, kann man auch aus dem Beispielpaar «etwas hermachen» und «etwas hinmachen» ersehen. In Fällen wie diesen vereinen sich die Adverbien mit dem Verb zu einer neuen Bedeutung, die gelernt werden muss. Einfacher sollte es sein, wenn «hin» und «her» ihrem ursprünglichen Sinn gemäß entgegengesetzte Richtungen markieren: Führt die Bewegung zum Ort des Sprechers, steht «her»: «Herein, wenn's kein Schneider ist!» Führt sie von ihm weg, steht «hin»: «Hinaus, Schurke!»

Es ist aber nicht einfacher. Wenn beispielsweise in einem Radio-feature über Margarete von Görz-Tirol alias Margarete Maul-tasch, die 1341 ihren Gemahl Johann Heinrich von Luxemburg in die Wüste schickte, gesagt wird: «Es war das erste Mal in Europa, dass eine Frau ihren imperfekten Mann herausgeworfen hat», dann muss der männliche Sprecher vor Schreck die Orientierung ver-loren haben.

Genauso verdreht erscheint die Perspektive in einem Buch über das nordirische Fußballgenie George Best, das sich zu Tode soff: «In Rosalyns Gegenwart trinkt George nicht. Aber sobald sie zur Tür heraus ist, greift er zu Flasche.» Und sobald sie wieder zur Tür hinein ist, schüttet er sich keinen Alkohol mehr herein? Den hat stattdessen der Autor intus.

Ganz sicher hatte ihn E. T. A. Hoffmann intus, der mit staunens-werter Folgerichtigkeit, ja Folgefalschheit die beiden Richtungsan-gaben verwechselt! Nur ein Beispiel von vielen aus «Klein Zaches, genannt Zinnober»: Fabian rennt seinem Freund Balthasar nach, der aus der Stadt fliehen will, ereilt ihn «dicht vor dem Tore» und nimmt ihn ins Gebet: «Balthasar, willst du wieder heraus in den Wald!» Oder doch ein zweites Beispiel: «Die Gestirne zogen da-her», heißt es in «Meister Floh». Erst Eckhard Henscheid macht es 170 Jahre später richtig und nennt seinen Sammelband mit Feuille-tons «Die Wolken ziehen dahin».

Einmal hin, einmal her, das auseinanderzuhalten ist schwer; umso mehr, als nicht nur «heraus», sondern auch «hinaus» durch simples «raus» ersetzt werden kann – weshalb es im simplen Um-kehrschluss schiefgeht. Sogar bei Kurt Tucholsky! In «Schloss Rheinsberg» besucht der Erzähler mit seiner Verlobten ein Weiß-warengeschäft. «Zwei gutmütig ältliche Wesen» führen es, küm-mern sich aber demonstrativ nicht um die Kundschaft, bis endlich eine sagt: «Mochte der dschunge Herr nicht so lang rausgehen …» «‹Welch treue Seele›, dachte er. Und ging heraus.»

Die Vermutung «geht weit in die Zukunft herein» – so vernimmt
man es aus dem Radio –, dass das «hin» eines Tages verschwunden,
also herüber, pardon: hinüber sein wird. Bis es so weit ist, trifft man
es noch dort, wo es falsch ist. In der Presse: «Der Verkauf dümpelte
vor sich her» (nämlich der des VW Golf); «Es könnte auf Markus
Söder herauslaufen» (unkte ein Journalist in Sachen Kanzlerkandi-
datur 2021); im Internet, wo ein Nachrichtenportal besonders Ver-
werfliches meldet: «Wirbelsturm zieht über Dorf her»; und eben in
der Literatur.

«Im schwachen Licht der Straßenlaterne spähte ich zu ihr herüber», schreibt Ella Carina Werner in ihrem Humoreskenband «Der
Untergang des Abendkleides». «Die Großeltern kamen die Treppe
hinunter», schreibt F. C. Delius in seinem Roman «Der Sonntag, an
dem ich Weltmeister wurde», obwohl der Ich-Erzähler sie am Fuß
der Treppe erwartet. «Die Wildwasser brechen über uns hinein»,
soll dem deutschen Übersetzer zufolge der von weltpolitischen
Vorahnungen geplagte Romancier Henry James nach Königin Vik-
torias Tod gesagt haben.

Damit brechen die Wildwasser auch in diese Glosse hinein! Sollten Sie sich nämlich von der Lektüre endgültige Klarheit versprochen haben, so sind Sie hereingefallen. Oder hineingefallen! «Wir
fallen darauf hinein», konnte man schon im Deutschlandfunk hören, und tatsächlich wird diese Verwendungsweise vom Duden ge-
deckt. Der ist freilich opportunistisch und findet «im Nachherein»
(Claus Peymann, ebenfalls im Deutschlandfunk) vieles richtig, was
er einmal falsch fand.

Überhaupt geht es nicht nur hin oder her, sondern in vielen Fällen beides: Einen Bissen kann man sowohl herunter- wie hinunter-
würgen. «In München 1938 wurde Stalin aus Europa herausge-
drängt», schreibt die Zeitung. Von Deutschland aus gesehen, also
von dort, wo die Zeitung und ihre Leser sich befinden, wurde Stalin
aber hinausgedrängt. Das Verb, sagt der Duden, trägt die Hauptbe-

deutung und drängt die des Präfixes heraus. Oder doch eher hinaus?

Die deutsche Sprache kann sehr genau sein. Die deutschen Sprecher sind es weniger. Sie sind es sogar so wenig, dass sie nicht allein
das als umgangssprachlich empfundene Präfix «raus» schriftlich
in ein förmliches «heraus» hochmendeln, sondern sogar das nur
scheinbar verwandte «aus». Infolgedessen wird in der einen Zeitung eine Parole «herausgegeben», und die andere meldet: «Bayern
hat sich ein paar Extras herausgehandelt.» Immerhin besser, als
sich was hereinzuhandeln!

Von warum? Von daher!

Heute ist alles besser, auch die Sprache. Wo man einst mühsam, im
Schweiße seines Angesichts zwischen «infolgedessen», «aus diesem
Grund», «dementsprechend», «folglich», «somit», «also» oder auch
«darum», «deswegen» und noch anderen Wörtern wählen musste,
genügt jetzt ein simples «von daher». Nur Spötter kämen auf die
Idee, so antworte man auf die Fragen «Von warum? Von weshalb?
Von wieso?»; seriös grundierte Menschen wissen, dass es auf die
Frage «Von woher?» antwortet. Von woher nämlich redet man so?
Von daher, dass die deutsche Sprache anschaulich ist!

Peter Handke schreibt von daher, wie er denkt, ja vorderdenkt:
«Allein die ‹Vordergedanken› zählen, und erzählen (sich)», knetert
es aus seinem Aufsatz «Die Tage», in denen er «einige Vorderbe-
merkungen», nein: «einige Bemerkungen zu Vorderbert», Quatsch:
«zu Adalbert Stifter» fallen lässt.

Genug des Unsinns! Hier geht es um ernste Dinge, um die Sprache und ihr zuverlässig verschraubtes Verhältnis zur Realität. Also
Augen auf! Beispiel: die Ozeane. Sie führen viel Wasser, aber wo
geht es hin? Für den Pazifik hat es die Zeitung herausgefunden,
weil dessen «Meeresströmungen kaltes Wasser von der amerikani-

schen Westküste nach Osten transportieren». Links vom Westen
ist nämlich irgendwann Osten – richtig!

Zeit und Raum sind sowieso, dank Albert Einstein, relativ. Sie be-
einflussen sich gegenseitig, und neueste Forschungen, die im Hör-
funk verbreitet wurden, beweisen sogar, dass sie ihre Plätze tau-
schen können und Zeit zu Raum wird: «Hinter den Niederschlägen
wird es freundlicher.»

Wo immer das sein wird! Vielleicht «Zwischen Seoul und
St. Pauli», unter welcher Schlagzeile eine Zeitung im Untertitel
dies verspricht: «Fester Bestandteil der dortigen Dokumentarfilm-
woche ist eine Reihe namens ‹Dokland Hamburg›». Wer schnell genug die 8000 Kilometer abklappert, kann – Stichwort Relativitäts-
theorie – das fragliche Kino sogar gefunden haben, bevor er losreist.

Schnelligkeit ist nun ein gutes Stichwort, um einen Sportler zu
erwähnen, der «dicht unter dem Sieger» einkam. Ein schönes Bild!
Doch bevor wir es uns ganz ausmalen, verlassen wir die Welt des
wirklichkeitsgetreuen Abbilds und wenden uns dem Anfang des
20. Jahrhunderts zu: Wie die bildende Kunst emanzipierte sich damals auch die Sprache von der gegenständlichen Welt. Seinerzeit
beschränkt auf wenige, beherrscht die modernen Techniken heute
jedermann. Wer denkt nicht an Kurt Schwitters' Kunst der Collage,
wenn einem Kulturjournalisten ein «tongebender Farbauftrag wie
eine Stimmgabel» auffällt! Und die Wissenschaft erst: Da schenkt
die deutsche Übersetzung von Michael Tomasellos «Naturge-
schichte des menschlichen Denkens» den Lesern die herrliche Formulierung von «diesem perspektivischen Sprung im Ei der Erfahrung», und das ohne perspektivischen Sprung in der eigenen
Schüssel!

Vor hundert Jahren war die gegenstandslose Malerei ein Skandal wie in der Dichtkunst die abstrakten Lautspielereien der Da-
daisten. Längst gibt es jedoch in der Kunst wie in der Literatur eine
Gegenbewegung zurück zum Realismus, das Auge spricht wieder

mit. Beispielsweise in «Kulturzeit» auf 3sat: «Klingebiel malt die
Figuren aus dem Gedächtnis heraus» – man sieht geradezu den
Maler die Figuren sich aus dem Schädel herausziehen! Von daher
kommen seine Bilder, und von daher sage keiner mehr etwas gegen
das Bilder-, pardon: Bildungsfernsehen. Es sollte wie alle anderen
Medien und Menschen auf diesem Weg, so sagt es eine Zeitung,
«von hier an noch viel weiter» gehen, und von heute aus auch!

Kleines Komma, große Wirkung

Eckhard Henscheid nahm es vor 40 Jahren von der lustigen Seite,
als er in seinem Aufsatz «Happige Grammatik» konstatierte: «Es
ist schon etwas Merkwürdiges um den Beistrich (Komma), jenes
schmale Häkchen, das doch, allein durch seine Stellung, die ganzen
langen Sätze mit ihren vielen dicken und breiten Wörtern vollkom-
men in der Hand hat. Denn ist es nicht etwas unvergleichlich anderes zu sagen: ‹Er kam, um zu gießen› und: ‹Er kam um, zu Gießen?›
Ohne Frage.»

Merkwürdig ist es bis heute um das Komma bestellt. Auch lustig
kann es nach wie vor sein, wenn eine Bäckerei als Lockangebot
«1 Stück Krapfen gefüllt mit einer Tasse Kaffee» annonciert oder
ein Wohnungssuchender ein Inserat aufgibt, in dem er sich als
«Prof. verheiratet mit Tochter (16)» vorstellt.

Das kleine Komma kann eben große Wirkung haben – selbst
wenn es fehlt. «Irland erzählt von Colm Tólbin, Edna O'Brien,
Roddy Doyle», kündet die Fernsehzeitschrift eine Sendung aus der
Reihe «Europa und seine Schriftsteller» an, in der eher Tólbin &
Co. von Irland erzählen dürften statt umgekehrt. «Der Strom ist
mal wieder ausgefallen», erinnert sich ein Autor an seinen Indien-
aufenthalt, «und so essen wir bei Handylicht Reis, Hughali, eine
Art Maisbrei und Mandasi» – und lässt die weniger indienerfahre-
nen Leser im Unklaren, ob es dreierlei oder viererlei Speisen waren.

Klar ist hingegen, dass das Christentum in den westlichen Nationen auf dem Rückzug ist. Neu ist, dass selbst die Kenntnis, wann
eines seiner höchsten Feste gefeiert wird, schwindet: «Am katholischen Weihnachtsfest, Ende Januar oder auch Anfang Februar,
wird Russland gegen die Ukraine zu Felde ziehen», unkt eine Zeitung (und verschenkt zum nicht nur katholischen Fest ein Komma
extra). Wünschenswert klar ist dagegen, dank der Kommata, dieser
Fall: «In Liebe und Dankbarkeit, nach einem erfüllten Leben, nehmen wir Abschied von», so beginnt jene Traueranzeige in der Zeitung, mit der die Trauernden sich selbst ein erfülltes Leben attes-
tieren.

Es stimmt, dass sich der gemeinte Sinn erschließen lässt. Ebenso
stimmt, dass ein Fehler vorliegt, wenn Gemeintes und Gesagtes
auseinanderklaffen. Selbst wenn sich beides wieder zusammen-
zwingen lässt, der Fehler lockt auf eine falsche Fährte: «Da gibt es
die britische Investorin, die von der mageren Rendite enttäuscht»
wurde? Nein, «die von der mageren Rendite enttäuscht, heute versucht, von der EU-Fördermittel zu bekommen». Es fehlt das Komma
hinter dem Relativpronomen «die», das anzeigen würde, dass der
Satz einen Schlenker macht und eine Partizipialkonstruktion eingeschoben wird, bevor er wieder der ursprünglichen Richtung folgt.

Das Komma zu setzen, hilft aber nicht, wenn es falsch gesetzt
wird. Beispielsweise steht bei einer Aufzählung mit «und» sowie
«sowie» oder «oder» kein Komma, aber die einfache Regel klingt
einfacher, als sie ist, weil man eben doch gerne eines setzt. Deshalb
besticht ein Film durch «deftige Dialoge, und einen bitteren Plot»,
dieweil Karl May dem Publikum vorgaukelte, «die Abenteuer mit
Kara ben Nemsi, oder mit Old Shatterhand selbst erlebt zu haben»
(nebenbei: Muss es statt «mit» nicht «als» heißen?); wohingegen
die Polizei bei einer Razzia «den Computer, sowie eine externe
Festplatte» beschlagnahmt und dafür ein Komma in der Zeitung
hinterlässt.

Noch schwieriger als bei einer Aufzählung ist es mit dem Komma bei Konjunktionen wie es in diesem Satz soeben geschehen ist. Wo ein Komma stehen muss, weil ein Nebensatz folgt, steht daher keins: «Sie wollten damit deutlich machen wie wichtig ihnen der Erhalt des Manteltarifvertrags ist», lobt eine nicht nur von, sondern für Journalisten gemachte Zeitschrift. «Dieses Elend ist weder Zufall noch beruht es auf dem Versagen einzelner Staaten», schreibt eine Zeitung über die Lage von Flüchtlingen. «Sie blieben zusammen bis Loki starb», berichtete dieselbe aus gegebenem Anlass; «dass die Gäste lieber nach draußen gingen als die Toiletten zu benutzen», beklagt eine andere. Dass aber eine Universitätszeitschrift im Bildungshotspot Deutschland dieses konstatiert: «Interessanterweise entsteht sobald die Klausuren der meisten Fächer vorbei sind allerdings ein großes Gefälle was die Leistungsabbildung der Studenten angeht» – das lässt einen doch bass erstaunen und ein weiteres großes Gefälle befürchten.

Umgekehrt verhält es sich mit dem Komma, wenn es sich statt um einen Nebensatz um ein Satzglied handelt: Dann steht richtigerweise keins; also steht eins. «2009 gab es 17 000 Aufstocker weniger, als zur Zeit der letzten verfügbaren Statistik 2011»; die Basken «sind für die gute Küche ebenso bekannt, wie für den Kampf um Unabhängigkeit»; und in China regiert einer, der «weder von Mao Zedong, noch von Deng Xiaoping ausgewählt wurde».

Wie man's macht, ist's falsch, und macht man's falsch, ist's auch nicht richtig: Außer Eckhard Henscheid (immer) hat auch der Volksmund (manchmal) recht. «Nach einem Freistoß von Messi, kann Piqué per Kopf verwandeln», meldet die Presse. «In Ihrer Zeit beim ‹Scheibenwischer›, haben Sie vor allem die CSU verärgert», erinnert ein Reporter sein Gegenüber Gerhard Polt. «Bekannte Gesichter haben am vergangenen Sonnabend, die Suppenkellen geschwungen», freut sich das Lokalblatt über eine Wohltätigkeitsveranstaltung und die Leserschaft über ein schiefes Bild. Die sich zudem wundert, dass nicht nur fakultative Umstandsergänzungen, sondern sogar das syntaktisch notwendige Akkusativobjekt mit einem Komma ausgesperrt wird. «Ein paar Tage nach der Live- übertragung finden Sie hier, das Video mit deutschen Unter- titeln», verspricht ein Fernsehsender via Videotext. Sogar das Sub- jekt kommt in Quarantäne, als wäre es ein Fremdkörper im eigenen Satz: «Ein alter Professor und Stammkunde, legt ihr die Hand auf den Arm»; «dass die Frau, die große Unbekannte des Kunstbe- triebs sei», steht ebenfalls in einer groß bekannten Zeitung. Die nutzlos verschwendeten Kommata fehlen dann anderswo. Manch- mal ergibt sich unfreiwillig Absurdes wie in der Schlagzeile: «Ein Toter und Elbfähren stellen Betrieb ein». Vor «und» sollte in man- chen Fällen eben doch ein Komma stehen, zum Beispiel dann, wenn ein Hauptsatz mit anderem Subjekt folgt. «Es geht um Hasskom- mentare auf der Internetplattform und Zuckerbergs wohldosierte Selbstkritik»? Nein, richtig wäre: «auf der Internetplattform, und Zuckerbergs wohldosierte Selbstkritik ist genau das, was die Poli- tik hierzulande hören will», weil die Selbstkritik nicht von glei- chem Rang wie das Thema Hasskommentare, sondern ihm unter- geordnet ist.

Mit Komma wäre das Missverständnis nicht passiert. Stimmt's, oder habe ich recht? «Im Prinzip, ja», schreibt eine Zeitung – oder, sowohl als, auch?

Die Wilhelm-Busch-Straße-Straße

Eines der besten Felder fürs Haarespalten ist die Zeichensetzung. Da niemand sie ganz beherrscht, verzichten manche gleich ganz auf sie, insbesondere beim Simsen und Twittern, auf Facebook, WhatsApp und so weiter. Dabei sind Satzzeichen manchmal ent- scheidend. «Er will sie nicht» besagt etwas anderes als «Er will, sie nicht», um aus dem 2009 erschienenen «Sonderbaren Lexikon der deutschen Sprache» zu zitieren. Im Alltag sind solche eindeutig mehrdeutigen Fälle rar, aber falsche oder fehlende Beistriche können gleichwohl die Aussage verändern.

Meist geht es gut aus, und es muss nicht immer das Komma sein. Bekanntlich wird, ob beim «6000 Kilometer Radius um Brüssel» oder beim «Shakespeare Rätsel» – Titel einer Sendung des Kultursenders Arte, in der auch ein «Marlowe Experte» zu Wort kam –, oft der Bindestrich eingespart, obwohl es sich um ein (typischerweise ad hoc gebildetes) Kompositum handelt. Sind diese Beispiele neu, so sind Bildungen wie die «Wilhelm Busch-Straße» uralt, die scheinbar einem Herrn Wilhelm Busch-Straße gilt, weshalb die Straße hochkorrekt «Wilhelm-Busch-Straße-Straße» heißen müsste.

Meist wird der Bindestrich bei Namensbildungen eingespart; manchmal auch anderswo, etwa wenn für seinen Defensivfußball «Italien berühmt berüchtigt» ist: also nicht sowohl als auch, sondern diskriminierenderweise nur berüchtigt. Spätestens jetzt wird klar, dass der Bindestrich keine Formalie ist, sondern die Aussage mitprägt.

Gleichwohl steht der Bindestrich auf der roten Liste der bedrohten Satzzeichen. Anführungszeichen hingegen breiten sich munter aus. Da wird eine Wohnung in «‹fast› zentraler Lage» inseriert, ein «‹kleines› Unterfränkisches Schachfestival» angekündigt, im Periodikum der Techniker Krankenkasse (ohne Bindestrich …) kommt statt eines Männerexperten bloß «ein ‹Männerexperte›» zu Wort, die Zeitschrift des Journalistenverbands *Menschen machen Medien* (ein Organ für und von Leuten, die professionell mit der Sprache arbeiten) spekuliert: «Ist die *taz* (…) noch ‹alternativ›?» Und wenn im Programmheft eines niedersächsischen Literaturfests gefragt wird: «Was macht ein ‹Meisterwerk› aus?», so lautet die einfache Antwort: Dass seine Qualität nur scheinbar besteht, anders als bei einem Meisterwerk.

Mag sein, dass hier das postmoderne Gewese akademischer Distanzierung und Dekonstruktion eine Rolle spielt; sicher ist, dass meist der Unkenntnis der Interpunktionsregeln die Hauptrolle zukommt. Oft soll mit den Gänsefüßchen etwas akzentuiert werden; nur wäre dann dem Inserenten der «fast» zentralen Lage ein Eigentor gelungen, da das zentrale Lockargument ein anderes wäre.

Apropos anderes: «‹Sprachkritik› ist was anderes als diese Kolumne», behauptete einmal ein Leser dieser (zuerst meist in der *taz* erschienenen) Glossen, und wo er recht hat, hat er recht: Es handelte sich bei der Kolumne nicht um «Sprachkritik», sondern um Sprachkritik. «‹Sprachkritik› ist das, was ein Derrida oder ein Foucault macht», gab der Leser zur Begründung an und hatte insofern abermals recht, als er Sprachphilosophie meinte, vielleicht auch «Sprachphilosophie». Recht hatte er schließlich, indem er drei Aufgaben benannte, nämlich: «Wie wirkt Sprache, wie hilft/hindert sie bei der Erkenntnis, kann sie überhaupt Wahrheit transportieren …?» In der Tat, für die Antwort sind selbst winzige Zeichen, scheinbare Lappalien von Gewicht: Der richtige/falsche Gebrauch von Anführungszeichen hilft/hindert beim Beschreiben der Wirklichkeit, bei ihrer Erkenntnis, bei der Beförderung der Wahrheit und entscheidet mit über die Wirkung des Gesagten!

Gar. Nicht. Gut.

«Punkt, Punkt, Komma, Strich, fertig ist das Mondgesicht» – eine scheinbar einfache Zeichenanleitung, die manchen Leuten unverständlich sein dürfte, weil sie zwar noch den Punkt kennen, Komma, Binde- und Gedankenstrich aber nicht mehr; zu schweigen von anderen Satzzeichen: vom Doppelpunkt zum Beispiel; oder dem Semikolon, von dem kaum jemand weiß, welche Bedeutungsfeinheiten damit indiziert werden.

Jedes Satzzeichen hat eine Aufgabe in der geschriebenen Sprache zu erfüllen, steht für die richtige Beschreibung der Welt ein und zeigt zugleich an, in welches Verhältnis der Sprecher sich zu ihr setzt. Fehlt Letzteres, wird «die Prosa auf den Protokollsatz heruntergebracht, auf die bloße Registrierung der Tatsachen», was Theodor W. Adorno schon 1956 eben nicht nur registrierte, sondern auch kritisierte: Denn «indem Syntax und Interpunktion des Rechts sich begeben, Kritik an ihnen zu üben, schickt bereits die Sprache sich an, vor dem bloß Seienden zu kapitulieren. Mit dem Verlust des Semikolons fängt es an, mit der Ratifizierung des Schwachsinns hört es auf.»

Nicht nur der Strichpunkt, das Semikolon, sondern sogar der Satzpunkt stand zu Adornos Zeit auf der roten Liste. Zumindest gewinnt diesen Eindruck, wer die Prosa von Wolfgang Koeppen oder Heinrich Böll zum Maßstab der Erinnerung macht, das Aneinanderketten von Hauptsätzen war ihr Stilmittel, und wer «Das Treibhaus» oder die «Ansichten eines Clowns» aufschlägt, findet zahllose Beispiele dafür, Sprache, Handlung, Charaktere bekommen auf diese Weise etwas Getriebenes, bekommen etwas Unausweichliches, auf ein von Anfang an festgelegtes Ende Zusteuerndes, und genauso künstlich durchkonstruiert waren viele Romane.

Heutzutage macht sich der Punkt nicht mehr rar – im Gegenteil! Er ersetzt den Doppelpunkt: «Er überquerte vor 5300 Jahren zu Fuß die Alpen», liest man auf der Mattscheibe, «und kam unter mysteriösen Umständen ums Leben. Der Mann aus dem Eis, der 1991 in den Ötztaler Alpen als Gletschermumie gefunden wurde.» Er ersetzt den Gedankenstrich: «Innerhalb der Universität», berichtet die Zeitung über den Versuch, Frau Ex-Dr. Annette Schavan nach München zu holen, «blieb es lange Zeit bei vereinzelter Kritik. Bis 43 Sprachwissenschaftler einen Protestbrief an Huber schickten.» Er ersetzt das Fragezeichen: «Doch wer», fragt das Blatt, «widersetzt sich und stellt die richtigen Fragen.» Der Punkt kann sogar, wie in der Buchreklame eines Verlags, nichts ersetzen:

«Immer recht zu behalten ist eigentlich kein Problem. Und macht noch dazu grandiosen Spaß.»

Selbstverständlich ersetzt er auch das Semikolon: «In diesen Abgassonderzonen der Nord- und Ostsee darf der Schwefelgehalt im Kraftstoff nur 0,1 Prozent betragen. Was zwar eine erhebliche Verbesserung ist. Aber auch 0,1 Prozent sind noch hundertfach schmutziger als herkömmlicher Lkw-Diesel.» Welcher Satzpunkt besser ein Strichpunkt wäre? Finden Sie es heraus …

Sicherlich finden Sie auch heraus, welcher Punkt in diesem Zitat ein Komma ersetzt. Das einen Relativsatz einleiten sollte: «Es sind rund 20 Isotope bekannt. Deren Halbwertzeiten Bruchteile von Sekunden bis 80 Millionen Jahre betragen.» Nicht nur vor dem Relativpronomen. Sondern auch vor einer Konjunktion steht deshalb der Punkt: «Bei den Unruhen in Baltimore geht es nicht nur um das brutale Vorgehen von Polizisten. Sondern um die jahrzehntelange Benachteiligung von Schwarzen.»

Außerdem lassen sich mit dem Punkt präpositionale Ergänzungen verselbstständigen. Indem man sie einfach herausreißt. Aus dem Satz: «Die jährliche Aufwandspauschale darf 500 € nicht überschreiten. Wegen der Gemeinnützigkeit.» Aus einer Anleitung für Sportvereine.

Satzzeichen verdeutlichen die Syntax und ersetzen, was in einem Gespräch hör- und sichtbar wäre: Gestik, Mimik, Intonation, Sprechpausen. Die Interpunktion hat also Sinn und Bedeutung – und genau das scheint es zu sein, was manche Schreiber verleitet, strunzgewöhnliche Aussagen wichtigtuerisch hervorzuheben: «Brigitte Seebacher-Brandt hat versucht, ihren verstorbenen Ehemann in einen Nationalkonservativen umzudeuten. Was viele Anhänger von Willy Brandt erbitterte.» Und auch manche Leser erbittert. Aber. Der Stil gefällt: «Persönlich läuft alles. Aber. Er schläft jetzt öfter schlecht», aberabert die Zeitung über den Philosophen Wolfram Eilenberger.

Gewiss. Die Welt scheint sinnentleert. Die Sprache zerquasselt. Das Wort ohne Inhalt. Weshalb man ihm durch Vereinzelung zurück. Verhelfen will. Zu seiner Bedeutung. Nur. Dass dabei Bedeutungshuberei herauskommt. «Wirtschaft. Gemeinsam. Denken.» So lautet der Untertitel der neuen Zeitschrift *enorm*. Nun. Es gibt. Menschen. Die. Vor Kraft. Kaum gehen. Können. Und Äußerungen. Deren Bedeutungsschwere. Einen erschlägt. Aber. Das sagt. Die Zeitung. Selbst. Ist: «Gar. Nicht. Gut.»

Man hofft zu viel von guten
und fürchtet zu viel
von schlechten Wörtern.

Georg Christoph Lichtenberg

Ideen und Moden

Das Dummwort

Die Welt wird immer schöner, die Menschen täglich besser. Man sieht es unter anderem daran, dass es keine Leute mehr gibt: «Die Menschen haben eine neue Politik und vor allem einen neuen Politikstil gewählt», sagte Winfried Kretschmann nach seiner ersten gewonnenen Landtagswahl in Baden-Württemberg. Der «Streifzug durch hessische Adelshäuser führt diesmal zu jenen Menschen, die das Land in ihrem Namen führen», kündigte der Hessische Rundfunk ein Fernsehfeature über «Hessische Hoheiten» an. «Unter den Folgen der Reaktorhavarie von Tschernobyl leiden die Ukraine und – viel wichtiger noch – die Menschen dort noch heute», stand in der *taz* zu lesen.

Nicht einmal junge Leute gibt es noch: Das ZDF berichtet am Vorabend einer Wahl, erstmals seien «junge Menschen» unter 18 aufgerufen, ihre Stimme abzugeben; ähnlich verlautbart NDR Info: «Zahlreiche junge Menschen haben in den letzten Wochen mobil gemacht», um ihre Altersgenossen zur Wahl zu motivieren. Und die *taz* meldet aus Spaniens Hauptstadt: «Die 26-jährige Biologin nahm mit Zehntausenden junger Menschen an der Demonstration teil.»

Madrilenen, Jugendliche oder junge Leute (welche lockere Bezeichnung doch einst ein wenig Unangepasstheit und Lebensfreude ahnen ließ), Ukrainer, Persönlichkeiten (oder bloß Personen), Bürger: Sie werden alle über einen Kamm geschoren, haben, was sie besonders macht, abgegeben und sind unterschiedslos zur Masse

Mensch geworden. Nicht das Spezielle, um das es doch geht, wird
betont, sondern das, was platterdings selbstverständlich ist, weshalb NDR Info am Tag einer Bremen-Wahl meldete: «Insgesamt
sind 500 000 Menschen aufgerufen, ihre Stimme abzugeben.» Wer
denn sonst? Die Tiere?

An die denkt anscheinend niemand, wenn es menschelt: «Hierzulande engagiert sich die ‹Deutsch-Polnische Gesellschaft› für ein
partnerschaftliches Miteinander zwischen den Menschen beider
Städte», schreibt eine Göttinger Illustrierte über die Städtefreund-
schaft mit Thorn. (Nebenbei: Was mag «ein Miteinander zwischen
den Menschen» bloß sein? Ein «Miteinander der Menschen» wohl
nicht.) Über «Menschen meiner Generation» lässt sich einer, nein:
ein Mensch im Berliner Magazin *Kiez und Kneipe* aus; in Syrien,
wusste die *taz*, gingen «protestierende Menschen» auf die Straße,
während die «humanitäre Situation der Menschen» (NDR 4) unter
Assads wieder gefestigtem Regime Anlass zu Klagen gibt, und
das auch über die lächerliche Tautologie. «Für die Menschen hier
in Düsseldorfs Rochusclub ein wunderschöner Tag!», behauptete
auf WDR 3 ein Reporter beim Tennis-World-Cup; «Zahnärzte»,
berichtet die ARD aus der Uckermark, «machen Hausbesuche
bei Menschen» – und nicht etwa bei Hunden und Katzen; und das
Göttinger Tageblatt titelt: «Lieferservice ‹Lotta Karotta› bringt
Bio-Lebensmittel zu den Menschen» statt zu den Meerschwein-
chen.

Denken heißt differenzieren, und weil es bequemer ist, beides zu
lassen, kennen die Leute anstelle von Kunden, Patienten, Zuschauern, Demonstranten, Angehörigen und Einwohnern nur Menschen. Die machen sich selbst dort breit, wo sie überflüssig sind: als
«Menschen mit Behinderung» (statt: Behinderte), als «betroffene
Menschen» (statt: Betroffene), als «schwarze Menschen» (statt:
Schwarze), als «geflüchtete Menschen» (statt: Geflüchtete, besser
noch: Flüchtlinge). Man kann glatt auf die Menschen pfeifen: «Seit

Tagen verzichten viele Menschen auf Gurken», sagt eine Spreche-rin der «heute»-Nachrichten, und so reden viele.

Begonnen hat die «Menschen»-Pest in den 1970ern mit Zei-tungsartikeln und Fernsehsendungen à la «Luther als Mensch». Aber schon 1972 parodierte die britische Komikertruppe Monty Python die Marotte, als sie in ihrer ersten deutschsprachigen, statt für die BBC diesmal für die ARD produzierten Folge – Albrecht Dürers 500. Geburtstag stand an – den Zuschauern versprach, ihnen «eine Vorstellung zu vermitteln von dem Menschen Dürer, im Gegensatz zu dem Insekt Dürer».

In jedem Wort schwingt Ungesagtes mit. Es steht in einem Be-deutungsfeld und unterhält unausgesprochen Beziehungen zu ähn-lichen Worten, ebenso wie es unbewusst Assoziationen zum pas-senden Gegenstück weckt: Bei «Zuschauern» sind es die Spieler, bei «Wählern» die Nichtwähler (oder die Politiker), bei «Kunden» die Geschäfte und bei «Menschen»: das Tier. In unseren verding-lichten Zeiten aber auch: Sachzwänge, Institutionen. Da sich die Parteien als Letzteres betrachten und entsprechend institutionell denken, müssen sie den Bürgern das Gegenteil weismachen und führen gern die notorischen «Menschen» an. Eine «besondere Nähe zu den Menschen» beteuert die CSU, um die Wähler in ihre besondere Nähe zu holen; darauf angesprochen, dass die Energie-wende teuer werde, sagte Frank-Walter Steinmeier im Interview wie aus dem Bilderbuch: «Da dürfen wir den Menschen überhaupt nichts vormachen.» Wem dann?

Die «Menschen» zählen mehr als sieben Milliarden, genug, dass sich jeder in der Masse verstecken kann. Als die «Aktion Sorgen-kind» einen neuen Namen suchte, ihr die «Behinderten» aber nicht gut genug waren, taufte sie sich in eine irreführende «Aktion Mensch» um. Diese Tendenz zum möglichst allgemeinen Ausdruck ist bequem, macht aber nicht klüger. Es könnte immerhin sein, dass Sprechen und Denken eine Einheit bilden und, wo die Wortwahl

ungenau ist, das Denken unscharf ist; dass, wo der Wortschatz ver-
armt, auch die Wahrnehmung oberflächlich ist – kurzum: dass
«Menschen» ein Dummwort ist.

Unfälle mit Todesfolge

Schöne und anrührende Wörter hat das Deutsche, Wörter wie
«Liebeszauber» oder «saumselig». Es hat sonderbare Wörter wie
«nichtsdestoweniger», alte wie «kujonieren» und lustige wie
«Muckefuck», manche «goldig» wie ebendieses. Aber sie hat auch
lange und hässliche wie die «Monokulturlandwirtschaftsbetriebe»
oder die «Grundstücksverkehrsgenehmigungszuständigkeitsüber-
tragungsverordnung».

Juristen und Verwaltungsbeamte verstehen Texte nur, wenn sie
kompliziert formuliert sind. Damit die Gesetze und Vorschriften
wasserdicht sind, schrauben sie an der Sprache herum, bis alles
Leben aus ihr gewichen ist und das Drehkreuz zur «Personen-
vereinzelungsanlage» und die Schubkarre zum «einachsigen Drei-
seitenkipper» geworden ist. An einer leichteren Form dieser Krankheit leiden Journalisten, denn was wichtig genommen werden soll,
muss gewichtig daherkommen: «In großer Runde beisammensit-
zen und essen» – tun Alt und Jung das gern?! Nein: Das «hat bei
Jung und Alt einen hohen Stellenwert». «Apotheken hängen an der
Ärzteversorgung. Insbesondere auf dem Land?» Nein! «Insbesondere in der ländlichen Fläche.»

Das Adjektiv «flächendeckend» aber muss krank geworden und
gestorben sein, sonst würde sich beispielsweise das Niedersäch-
sische Ministerium für Soziales und Gesundheit um die flächen-
deckende Versorgung kümmern, statt von einer «Versorgung in
der Fläche» zu reden, was übrigens das anschauliche, von Menschen
bevölkerte «Land» durch eine abstrakte «Fläche» ersetzt, also auf
einen geometrischen Begriff reduziert.

Abstrahierung und Substantivierung kennzeichnen mehr und mehr, ach was: «in zunehmendem Maße» die öffentliche Rede und die Alltagssprache. Die Bürger der DDR waren nach der Wiedervereinigung zeitweise arbeitslos? Nein, sie «waren von Phasen der Arbeitslosigkeit betroffen». Wurden Juden in den USA diskriminiert? Nein, sie «waren Diskriminierung ausgesetzt». Menschen werden auch nicht verschleppt, entrechtet und gedemütigt: Sie sind «von Verschleppung, Entrechtung und Demütigung Betroffene», was den Akzent von den Taten weg auf das viel wichtigere seelische Befinden, nein: auf die psychologische Befindlichkeit verlagert.

Solche Nominalisierungen, die «in der Summe» die Sprache und über sie «in der Breite der Gesellschaft» die Weltsicht verändern, werden «in Serie» verwendet, doch können «in der Kürze der Zeit» beziehungsweise der Enge des Raums hier nicht alle berücksichtigt werden. Fest steht, es trifft Verben, Adjektive, Adverbien und was nicht alles. Im Straßenverkehr gibt es keine «tödlichen Unfälle» mehr, sondern bloß kaltblütig zu verbuchende «Unfälle mit Todesfolge», auch wird es nicht mehr bis zu 37 Grad heiß, sondern es «werden 37 Grad in der Spitze». Dinge geschehen nicht nach, sondern «in der Folge des Mauerfalls»; Weihnachten muss man nicht «egal, wie», sondern «egal, in welchem Style» hinter sich bringen, und Annalena Baerbock ruft nicht dazu auf, zuversichtlich zu sein und zu handeln, sondern: «Wir brauchen jetzt die Zuversicht des Handelns», was immer das genau sein mag.

Verben sind dynamisch und bringen Schwung in die Sache. Substantive bringen ein Geschehen zum Stillstand, frieren es ein. Wo aber ein Vorgang, eine Entwicklung nicht zum Verschwinden gebracht werden kann wie im Wort «Demokratisierung», lenkt man ab, wenn es «Demokratisierungsprozess» heißt, an die Stelle der «Erneuerung» der inhaltlich entkernte «Erneuerungsprozess» tritt, die Modernisierung dem «Modernisierungsprozess» weicht.

Der Akzent verlagert sich von Inhalt und Ziel – also Erneuerung, Modernisierung, Demokratisierung – auf die Bewegung selbst.

Eine Aussage entleeren, dazu eignet sich der «Prozess» überhaupt gut. «Demütigungsprozesse» kennt die Schriftstellerin Helene Hegemann im *Spiegel*-Interview, womit nicht mehr die Demütigung im Zentrum steht, sondern nebulöse Prozesse. Wie schon Roland Barthes erkannte, dienen Substantive zur «Verschleierung der Wirklichkeit», damit im Sinne der Herrschenden der Status quo in Politik, Gesellschaft und Wirtschaft betoniert wird. Die Herde aber, statt aufzumerken und bockig zu sein, bedient sich willig weiterer Mittel der Vernebelung. Deshalb gibt es «Opferzahlen» zu beklagen anstelle vieler Opfer, und bei Gewalt ist «oft das Thema Alkohol im Spiel», obwohl in Wahrheit Alkohol im Spiel ist; als Thema spielt er bei Gewalt selten eine Rolle.

Häufig eine Rolle bei der sprachlichen Abstrahierung von der Realität spielt auch die «Situation»: Der Fußballradioreporter schildert nicht die Stimmung im Stadion, die unbeständig, veränderlich ist, sondern berichtet von der «Stimmungssituation». Besonders schön: Es gibt keinen «Stress» mehr, sondern nur noch eine «Stresssituation», und statt von einer angeschlagenen Gesundheit zu reden, heißt es: «Die Gesundheitssituation war angeschlagen», was ein Ding der Unmöglichkeit ist.

Deutlich wird der Sinn und Zweck solcher Sprachmittel spätestens, wenn die «Funktion» bemüht wird und der Mensch eine «Vorbildfunktion» übernehmen muss, also zu funktionieren hat: «Substantive», schreibt Roland Barthes, «verfügen über eine Setzungsmacht, die darin besteht, dass sie ‹funktionieren›, also die Leute zum Appell rufen und sie in diesem Sinne als Subjekte, nämlich Unterworfene konstituieren.»

Substantive bringen Sachverhalte auf den Begriff. Begriffe stehen fest und ordnen die Wirklichkeit, bis sie festgefahren ist. Diese Wirklichkeit eignen sich Hinz und Kunz denkend und sprechend an; die Sprache formt ihr Denken und das Denken ihre Sprache. Auch Ihre, liebe Leser und Leserinnen!

Sooo getuhlvoll!

Dass Privatsender mit Volldampf voraus auf «Emotion pur» statt auf den Verstand setzen, ist nicht neu; sie müssen es, weil Grips nicht jeder hat, aber Gefühle. Ebenso alltäglich geworden ist es, dass Firmen in ihrer Reklame weidlich die von der rot-grünen Schröder/Fischer-Regierung geschaffene Möglichkeit nutzen, metertief Emotionen auszubeuten, die mit der beworbenen Ware nichts zu tun haben: Wer Bier säuft, rettet den Regenwald und berauscht sich an dem Gefühl, Gutes zu tun.

Gut verkaufen müssen auch die Zeitungsverlage ihre Produkte, weshalb im Gerangel um geldwerte Aufmerksamkeit seriöse Presseorgane sich online in knatternde Boulevardmedien verwandelt haben und selbst die alte, bildungsbürgerliche Wochenzeitung *Zeit* mal eine «Online-Plattform für Geschichten, Ideen und Gefühle» von der Leine ließ, deren Chef unverhohlen erklärte, die dort veröffentlichten Geschichten sollten emotional wirken, nämlich «viral gehen», also krank machen.

«Nicht intellektuell tiefgreifendere, sondern emotional tiefgreifendere Geschichten» fordert dementsprechend der Fotojournalist Mads Nissen in der ewig jungen, bildungsbürgerlichen *taz* und jammert: «Menschen sehen eine Fotografie, lesen einen Artikel, aber sie fühlen nichts.» Anscheinend sieht er selber keine Fotos und liest keine Artikel, sonst hätte er längst gemerkt, womit das Publikum gestopft wird: mit Bildern und Texten, die 2015 beispielhaft zum «Jahr der Gefühle» machten, wie das *Göttinger Tageblatt* in seinem Jahresrückblick juchzte.

Für die Jahre davor und das aktuell abgespulte dürfte das genauso gelten, obwohl ein «Jahr der Gedanken» mal eine schöne

Abwechslung wäre, ein Jahr mit viel Reflexion statt Schubkarren voller Emotion. Zwar ist es nicht so, dass die Gefühle jedes Mal fingerdick aufgetragen werden; vielmehr genügt manchmal ein einziges Wort im Untertitel einer Nachricht, um den ganzen Text emotional zu durchsäuern: «Leider ist ihr Votum nicht bindend», jammerte die *taz* demonstrativ über eine begrüßenswerte, aber fehlgeschlagene Initiative von EU-Abgeordneten in der Flüchtlingspolitik – und mancher Leser wohl auch über die Aufhebung der Grenze zwischen Nachricht und Meinung, Bericht und Appell.

«Weniger Info, mehr Atmo», wünschte sich einst der Dichter Peter Rühmkorf. Von der leichten Atmo ist es ein Schritt zur schweren Emo, weshalb eine Zeitung nach den Terroranschlägen in Paris 2015 ein seitenlang dahereierndes «Gespräch über Angst, Schmerz und Mitgefühl in Zeiten der Krise» führte: «Haben Sie versucht, sich in den Schmerz der Betroffenen hineinzufühlen?», wurde die US-amerikanische Schriftstellerin Leslie Jamison gefragt, die ein knackdickes Buch mit «Empathie-Tests» verfasst hat und als «Empathie-Verkäuferin» auf dem Planeten hausieren geht. Ach, hätte der Psychologe Edward Titchener 1909 mal nicht die deutsche «Einfühlung» als «empathy» ins Englische übertragen!

«Mitgefühl und Liebe zu Leidenden ist bequemer als Liebe zum Denken», wusste Oscar Wilde; es ist auch lukrativer. Die geschäftstüchtige Erfindung der «emotionalen Intelligenz» liegt einige Jahre zurück und hat mittlerweile eine steile «Empathie»-Konjunktur erzeugt. Einfühlung und Mitgefühl sind menschlich; Vernunft, Erkenntnis und Analyse hingegen werden schnell als unmenschliche Störfaktoren empfunden. Die USA segeln voran: Als Juraprofessoren in einem Nachruf den 2016 dahingegangenen Richter am Obersten Gerichtshof Antonin Scalia als reaktionär einstuften, sollten sie den Artikel zurückziehen, weil er die tränensackschweren Gefühle jener Studenten verletze, die Scalia bewundern.

Die Infektion mit dem Virus Emotion kann dumm und ignorant

machen. Wenn Diskutieren und Argumentieren zu Feindesland werden, weil keine Meinung die eigenen Gefühle anknabbern darf, wird die Luft stickig. Zwar muss man nicht gleich mit Mann und Maus die Demokratie untergehen sehen, doch die virale Wirkung hat bereits eingesetzt, wenn wegen «gefühlter Unsicherheit», aber ohne echte Bedrohungslage die «gefühlte Sicherheit» gewährleistet werden muss und dafür Freiheitsrechte eingeschränkt und Milliarden Euro oder Dollar in die Sicherheitskräfte investiert werden müssen.

Gezielt gestreut wird der Keim, aus dem Einverständnis sprießen soll, schon, wenn die Regierung – um eine andere Tür aufzumachen – «gerne» vors Volk tritt: «Wenn Sie etwas über meine Arbeit als Bundesministerin für Umwelt, Naturschutz, Bau und Reaktorsicherheit erfahren wollen, schauen Sie gerne auf die Seite des Ministeriums» – um gerne zu erfahren, was einen zornig macht? Ebendem soll das Wörtchen vorbeugen, indem es die Leute freundlich stimmt oder wenigstens herunterdimmt.

Die Presse nimmt die Vorlage gern auf und streut selber ein Vademecum-Wörtchen ein, wenn's bei allem Gerne-so-Tun trotzdem nix wird, ob mit der schönen neuen Ökonomie oder der Ökologie: «Geldgeschäfte im Internet sind leider nicht so sicher», «Bio leider auch nicht besser fürs Klima», seufzt die gerne grüne *taz*.

Zugegeben: In dem von Bürokraten, Technokraten und Ökonomen beherrschten Staat bestimmt die rechnende Vernunft, die planende Ratio, das Kalkül, wo's langgeht, eine «bürgerliche Kälte» (Theodor W. Adorno) durchdringt die Gesellschaft oder doch ihre maßgeblichen Teile. Deshalb gibt es in der verwalteten und verwirtschafteten, auf Effizienz und stolperfreies Funktionieren zurechtgehämmerten Welt einen unbefriedigten Bedarf nach Gefühlen. Ob der aber wirklich vorn und hinten befriedigt oder bloß mit Surrogaten gerne abgespeist wird, kann jeder selbst entscheiden, der seine «Freunde» auf Facebook zählt, seinem Smartphone zärtlich zugetan ist und Dinge nicht länger nur mag, sondern bekennt: «Ich liebe Erdbeereis.»

Ein billiges Beispiel, aber es steht dafür, dass die «Liebe» keine Liebe ist, sondern sich in Dunst aufgelöst hat und auf diese Weise jede aufs Aufbauschen von Gefühlen gerichtete Rede infizieren kann. «Wir sind verliebt in Zebrastreifen», gestehen Aktivisten, die sich für Fußgänger einsetzen – wo die Liebe eben hinfällt!

Ein anderes, klitzekleines, aber gerne zu besonderer Wirksamkeit aufgeblasenes Virus ist – das geliebte Wörtchen «so».

«So» ist ein Funktionswort, das vielerlei Zwecken dient. Unter anderem befällt es Sätze, in denen ein sachliches «sehr» genügen würde – also nicht genügt: «Ich litt so unter schlechter Haut, als ich in meinen Zwanzigern war», greint die Schauspielerin Kate Winslet in der Berliner *BZ*. «Die Leute sind so gestresst. Jeder fühlt sich sicher, aber so allein», wimmert eine französische Stylistin im *Spiegel*. «Junge Leute sind so enttäuscht», weint die *taz* aus welchem Anlass auch immer; dabei hat es «so vielversprechend begonnen», heult wiederum der *Spiegel*.

Ein «sehr» wäre bloß Info, das «so» aber manscht die Emo bei, in der ein Ego Zustimmung erheischt. «Man liest es leicht, mit Anteilnahme an seinen so sympathischen Figuren», knuddelt in der *taz* ein Rezensent ein Buch.

Blöd nur, wenn vor lauter Emo die Info Beulen kriegt! In München trug ein Flüchtling ein Pappschild, auf dem «I am so afraid of the police» stand. Das Ich, das seine eigene, «so» wichtige Sicht der Dinge unterzurühren pflegt, stellt sich damit explizit in den Mittelpunkt, die Folge: Die Aufmerksamkeit bleibt zuerst wegen des Ich und zuletzt dank des «so» an der einzelnen Person kleben, obwohl die Allgemeinheit, an die sie sich wendet, besser schnurgerade die mutmaßliche Ursache der Angst anpeilte: die Polizei! «Mutmaßlich» deshalb, weil die Ursache der Angst, da der Flüchtling sein Ich in den Vordergrund rammt, im Ich zu finden sein kann. Hätte der Mann wenigstens ein «Wir» austrompetet und damit die Gesamtheit der Flüchtlinge einbezogen, wäre die politische Spitze klarer und der Wunsch nach Empathie, besser: nach Solidarität durch die Gesellschaft unmissverständlich. Die Egozentrik aber macht die politische Aussage flügellahm.

Doch ob Ich, ob Wir: Das «so» ist überflüssig. Ohne es gewönnen die anderen, die bedeutsamen Worte an Gewicht: erneut ein Beleg, dass Gefühl und Gedanke nicht nahtlos zusammenglucken können.

So wenig wie Gedanken sind Emotionen ein Wert an sich. Sechs verschiedene gibt es: Freude, Trauer, Überraschung, Ekel, Angst, Wut – sie alle können gut oder schlecht sein, nicht anders als Gedanken, Ideologien, Theorien. «Suche feinfühlige Gartenhilfe», stand 2019 in der *Rotenburger Rundschau* als fette Überschrift über einer Kleinanzeige. Darunter war in Normalschrift zu lesen: «mit Kettensäge».

Alles Märchen

Es war einmal ein Land, das veranstaltete eine Fußballweltmeisterschaft. Die bot zwar eher schlechten Sport, sodass man sie nach dem letzten Schlusspfiff getrost hätte vergessen können. Allein die Mannschaft der gastgebenden Nation hatte besser gespielt als erwartet und damit ihre Fans patriotisch verhext. Eine gute Fee hätte erscheinen sollen, um diesen Bann zu lösen, doch es kam ein böser Zauberer, der stattdessen einen Dokumentarfilm zusammenbraute, den er «Deutschland, ein Sommermärchen» nannte. Das war 2006, und seither lastet ein Fluch auf dem Land.

Wer zum Beispiel im *taz*-Archiv stöbert, kriegt noch heute fast 500 «Sommermärchen» erzählt, und wer bei Google sucht, findet buchstäblich tausendmal mehr. Nicht nur kehrte das Märchen-Virus pünktlich zur Fußballeuropameisterschaft 2008 zurück, als

Bild am Sonntag mithilfe Hunderter Fan-Videos ein weiteres «Sommermärchen» ausbaldowerte. Sondern die märchenhafte Krankheit trat auch bei der Fußball-WM 2010 auf, als nach dem Auftaktsieg der Schweiz über den späteren Turniersieger Spanien ein «Sommermärchen in der Alpenfestung» (*Stern*) beschrien wurde – aus dem die Älpler fest in die Wirklichkeit zurückkatapultiert wurden, als die Schweiz trotzdem in der Vorrunde ausschied.

Naturgemäß unbeeindruckt von der Wirklichkeit gaben und geben sich Sportpropagandisten, Journalisten und Reklamefritzen. Der Bayerische Landes-Sportverband pries seine «Sportcamps» als ganzwöchige «Sommermärchen» an; «sommermärchenhafte Nächte» bot *lastminute.de* feil, «ein Sommermärchen in den Kitzbüheler Alpen» und ein «Sommermärchen» im «Alpennationalpark Berchtesgaden» gehörten wie der Reisekatalog «Deutschland – ein Sommermärchen» der Ameropa zum Repertoire der Märchenstunden im Tourismusgewerbe. Entsprechend infiziert waren die Urlauber: Als ein Mountainbiker im Sommer 2010 im Harz verunglückte und erst nach Tagen gefunden wurde, wurde seine Rettung bei seinen Freunden daheim prompt zum «Sommermärchen». Dito erlebten zwei Burschen, die im selben Jahr Südtirol durchwanderten, ihre Reise als «Sommermärchen» und mussten das der Welt lang und noch viel breiter mitteilen (*outdoormemme.de*), denn Märchen hängt mit mären zusammen.

Bei Journalismus und Reklame ist die Sache klar, weil das Märchen den Nebensinn «Schwindel» und «Lüge» hat. Dass auch Hinz und Kunz den Märchenonkel machen, hat eine andere, ebenso banale Ursache: Sie wollen aus der öden Wirklichkeit in eine schöne Traumwelt fliehen. Für solche Träume gab es früher zum Beispiel den märchenhaften Orient, aber der ist entzaubert. Die «Sommermärchen» und, auch die sind seit der Handballweltmeisterschaft 2007 en gros zu haben, «Wintermärchen» aber – sind es ebenfalls, sind gewöhnlich und trivial geworden.

Entsprechend erfolgreich sind sie; allen voran das erste, des Filmemachers Sönke Wortmann national tönendes «Sommermärchen». Der Titel spielt auf Heinrich Heines satirische Versepen «Atta Troll. Ein Sommernachtstraum» und «Deutschland. Ein Wintermärchen» an. Da letzteres «Opus nicht bloß radikal revolutionär, sondern auch antinazional ist, so habe ich die ganze Presse natürlich gegen mich», konnte Heine sich rühmen. Sein Opus appellierte an den Geist; Wortmann hingegen schürt Emotionen. Die hat, anders als Verstand, jeder, und deshalb spricht sein «Sommermärchen» Millionen an.

Leider auch Millionen Frauen, insbesondere die Fußballfrauen. «Werkeln am Sommermärchen», titelte *spiegel.de* eine Vorschau auf die Frauen-WM 2015. «Ich glaube, die Frauen werden ihr eigenes Sommermärchen schreiben», sagte wie bestellt Deutschlands Spitzenschiedsrichterin Bibiana Steinhaus. «Wir hoffen natürlich auf ein zweites kleines Sommermärchen», unkte auch Marc-Oliver Huhnholz vom Deutschen Brauer-Bund. Selbst die Augsburger Puppenkiste drehte am Rad beziehungsweise Ball und ging mit dem Stück «Steffi – ein Sommermärchen» auf Tournee, in dessen Mittelpunkt ein «junges, aufgewecktes und wahnsinnig fußballbegeistertes Mädchen» steht.

Der Wahnsinn befällt sogar die Duden-Sprachberatung, die in einem Newsletter folgenden Beispielsatz zur Kommaregel schreibt: «Weder hatten beim Sommermärchen 2006 unschöne Aktionen die fried- und freudvolle Atmosphäre gestört noch ist eine solche Störung für das kommende Sommermärchen zu erwarten noch würde ein Komma vor den beiden *noch* in diesem Satz stören.» Sondern das Einzige, was an diesem Satz stört, ist, dass er eine Mär verbreitet, denn nach der Halbfinalniederlage Deutschlands gegen Italien 2006 gab es Störungen der fried- und freudvollen Atmosphäre.

Doch wo Märchen erzählt werden, sind Ehrlichkeit, Faktentreue und Wirklichkeitssinn nicht vonnöten. Kein Wunder also, dass im-

mer neue aufgetischt werden. Die Winterolympiade 2018 wurde
nicht mit der Gier nach nationaler Größe und fetten Geschäften,
sondern als traumhaftes «Wintermärchen» beworben, und die
Fußballeuropameisterschaft 2021 sollte, als das Achtelfinalspiel
England gegen Deutschland bevorstand, bittebitte wieder ein
«Sommermärchen» werden. Wahrlich, diese Märchen für Erwachsene nehmen kein Ende, und wenn wir gestorben sind, leben sie
noch immer fort.

Das 80-Millionen-Ding

«Ich habe so viele Formulare ausfüllen müssen, dass es mir bald lieber wäre, mein geliebter Mann wäre überhaupt nicht gestorben»,
soll einmal, glaubt man Sammlungen unfreiwilliger Komik, eine
Witwe an die Versicherung geschrieben haben. Ein ähnlicher Stoß-
seufzer konnte sich im Frühjahr 2015 einem nüchternen Beobach-
ter nach dem Absturz eines Airbus in den französischen Alpen
entringen, bei dem zahlreiche deutsche Insassen den Tod gefunden
hatten. Was für sie, ihre Freunde und Angehörigen ein furchtbares
Unglück war und für die Lufthansa sowie vielleicht ihre Aktionäre
ein schwerer Schaden, wurde von Politikern und Medien als natio-
nale Katastrophe beheult, mit Flaggen auf halbmast, Schweigemi-
nute im Bundestag, Trauerflor am Trikot der deutschen Fußballauswahl bei ihrem Spiel gegen Australien sowie einem damaligen
Bundespastor Joachim Gauck, der sich als ungebetener Gast an die
Hinterbliebenen ranwanzte, denn «ich bin ganz bei Ihnen».

Es fehlte nur, dass die Journaille, die die Nation rund um die Uhr
mit überflüssigen und pietätlosen Details auf dem Laufenden hielt,
mit einer Schlagzeile à la «Warum wir alle Airbus sind» aufge-
wartet hätte. Das Wir nämlich hat es ihr angetan, nicht erst seit-
dem *Bild* der Titel «Wir sind Papst!» gelang. Vom *Spiegel* bis
zur *Apotheken-Umschau*, vom *Göttinger Tageblatt* bis zur *Frankfurter*

Allgemeinen wird das Wir-Gefühl wachgerufen: «Warum wir Google fürchten», «Der globale Kampf ums Erdöl – Warum wir die Energiewende brauchen», «Wie wir Opel wurden», «Warum wir Deutschland mögen», «Wie uns der Fußpilz quält» und so weiter und so fort.

Wo Ich war, soll Wir werden, ließe sich Freuds Theorie fortschreiben. Wie in der Praxis daran gearbeitet wird, zeigte sich beispielhaft 2006, als hierzulande die Fußballweltmeisterschaft ausgetragen wurde. Die Werbekampagne «Du bist Deutschland» sollte die 80 Millionen Ichs verleiten, sich ans Vaterland, ans teure, anzuschließen, und wie zufällig kam in der Kampagne ein Foto aus der Nazizeit zum Einsatz, auf dem ein Spruchband mit der Parole «Denn du bist Deutschland» zu sehen war: Der Weg führt vom Ich über das Du zum Wir – wie man aus einem Volk eine Gemeinschaft macht, ist in Deutschland kein Geheimnis.

Die Politik ist der Wurmfortsatz der Wirtschaft, das dürfte auch kein Geheimnis sein. 2013 trat die SPD unter der Losung «Das Wir entscheidet» zur Bundestagswahl an, nachdem (nicht etwa: obwohl) bereits seit Jahren eine Leiharbeitsfirma mit diesem Slogan für ihr Tun geworben hatte. Unternehmen setzen aufs Wir-Gefühl, denn das Management braucht den Kitt, der die Belegschaft in seinem Interesse zur schlagkräftigen Truppe verschweißt: «Wie Sie das Wir-Gefühl in Ihrem Team stärken» und die «Teambildung voranbringen», lehren Fachmagazine und Netzseiten und wenden sich bezeichnenderweise nicht an das Team selbst, sondern an dessen Leiter, den Anführer.

Das «Wir» zielt auf die Vereinnahmung des Individuums, das aufs wichtigere Ganze eingeschworen wird, ohne die sozialen, ökonomischen und politischen Machtverhältnisse anzutasten. Dass es nicht die einzige Vokabel ist, die dem völkischen Zweck dient, dürfte nachvollziehbar sein, und ebendieses Verb zählt dazu. Statt zu begreifen oder dahinterzukommen, wird nachvollzogen – erklärlich in einer Gesellschaft, die zum Konsens, zum Gleichtakt strebt. (Um das Wort Gleichschaltung zu vermeiden.) Was man denkt, sagt und fühlt, muss nachvollziehbar sein, sonst geht das Gejammer los: Kann man die Gebührenforderungen von ARD und ZDF nicht billigen, so sind sie «nicht nachvollziehbar» (behauptet ein Politiker). Findet man die Herabstufung von Ländern durch die Rating-Agenturen ungerechtfertigt, so ist sie «nicht nachvollziehbar» (findet ein Volkswirt). Meint man, die Kritik an der Vorratsdatenspeicherung sei unbegründet, so ist sie «nicht nachvollziehbar» (meint ein Jurist).

Um Gemeinschaft zu stiften, ist Nachvollziehbarkeit gewünscht. Angela Merkel wusste es! Kritik an den Banken war und ist populär, also konnte die Kanzlerin «sie sehr gut nachvollziehen». Das sorgte für breite «Akzeptanz», doch sie hätte genauso gönnerhaft sagen können, sie nehme die Kritik ernst, also wie der Arzt eine Krankheit. Auf diese Weise sorgt eine Regierung für ein schönes Wir-Gefühl und dafür, dass sich nichts ändert.

Aber das ist «okay» – ein Wörtchen, in dem sich ebenfalls der Wunsch nach Zustimmung und Gemeinschaft kundtut. Der tobt sich selbst im Kabarett aus: Dieter Nuhr und Carolin Kebekus holen sich mit den geistverwandten Partikeln «ne?», «nich?» (Nuhr) beziehungsweise «ne?», «oder?» (Kebekus) alle naslang das Ja ihres Publikums ab, bis sie gewahr wurden, dass solches Buhlen um Einverständnis nicht gut zu einer bitteschön kritischen Haltung passt.

Frühere Generationen wurden nach dem rohen Prinzip von Befehl und Gehorsam erzogen. Die heutige wird schon im Kleinkindalter von den Eltern mit Okay-Fragen malträtiert und auf Einverständnis gedrillt; an die Stelle der offenen Gewalt tritt die feine psychische Zurichtung. Diese «These geht okay» (*Konkret*) – das können Sie sicher nachvollziehen?

Identität oder 0 = 0

Es dauert, bis aus Zugereisten Einheimische werden, nicht nur im dicksten Bayern und Schwaben. In der Zeitung berichtete 2014 ein Fußballanhänger, der 1990 aus dem Westen nach Leipzig übergesetzt hatte, dass er nach wie vor nicht als Leipziger wahrgenommen werde, obwohl er sich «mit Haut und Haaren als solcher» fühle. «Identität», klagte er, «wird auf das reduziert, was man vor 25 Jahren einmal gewesen zu sein glaubte.»

Es ist kein Zufall, dass Begriffe wie «Selbstverständnis» und «Selbstbild» in freier Wildbahn rar geworden sind, anders als das Modewort «Identität». Jene betonen, wie sich ein Mensch selbst sieht: Sie zeugen von der Freiheit des Individuums, drücken den Willen zur selbstbestimmten Entfaltung der Persönlichkeit aus und geben dem Eigensinn fett Raum. «Identität» hingegen steht im Zusammenhang mit einer Gruppe, einer Gemeinschaft, einer «Community» und klebt an fremden Erwartungen und Zuschreibungen.

Oft meint «Identität» daher das Gegenteil, die Rolle: Man spielt sie unfreiwillig wie der Leipziger, der den Wessi machen muss, oder freiwillig. So, als die Regisseurin Isabell Šuba 2012 in Cannes ihren neuen Kurzfilm präsentieren sollte: «Stattdessen», so las man in der Presse, «überließ sie ihre Identität der Schauspielerin Anne Haug», die in ihre Rolle schlüpfte. Ist diese hier etwas professionell Angeeignetes, Äußerliches, Zugeschriebenes, so scheinen im banal gebauten Alltag Person und Funktion eins zu werden: Ottilie Normalverbraucherin meint nicht, Rollen zu spielen, sondern hat diverse Identitäten im Köfferchen als Gattin, Mutter, Nachbarin, Freundin, Beamtin, Hobbymusikerin, Berlinerin, Deutsche – was Gottes Zoo halt so hergibt.

Anderswo ist es nicht anders, schon gar nicht in den USA. «Er geht als erster afroamerikanischer Chef der *New York Times* durch

die Schlagzeilen», schreibt eine deutsche Zeitung. «Doch das ist
nur eine von vielen Identitäten des 57-jährigen Dean Baquet. Zu
den anderen gehört, dass er aus einer Arbeiterfamilie stammt, die
in die – französisch inspirierte kreolische – Gastronomie von New
Orleans übergewechselt ist. Dass er nie ein Studium abgeschlossen
hat. Dass er den Pulitzer-Preis für eine Recherche über Korruption
im Stadtrat von Chicago bekam. Und dass er im Süden, im Norden,
aber auch an der West- wie an der Ostküste der USA gelebt hat.»

Genau genommen meint «Identität» wohl gar nicht Identität –
außer im primitiven Fall der nationalen Identität. Die wird von den
wenigsten als bloße Rolle verstanden, sondern dem Volksgenossen
schon vor der Geburt verpasst: Traditionell fußt sie auf der Abstammung, also der rassischen oder, zeitgemäß frisiert, ethnischen
Zuordnung, die die «Identität» in die Nähe der Blut-und-Boden-
Brühe rückt.

Die Rolle der nützlichen Idioten spielten Linke, die aus Lieb-
äugelei mit den Befreiungsbewegungen unterdrückter Völker das
Identitätsgefasel vom Zaun brachen. Jetzt sind es der Front National beziehungsweise Rassemblement National, der sich die «Er-
haltung der Identität Frankreichs», und die Pegida, die sich die
«Bewahrung der deutschen Identität» auf die Fahne pinseln; der
frühere Innenminister Hans-Peter Friedrich (CSU) tat schon mal
mit, weil «wir in der Vergangenheit mit der Frage nach der Identität unseres Volkes zu leichtfertig umgegangen sind». Was mag
die Identität eines Volkes aber sein?! Thomas Mann zum Beispiel
pochte darauf, «daß der Charakter eines Volkes nichts Starres,
unwandelbar Feststehendes und Endgültiges ist». Er schrieb das
1936, als Identitätsfragen in Deutschland brutal im Schwange
waren und er vor der mörderischen Antwort auf solche Fragen ins
sichere Exil ausgewichen war.

«Identität» verlangt Identifikation und erheischt beinharte
Dauer, nicht Wechsel und Veränderung, nicht Neues, Anderes.

Deshalb wollen die Leut nicht die wandelbare «Rolle» in den Mund nehmen: In einer Welt stetiger Veränderung suggeriert das Gesumse von Identität einen strammen Halt. Sie bezeichnet etwas Statisches, Unverrückbares, Unveränderliches und ist ein konservativer, wenn nicht reaktionär müffelnder Begriff. Die deutschen und französischen, um die völkische Reinheit ihrer Nationen besorgten «Identitären» heißen eben deshalb so.

Der anfangs «Kennkarte» genannte Personalausweis, englisch «identity card», wurde als Herrschaftsinstrument des Polizeistaats 1938 in Deutschland eingeführt. Um die darin festgetackerten persönlichen Merkmale wie Körpergröße und Augenfarbe geht es allerdings nicht, wenn jemand in allen Winkeln seines Wesens nach seiner «Identität» sucht. Da geht es um viel mehr – obwohl am Ende viel weniger herauskommt. «Alles, was (…) der Einzelne von sich weiß, das ist nicht er selbst. Woran er gebunden ist, mit dem geht er um, ist nicht schlechthin mit ihm identisch», wusste Karl Jaspers. «Wir (…) wissen, dass wir nie wissen, wer wir eigentlich sind, und dass wir uns wandeln können.»

Die Frage «Was bin ich?» lässt sich mit lockerer Hand beantworten, wie man seit Robert Lembkes legendärer Ratesendung weiß. Das Problem «Wer bin ich?» hingegen ist nie zu lösen – außer durch die Antwort, dass es Identität nur mit sich selbst geben kann, was auf die logische Formel $A = A$ hinausläuft, oder, meist besser: $0 = 0$. Oder um es schwerer und komplizierter zu machen: Man kann auch den Philosophen Georg Wilhelm Friedrich Hegel bemühen, der von Identität als dem «Selbst-Sein» sprach und kühl mitteilte, dass der Zustand des «Sich-selbst-gleich-Seins» erst im Tod erreicht wird. Das läuft ebenfalls auf die Null hinaus.

Mit der Null sind auch die verwandten Vokabeln «Authentizität» und «authentisch» zutreffend etikettiert. «Sollte man Autoren einladen», fragte die Autorin Helene Hegemann im *Spiegel* anlässlich des Klagenfurter Lesewettbewerbs, «die sich weniger auf ihre

Inhalte als auf die perfekte Konstruktion ihrer Authentizität kon-
zentrieren?» Und die Homepage *kino.de* behauptet, die «Passion
Christi» sei von Mel Gibson «völlig authentisch» verfilmt worden – obwohl man dazu leibhaftig in die Zeit vor 2000 Jahren hätte
zurückhopsen müssen; heute kann man, was im Schwarzen Loch
der Vergangenheit verschwunden ist, bestenfalls überzeugend nach-
spielen. Neymars «Gesicht wirkte authentisch», heißt es in einem
Buch über die Fußball-WM 2014 – kurz, alles erinnert steil an den
Satz: «Ehrlichkeit ist das Wichtigste im Geschäftsleben. Wer sie
vortäuschen kann, hat gewonnenes Spiel.»

Die zentnerschwere Frage nach der Identität (und nach Authentizität) richtet sich ans Individuum, aber die Antwort findet es traditionell bei seinesgleichen, im Kollektiv: in der Kirche, in der Partei, in der (Arbeiter-)Klasse, in der Firma, in der Familie, im Volk
und so weiter. Erst seit der neoliberalen Wende in den 1980er-Jah-
ren und der Auflösung vieler Gruppenbindungen sieht sich der
Mensch mehr und mehr als Einzelkämpfer. «So was wie Gesellschaft gibt es nicht», befand Englands Premierministerin Margaret
Thatcher: Man soll allein seines Glückes Schmied sein (und sich am
eigenen Schopf rausziehen, wenn ein Unglück geschieht). An die
Stelle kollektiver politischer Maßnahmen und Sicherungen (und
gewiss auch Hemmnisse) treten individuelle Entscheidungen; alle
Verantwortung liegt beim Einzelnen, dem Vereinzelten – sodass
die Kräfte, die in Staat, Gesellschaft und Wirtschaft den Ton an-
und den Takt vorgeben, fein raus sind.

Der Mensch ist aber kein autonomes Subjekt, sondern das Produkt auch seiner Umgebung, seiner sozialen Welt und kann sich
nur über andere Menschen kennenlernen und vervollständigen.
Deshalb braucht und sucht er eben doch Anschluss, nur dass es
eben nicht mehr wie festgeschraubt Kirche, Partei und so weiter
sein müssen; er hat die freie Wahl – und landet statt bei der Gesellschaft zum Beispiel bei der Nation, denn so was gibt es.

Mit Identität und Authentizität hat das alles in Wahrheit nichts zu tun. Wirklich authentisch ist nur der Autist, wenn überhaupt. Alle anderen sind niemals ganz sie selbst, schon weil nicht allein das Erbgut den Menschen in der Mangel hat. Das Individuum ist konditioniert durch die Gesellschaft, geprägt durch die Kultur, gezwungen, sich Umständen anzupassen, und muss mit den Leuten auskommen, die ihm das Leben serviert, weshalb manche Kritiker sogar so weit gehen, Nonkonformismus, das Ausscheren aus der prallen Masse, als Masche abzutun und, jawohl, als «unauthentisch» zu werten. Nun kann eine Masche (vulgo: Rolle, also so viel wie: Identität) durchaus Ausdruck einer Persönlichkeit sein; und vor allem: Von «Authentizität» zu reden, zeigt wenigstens Spurenelemente eines guten Willens, wenn es die Wertschätzung eines Individuums anzeigt. Das Wort in die Hand zu nehmen, um Abweichler zu disziplinieren, ist pervers, womöglich faschistisch.

Meistens freilich wird es wie alle Modewörter gedankenlos vernutzt, auch weil der eigene Wortschatz zu klein für die präzise Bezeichnung ist. Eine Sendung über Countrymusik verspreche, so das *Arte-Magazin*, «eine Suche nach dem authentischen Amerika jenseits von Hollywood und Wall Street». Warum Hollywood und Wall Street kein authentisches Amerika sind, wird naturgemäß nicht begründet, da es in diesem Leben nicht begründet werden kann; man erahnt aber, was gemeint ist: Es soll «ursprünglich» heißen, «traditionell», «bodenständig»; die Fachausdrücke «konservativ» oder «ewiggestrig» liegen auch bereit.

Vielen Nasen gilt Authentizität als Wert an sich. Doch es ist klar, dass sie niemals nicht keine Tugend ist. Auch ein Egoist, eine Nervensäge, ein Haustyrann, eine Opportunistin, ein Psychopath, ein Nazi leben und handeln in Übereinstimmung mit ihren Werten und sind «authentisch». Na toll!

Sprachliche Verschönerungsmaßnahmen

«Unser Dorf soll schöner werden», hieß ein 1961 ins Leben gerufener Wettbewerb. In ihm ging es weniger darum, die Qualität des dörflichen Lebens zu verbessern, als den Ort aufzuhübschen, weshalb die Initiative auch als «Blumenwettbewerb» bespöttelt wurde.

Noch älter dürfte die Aktion «Unsere Sprache soll schöner werden» sein, die gleichfalls darauf zielt, das hässliche Sein durch einen angenehmen Schein zu verdecken. Obwohl niemals öffentlich ausgeschrieben, nehmen seit jeher Politiker, Verwaltungsbeamte, Ökonomen und andere Autoritäten an ihr teil.

Das klassische Beispiel ist die jahrzehntealte Formel von den «sozial Schwachen», um wenigstens das Wort von den Armen aus der Welt zu schaffen. Dumm nur: Während der eine Tatbestand, die Armut, verhüllt wird, kriegen die Betroffenen freundlich lächelnd ein zweites Stigma verpasst, indem die Nebenwirkung dieses verbalen Placebos darin besteht, die Armen in die Nähe des Unsozialen, Asozialen zu rücken. Dabei kann man sie doch viel besser «die weniger privilegierten Teile der Bevölkerung» nennen und ihnen weismachen, sie hätten Privilegien, nur eben nicht so viele wie die Wohlhabenden und Mächtigen!

Es gibt nicht nur die Sklavensprache, weil sich die Untergebenen zu einer ihre wahren Ansichten kaschierenden Ausdrucksweise gezwungen sehen, sondern auch die Herrschaftssprache, die die wirklichen Machtverhältnisse verschleiert. Um den Leuten weiszumachen, dass sie nicht Zwangsmaßnahmen erfüllen – also regiert, geschurigelt und buchstäblich über Gebühr ausgenommen werden –, heißen die Bürgerämter in manchen Kommunen schon mal «Kundenzentren» und Einwohnermeldeämter «Bürgerservice», obwohl der Service der Verwaltung, der Exekutive, der Polizei dient und gegebenenfalls den Adressenhändlern.

Nicht minder verlogen war die Umbenennung der Gebühreneinzugszentrale GEZ in «Beitragsservice» oder des Arbeitsamtes in eine «Agentur für Arbeit»; dass, was einst ein ehrliches Kriegsministerium war, heute als «Verteidigungsministerium» firmiert, stößt den wenigsten noch auf. Auch an Wörter wie «Konflikt», «humanitärer Einsatz», «friedensstiftende» oder «friedenserhaltende Maßnahme» hat man sich gewöhnt; «Krieg» führen Bösewichte. Die Guten kümmern sich lieber um die Rettung der Umwelt, indem sie «saubere Treibstoffe» tanken, vor dem Abflug in den Urlaub fragen, ob «nachhaltiges Kerosin» zum Einsatz kommt, und irgendeine Partei wählen, die für ein reines Gewissen sorgt und zum Beispiel verspricht: «Wir werden den Aufwuchspfad der CO_2-Bepreisung straffen», denn solches Geschwurbel erspart die Lüge, etwas zur Rettung der Umwelt tun zu wollen.

Man möchte über viele der Beispiele gähnen, so banal sind sie geworden. Gleichwohl sorgen manch gut bekannte verbale Nebelkerzen immer wieder für Freude, auch im kreuzgewöhnlichen Alltag – die Sprache der Arbeitszeugnisse etwa. «Herr Riedl verfügt über Fachwissen und ein gesundes Selbstvertrauen. Besonders hervorzuheben sind seine zwischenmenschlichen Kontakte zu allen Altersgruppen» bedeutet: «Herrn Riedls Fachwissen ist schwach bei maßloser Selbstüberschätzung. Er war rotzfrech und beleidigte jeden, wo er nur konnte. Außerdem hat er ein Faible für Minderjährige.» (Hermann Ehmann: «Ich bin da ganz bei Ihnen. Das Wörterbuch der unverzichtbaren Bürofloskeln»)

Meistens ist das Schönreden so alltäglich, dass man es kaum noch registriert. Fußballtrainer werden «beurlaubt», Arbeiter «freigestellt», Arbeitslose zu «Kunden» des Jobcenters, und wenn ein Unternehmen Massenentlassungen plant, handelt es sich um ein «Gesundschrumpfen» – als seien die Beschäftigten überflüssiges Fett oder ein Tumor. Der Krebsschaden könnte aber die Chefetage sein. Vielleicht ist anstelle des einzelnen Unternehmens sogar das Wirtschaftssystem schwer krank, das scheinbar auf fairen «Wettbewerb» und tatsächlich auf knüppelharte Konkurrenz setzt.

Apropos «die Wirtschaft»: Dieses und «die Industrie» sind Wörter, die oft synonym für die Kapitalseite stehen, während die zig Millionen Arbeiter, Angestellten und Scheinselbstständigen verbal ignoriert und womöglich gänzlich aus der Wahrnehmung getilgt werden. «Wirtschaft verärgert über die Große Koalition», meldete die Presse über Angela Merkels «Treffen mit den vier Spitzenverbänden der Wirtschaft», mit BDI, BDA, DIHK und ZDH. Der DGB zählt nicht dazu; der vertritt in der patriarchalischen «Wirtschaft» bloß die Unmündigen.

Was die Herrschaft von Leuten hält, deren Interessen ihr im Weg stehen, illustriert darüber hinaus die globalisierungsfreundliche Formulierung von der «Angleichung» oder «Harmonisierung» des Rechts, was eine liebliche Umschreibung für dessen Abbau ist. Verantwortlich ist dafür niemand, weil es um die Sache (Neusprech: «die Menschen») geht.

Überhaupt, was heißt schon «verantwortlich»? Der moderne Trick besteht darin, von «Verantwortlichkeit» zu reden. Während man «Verantwortung» für eine Handlung trägt und womöglich zur Rechenschaft gezogen wird, bezeichnet die «Verantwortlichkeit» bloß die Zuständigkeit. Aus ähnlichem Grund tritt an die Stelle des «Verantwortlichen», der für sein Tun haftbar ist, der «Entscheidungsträger», der einen schweren Job hat, weshalb man es ihm nachsehen muss, wenn er eine falsche Entscheidung getroffen hat – zumal wenn der Unglückliche keine Wahl hatte, weil die Entscheidung «alternativlos» war und die Kritiker deshalb besser ihren Schnabel halten. Nun gibt es allerdings immer Alternativen – wer das abstreitet, ist entweder dumm oder gemeingefährlich.

Dank Winner-Gen auf der Gewinnerstraße

Martin Luthers Bibelübersetzung, 2017 überarbeitet auf den Markt gekommen, rechnet sich für die evangelischen Kirchen bis heute – und von dem Rummel um die Werbe-Ikone Luther profitierten sie im nämlichen Lutherjahr 2017 sowieso.

Die Lutherbibel ist seit 500 Jahren ein Premiumprodukt. Der Reformator verkauft sich gut als Begründer oder Promoter des Hochdeutschen; rentiert hat sich sein Tun auch für die Fürsten. Die wollten einen eigenen, von Kaiser und Papst unabhängigen Laden aufmachen, und Luther hat geliefert. Keine Frage: Die protestantischen Landesherren waren die Gewinner der Reformation.

Luther war ein Mann des Mittelalters, der das anbrechende Zeitalter der Geldwirtschaft nicht begriff. Sein Deutsch bezeugt es, es enthält kaum Wörter und Redensarten aus der Welt des Schachers. Stattdessen schmälte er ein ums andere Mal den «Abgott Mammon» (etwa 1541 in der «Warnung» an die Drucker seiner Bibel). Der aber dringt seit über 100 Jahren – zuerst unter dem Etikett Kaufmannssprache, heute als Businessdeutsch gelabelt – mächtig in die allgemeine Kommunikation.

Weil das kapitalistische Handeln und Denken mehr und mehr das Dasein der Leute formt, formt es mehr und mehr ihre Sprache. Die Beispiele sind banal, kaum jemand stört sich noch an ihnen: Die seinerzeitige SPD-Generalsekretärin und heutige Europa-Abgeordnete «Katarina Barley soll die sozialdemokratische Politik verkaufen». Olympische Spiele sind ein «Premiumprodukt», findet IOC-Präsident Thomas Bach. «Verkäufer, Dozenten, Sozialarbeiter können durch neurolinguistisches Programmieren profitieren», lockt ein Fortbildungsunternehmen und weiß sich augenscheinlich eins mit jenen professionellen Eierköpfen, die den Politikern empfehlen, die «psychologischen Bedürfnisse» der Bevölkerung als «gesellschaftliche Rohstoffe zu begreifen». Was sich hinter solchen

Formulierungen verstecken mag? Politiker wissen es und plädieren unverblümt für ein «Zuwanderungsmarketing». Von Marketing verstehen auch die Zeitungsverlage etwas, weshalb die unabhängige und überparteiliche Presse unverhohlen zugibt, «Produkte zu entwickeln», um, so beispielhaft das kleine *Göttinger Tageblatt*, «das GT noch stärker in der Wirtschaft zu verankern».

Infolge der «Ausweitung der Kampfzone» (Michel Houellebecq) durchdringt die Ökonomie alle Bereiche. Markenkern des Wirtschaftens ist der Profit, der Gewinn. Ergo breitet sich der auch verbal aus, etwa in der Politik: «Seine Partei gehöre zu den Gewinnern», glaubt der Niederländer Geert Wilders; in Peru gibt es einen «Gewinner der Stichwahl ums Präsidentenamt», meldet die Zeitung; eine andere weiß, «warum sich Peking für den wahren Gewinner der US-Wahl hält».

Schon junge Leute wollen nichts mehr als «einmal im Leben ein Gewinner sein» (*Fernsehsender One*). Sportler sind es. Deshalb treffen im Halbfinale die «Gewinner der Viertelfinalspiele» aufeinander; das wichtigste Golfturnier der Welt, das Masters, sieht als «Gewinner Danny Willett», und auch Schachpartien haben neuerdings einen «Gewinner» (*chessbase.de*); die Spiele in Tokio 2021 sahen «Olympiagewinnerinnen und Olympiagewinner» (*Titanic*), und im Fußball gibt es den «Champions-League-Gewinner» – Sieg und Meisterschaft sind eben nicht wahres Ziel und Zweck des Spiels, sondern nur das Mittel, um Gewinnst zu machen.

Versteht sich, dass Geldmaschinen wie «Promi Big Brother» oder «Deutschland sucht den Superstar» einen «Gewinner» haben. Überraschender schon, was Rocko Schamoni in seinem Roman «Sternstunden der Bedeutungslosigkeit» erzählt: «Alle zwanzig Minuten gibt's irgendwo Gerempel. Wir fangen an, auf Gewinner bei Schlägereien zu setzen.» Vermutlich raucht der Gewinner auch keine Siegerzigarre, sondern eine «Gewinner-Havanna».

Das ominöse Wort war mal beschränkt auf Lottogewinner und

erfolgreiche Teilnehmer von Preisausschreiben (eben «Gewinn-spielen»). Jetzt stempelt es jedweden Erfolg zur merkantilen Leistung. Wie ist es dann mit dem Misserfolg? Nun, Ende 2016 schaute der Formel-1-Pilot Nico Rosberg zurück auf «schwere Verluste in der Vergangenheit». Er meinte die früheren Niederlagen gegen seinen Rivalen David Hamilton. Schmerzlich waren die also vor allem finanziell.

Wie Rosberg, der dann doch Weltmeister wurde, ist der Kapitalismus auf der «Gewinnerstraße»; es gewinnt, wer das «Winner-Gen» (Meinungsforscher Klaus-Peter Schöppner) besitzt. Die englische Sprache besitzt es. Der «Gewinner» verdankt sich ihrer Hilfestellung, außerdem wohl dem Unbehagen am irgendwie kriegerischen (und damit den eigenen Konkurrenzgeist unangenehm bloßstellenden) «Sieg» – sowie dem schlichten Wunsch nach Simplizität: Es ist einfach zu schwierig, «Sieger» zu sagen, wenn jemand einen Wahlkampf, ein Spiel, einen Preis in einem Wettbewerb «gewonnen» hat. Also triumphiert der Gewinner sogar im Duden und im Lexikon: «Die Vorsitzende des Sportvereins überreichte den Gewinnern der Leichtathletikwettbewerbe ihre Pokale», lautet ein Beispielsatz auf *de.wiktionary.org*; den «Gewinner eines sportlichen Wettkampfs» kennt *duden.de*.

Wäre es da nicht doch angebracht, die Lutherbibel zu modernisieren? Schließlich sind die Kirchen große Wirtschaftsunternehmen. Dann hieße es im Alten Testament: «Aber der Gewinn kommt vom HERRN» (Die Sprüche Salomons); und im Neuen: «Aber Gott sei gedankt, der uns allezeit Gewinn gibt in Christo» (2. Korintherbrief).

Deutschsprachiges Nightcleaning oder English first

Es ist cool, trendy, hip und hot: Englisch. Deutsch ist nicht angesagt, bringt's einfach nicht, und es spitze, dufte oder knorke zu finden, wäre vollends Old School. Selbst wenn es um Deutsches geht, ist das Deutsche out: Ein Regisseur dreht einen lokalpatriotischen Kinofilm, der in seiner Heimatstadt Hannover spielt, und tauft ihn «Playground: Love»; «Drifting Paradise» heißt ein Dokumentarfilm über den Alltag Thüringer Jugendlicher. Ein Bühnenautor schreibt ein Stück über ein deutsches Zuhause und überschreibt es «Oh, it's like home». Eine urdeutsche Figur wie der Doktor Eisenbarth, in seinem Sterbeort Hannoversch Münden bislang Hauptfigur eines Volkstheaterschwanks, wird in einem Schauspiel des Titels «What a Man» auf die Bühne gebracht.

Folglich muss eine Anthologie deutschsprachiger Autoren, die sich mit den Grimm'schen Märchen beschäftigt haben, «The Secret Grimm Files» im Titel führen, während auf der «Berlin Art Week» die ausweislich ihrer Namen nicht allzu angelsächsischen Maler Thomas Scheibitz, Martin Eder und Franz Ackermann ihre Ausstellung «Painting Forever» nennen. Es trifft nicht nur die Eingeborenen, sondern auch die Zugezogenen: Eine Göttinger Ausstellung über die lokale Geschichte der Einwanderung heißt «Movements of Migration», und eine Schallplatte, die sich den von Migranten nach Deutschland mitgebrachten Musiktraditionen widmet, trägt den Titel «New German Ethnic Music».

Eingestandenermaßen ist der Einfluss der englischen Sprache und der angelsächsischen Kultur auf jede Kultur und Sprache unmöglich zu ignorieren. Je englischer beziehungsweise US-amerikanischer die Welt wird, desto mehr muss man sich angelsächsischer Worte und Begriffe bedienen, um sie angemessen zu beschreiben. «Vom Backend durch die Firewall an der Middleware vorbei bis zum Frontend arbeiten die Webentwickler:innen gemeinsam mit einer User-Experience-Expertin» deshalb daran, eine nach Urvätersitte gedruckte Zeitung in die wunderbare neue Welt der digitalen Magie hinüberzuretten.

Die menschliche Veranlagung als Herdentier führt indes dazu,

dass sich neben nützlichen, unentbehrlichen und schönen Fremdwörtern aus Opportunismus, Angeberei oder Gedankenlosigkeit
überflüssige und alberne Anglizismen verbreiten: «Deutschspra-
chige Reinigungskräfte in Herborn für Nightcleaning gesucht»,
annoncierte jemand in der *Dill-Zeitung*. Das muss man wohl liken
(mögen) – oder cringe finden (zum Fremdschämen), weil mit dem
Nightcleaning statt einer Grenze mal wieder eine «rote Linie»
überschritten wird.

Das Deutsche kennt die roten Zahlen, den roten Heller, den
roten Faden, das rote Tuch, den roten Teppich, man kann etwas
im Kalender rot anstreichen und rotsehen, eine rote Linie aber gibt
es nirgends. Das heißt, es gibt sie, aber weit draußen, in den USA:
Dort pflegten Versicherungsvertreter um Bezirke, in denen die armen Leute wohnen, auf Stadtplan und Landkarte eine rote Linie zu
ziehen.

Es muss hier, so altmodisch er klingt, der Begriff «Kulturim-
perialismus» ausgepackt werden. Der macht sich schon im Kleinen
bemerkbar, wenn der *Spiegel* mit «New York City» die US-amerikanische Nomenklatur übernimmt, obwohl die Stadt im Deutschen
schlicht New York heißt (und wenn man den Bundesstaat meint,
spricht man vom «Staat New York»); ähnlich verhält es sich mit
«Mexico City» statt «Mexiko-Stadt». Nachdenklich stimmt es,
wenn Oliver Polak seine Netflix-Serie «Your Life is a Joke» nennt
(dein Leben ist ein Witz, aber mach dich mal locker!) und Amazon
Prime Video seine deutschen Zuschauer mit einer deutschen Sendung namens «Last one Laughing» bespaßt. Wer zuletzt lacht, has
here namely not the longest cable, but a strong character! And both
companies one at the waffle.

Lustig kann man es finden, dass der alte Gummiadler durch ein
supercooles «chicken» ersetzt worden ist. Grotesk jedoch wird es,
wenn die *taz* einem Gemälde des Holländers Nicolaes Maes von
1655 den englischen Titel verpasst: «Eavesdropper with a Scolding

Woman»; die Leser wissen selbstverständlich, dass der «Eavesdropper» eine Lauscherin ist und was «scolding» bedeutet, «schimpfend» nämlich. Nur der Autor wusste es nicht und pinnte die Unterschrift aus dem Internet ab, statt sie zu übersetzen. Gar verrückt wird es, wenn sich die einstige Hauptstadt der deutschen Literatur «Culture City of Europe» nennt, Reklame für ihren «Weimar Christmas Market» macht und ihn – alle Zitate stammen aus der deutschen Presse – den Lesern als «traditional, authentic, familiar, atmospheric» anpreist.

Dass der Globus im Zeitalter der Globalisierung global wird, ist eine Binsenweisheit. Dass die Welt groß und die angelsächsische nur ein Teil von ihr ist, schon weniger. Leute, die weltoffen sind und international denken, sollte es merkwürdig berühren, dass Fremdwörter aus anderen Sprachen kaum Eingang ins Deutsche finden. Das Englische ist mit seiner Schubkraft von Ökonomie und Politik freilich mächtiger als alle anderen. Sein Einfluss reicht inzwischen tief und verändert stellenweise sogar die Phonetik des Deutschen.

So gibt es englische Wörter, die vor Jahrzehnten die deutsche Staatsbürgerschaft angenommen haben, mittlerweile jedoch gern englisch ausgesprochen werden: Aus Doping [doːpiŋ] wird Doping [dəʊpiŋ], das Baby [beːbi] zum [beɪbi], welch letztere Form im Deutschen bisher der Geliebten, dem Schatz vorbehalten war. Wer sensible Ohren hat, konstatiert also, dass der Säugling sexualisiert wird; ein netter Beitrag zur Pädophiliedebatte.

Im Kulturfernsehen wiederum spricht eine Ansagerin das lateinisch-deutsche «versus» englisch aus; im Kulturteil der Zeitung werden zwei Sachbuchautoren interviewt, die gestehen, dass sie zu Beginn uneins waren und sich gekabbelt, nein: «gekäbbelt» haben; und im Politikressort schreibt jemand von «Twistigkeiten», weil derjenige die deutschen «Zwistigkeiten» nicht mehr kennt. Dafür kennt ein anderer ein flottes Wort und haut es gleich in seinen Artikel über die Geschichte der Konservendose rein: «Erfunden wurde die Konservendose im Zuge eines Pitches von Napoleon Bonaparte, der eine stattliche Summe für das Haltbarmachen von Lebensmitteln für seine Soldaten ausschrieb.» Da hat der Verfasser wohl selbst einen ziemlichen Pitch weg.

Er steht freilich nicht allein, und die Frage, die sich am Ende stellt, lautet: Macht es überhaupt noch Sinn, Glossen über dieses Denglisch zu schreiben? The answer, my friend: Vielleicht ja, mit Sicherheit nein, weil Dinge, Zustände und Handlungen niemals Sinn machen. Es ist der Mensch, der den Sinn macht; sodass, wer ein Ding verwendet, einen Zustand einordnet oder eine Handlung bewertet, sagen kann, dass etwas Sinn hat oder Sinn ergibt. Schon Luther wollte, «dass man wenig wort mache, aber vill und tiefe meynungen oder synnen mache», und Goethe urteilte über in Musik gesetzte Psalmen, dies sei «unglaublich original, ob man gleich sich erst einen Sinn dazu machen muß». Dass also ein Ding selbst Sinn macht, mögen Okkultisten behaupten – alle anderen wissen, dass «es» niemals Sinn macht. Sondern nur der Mensch.

Die gentrifizierte Sprache oder Once more English

Die deutsche Sprache hat einen großen Bauch und kann riesige Portionen Fremdwörter verdauen. Als Beispiel par excellence gelten die vom 17. bis 19. Jahrhundert, als Französisch en vogue war, eingewanderten Gallizismen, von denen viele längst perdu sind. Allerdings blieb der Zustrom wesentlich auf die höheren Stände beschränkt, während das Englische heute alle Schichten, das ganze Volk der Okay-Sager ergriffen hat – coole, hippe und crazy Beispiele aus dem Alltag kann wohl jeder vom «hearsay» anführen.

Zwar machen die Anglizismen nur 3,7 Prozent des Wortschatzes aus, doch werden sie womöglich häufiger benutzt als der Großteil der restlichen 96,3 Prozent. Das dürfte beispielhaft für die Jugend gelten, die lieber die Nase im globalen Wind hat, statt sie in

ollen deutschen Büchern zu vergraben. Bei der Wahl zum «Jugend-
wort des Jahres» gelangte 2011 mit «Swag» erstmals eine englische
Vokabel auf Platz eins, 2012 folgte «YOLO», die Abkürzung für
«you only live once» – nun gut, DLNE als Kurzform für «Du lebst
nur einmal» ginge nicht so flott von der Zunge. DULNE schon,
aber Scherz beiseite: Zuletzt waren es «lost» (2020) und «cringe»
(2021) – über die Verenglischung erstaunt, erschrocken oder ge-
nervt «sheesh» ausrufen, das kann, wer weiß, welche Vokabel 2021
auf Platz drei kam.

Ob die Älteren sich nun jung oder weltläufig geben wollen: Auch
sie tun viel, um langweilige deutsche Begriffe durch den Reiz der
Neuheit besitzende, scheinbar weltoffen klingende englische zu ersetzen: Die Leseliste im Uni-Seminar wird zur «Reading List» auf-
gemöbelt, nein: gestylt, weil die Kommilitonen aus den USA sonst
nicht wüssten, wozu Bücher da sind. Das Lernzentrum der Uni
nennt sich «Learning Ressources Center», damit die Studenten aus
Australien es nicht für einen Schlafsaal halten. Die Absichtser-
klärung einer niedersächsischen Stadtverwaltung heißt «Letter of
Intent», damit die Neuseeländer wissen, was Sache ist, und die Ein-
weihung einer Sportanlage findet am «Opening Day» statt, damit
sich wenigstens die Bewohner der Falklandinseln eingeladen wissen.

Dass Altstadt, Innenstadt, Zentrum und Stadtmitte zur «City»
wurden, entspricht der kapitalistischen Ideologie, deren Vertreter
den Stadtkern zuvörderst als Geschäftsviertel wahrnehmen – und
die inzwischen weitere Stadtteile gleichschalten wollen, indem sie
diese zu «Business Improvement Districts», zum «BID», aufnor-
den. Bereits improved ist der Sport: Nach Stretching und Stability-
Training auf dem Balance-Board macht man Slackline, treibt Jugger
und spielt Headis.

Dass dieser «Trend» sich abschwächt, wäre Wunschdenken,
wenn es nicht «Wishful thinking» wäre. Wo aber Gefahr ist, wächst
das Rettende auch, wusste Hölderlin – doch wächst es auf dem Mist

der Oppositionellen? Aber die sagen nicht Nein, sondern, wie in einer Greenpeace-Aktion, «NO zu Gentechnik!». Andere, wie die Protestierer in einem Hamburger Stadtteil, verzichten gleich ganz aufs biedere Deutsch, lehnen die Gentrifizierung als «Not in our name» ab und vollziehen sie in der eigenen Sprache. Die brauchen selbst Frauen nicht mehr, wenn es um ihre ureigenen Interessen geht: Unter dem Schlachtruf «Your body is a battleground!» fand ein Symposium in Frankfurt am Main statt, auf dem deutsche Feministinnen unter anderem über «self-managed abortion» diskutieren konnten, vermutlich selbstbestimmt auf Englisch.

Antimilitaristen bekämpfen die Bundeswehr unter der Parole «War starts here», für die sie in einer «Recruiting-Kampagne» werben; Fußballanhänger halten Transparente hoch, auf denen «I love football hate racism» steht; «Fight racism now!», «From protest to resistance», «Stop it!» lauten die Schlagzeilen einer Zeitungsbeilage. Womöglich wäre der Kampf gegen Krieg, Faschismus und Rassismus wirkungsvoller, wenn man die Adressaten, die man gewinnen will, in ihrer Sprache anspräche. Die Arroganz, sie von oben herab auf Ausländisch zu traktieren, passt besser zu Konzernen und Geschäftsleuten, die ihre Reklame nicht in die Sprache ihrer Kundschaft übersetzen und denen ihr weltweit gleiches Erscheinungsbild, ihr Apparat, ihr Betrieb, wichtiger ist.

Man schadet sich damit selbst. Wer in Berlin für soziale Gerechtigkeit demonstriert und Tafeln hochhält, auf denen nicht «Zahlt, ihr Arschlöcher» steht, sondern «Pay you fuckers», greift nicht die Arschlöcher vor Ort an, sondern buhlt narzisstisch um internationale Medienaufmerksamkeit, der das Anliegen wumpe ist.

Nur ein Schritt ist es vom Narzissmus zum Autismus. In Wien gingen Studenten und Dozenten gegen eine Hochschulreform mit Spruchbändern auf die Straße, auf denen «Squatting Teachers» zu lesen war – zum Glück hatten alle, die die Demo sahen, ein Wörterbuch Deutsch-Englisch dabei.

Okay, nein: halt, zugegeben, einverstanden, die Entwicklung vom germanischen Dialekt über die deutsche Hochsprache zur internationalen Verkehrssprache Englisch ist nicht aufzuhalten, sondern notwendig. Sowieso gibt es viele brauchbare Übernahmen und Entlehnungen, Wörter, die eine Lücke im Vokabular füllen oder nützliche Oberbegriffe bilden wie der «Flyer», der ein Flugblatt, ein Handzettel oder ein Faltblatt sein kann. Zwar fehlt dem Wort «Flyer» der große historische Resonanzboden, weshalb es schnöselig wirkt, dieses Wort anstelle des 500 Jahre alten «Flugblatts» zu verwenden. Aber die Jugend will halt Neues, weil sie selber neu ist.

Englisch ist ein Reservoir für Neubildungen wie Griechisch und Latein. Man nimmt sich, was man braucht, deutet es um wie beim «Handy», ursprünglich ein Adjektiv mit der Bedeutung «handlich, nützlich», oder wie beim «Public Viewing», das eigentlich die öffentliche Aufbahrung eines Toten bezeichnet. Oder man bastelt sich was mit mehr oder eher weniger Geschick zusammen wie «HappyGo» (ein Schuhladen), «Funny Drive» (eine Fahrschule) und «Fit for Future» (keine Ahnung).

Apropos keine Ahnung: Korrekt wäre «Fit for the Future». Aber who cares (scheiß drauf), Hauptsache ist, man macht sich sprachlich stark für Zukunft!

Das ist Fäkt, Digger! oder At least English

«Hallway Swimming, Desk Safari, Cat Bearding, Batmanning, Vadering, Mamming, Hadokening, Harlem Shake, Prancercise und 17 Millionen Sorten Selfies» erkannte die *taz* vor einigen Jahren als kommende Trends. Sie meinte es ironisch, während die Modemacherin Jil Sander im Ernst diesen Content ins *FAZ-Magazin* abseilte: «Mein Leben ist eine giving-story. Ich habe verstanden, dass man contemporary sein muss, das future-Denken haben muss.

Meine Idee war, die handtailored-Geschichte mit neuen Technolo-
gien zu verbinden. Und für den Erfolg war mein coordinated con-
cept entscheidend» – sowie eine sprachliche Technik, ja: Technolo-
gie, die Deutsch und English zeitgemäß und sogar contemporary
coordinated. Wow!

Die Beziehung zwischen Englisch und Deutsch ist – wo Jil Sander recht hat, hat sie absolutely recht – in der Tat eine gelungene
giving- und nehming-story mit lustigen «Punchlines», wo aus englischen «Models» und deutschen «Modellen» schöne «Modells»
werden, während Nina Hagen für andere junge Frauen schon mal
«das perfekte Rollen-Model» war. Das future-Denken erlaubt es
auch, Fremdwörter, die aus dem altmodischen Französisch eingewandert sind, durch moderne englische zu ersetzen, sodass
der hochnäsige aristokratische «Glamour» mit seinen blöden Ju-
welen und Seidenstoffen dem demokratischen «Glamor» mit seinen
Glasperlen und Plastikteilen weicht. Auch werden Begriffe wie
«Journalist» oder «Jury» viel hipper mit englischem Anlaut, das
belgische «Waterloo» sogar ganz englisch ausgesprochen – Globalisierung, Leute! Aus diesem coolen Grunde heißt es auch richtig
«Kälifornien», trägt Kolumbus den Vornamen «Christopher»,
kennt Franz Beckenbauer «Klässiker» unter den Fußballländer-
spielen und lädt die Zeitung statt zur anachronistischen Bierver-
kostung ganz handtailored zum «Biertasting».

Das knarzige Deutsch wird fit gemacht für die future! Zum
Glück ist das «nicht wirklich» («not really») schwer, weil beide
Sprachen sehr, oh no: «so» eng verwandt sind. Deshalb verändern
«so» viele Wörter unter englischem Einfluss ganz easy ihre behinderte alte Bedeutung und klingen vielleicht noch old-fashioned,
sind aber inwendig längst State of the Art.

Man kann zum Beispiel sein Essen auf Facebook «teilen» und
doch ganz allein vertilgen, also das Gegenteil tun. Verwandelt hat
sich auch die «Mission», die jetzt – bitte das «zu realisieren» (sich

bewusst zu machen) – eine Aufgabe, ein Ziel, ein Projekt, ein Unternehmen oder einen Feldzug bedeuten kann, weshalb noch die «Mission Barbarossa» das Licht der WK-II-Dokus erblicken wird. Lässt
sich sogar englisch aussprechen, yeah!

Deutsch muss englisch sein, oder es wird gar nicht sein, so ungefähr hat es ein namhafter Visionär vor einiger Zeit stylish auf den
Punkt gebracht. Dass er genau genommen statt über die Sprache
über Deutschland als Weltmacht schrieb, war natürlich Bullshit. Es
muss Global Player heißen, wir sind doch contemporary. Hey!

In der globalen Welt ist Deutsch Old School und muss New
School werden. Deshalb ist es auch allright, wenn ein Netzwerk,
das sich die Sorge um den Lehrernachwuchs auf die Fahne geschrieben hat, «Teach First Deutschland» heißt oder eine Ausstellung über den Sprachforscher Eberhard Zwirner, der das Deutsche Spracharchiv gründete, den (von The Police gemopsten) Titel
«Every Word You Say» trägt. In English, please! Schon damit sich
der entsprechend ausgebildete Nachwuchs später in der Firma mit
Dänen, Italienern und Chinesen verständigen kann. Und mit anderen jungen Deutschen! Oder ist es zu viel verlangt, auf Englisch
zu kommunizieren? Come on, Briten und Amerikaner können es
schließlich auch. Internationalisierung, that's it!

Und don't worry: «Am Ende des Tages», wenn die Nacht her-
einbricht, wird Deutsch entsprechend aufgepeppt und up to date
sein. In den Medien, der Wirtschaft und der Wissenschaft gehört
es schon heute zur täglichen «Routine» (ist Alltag), und «in» Reaktion auf die Anglisierung des Planeten sagt man «in» Englisch, was
auf Deutsch nicht halb so catchy klänge. Deshalb heißen die drei
Projekte, mit denen beispielsweise in Göttingen Soziokulturschaf-
fende auf Mittel von der Landesarbeitsgemeinschaft Soziokultur
hoffen, total contemporary: «Living Lab – Otfried's Garden»,
«Westside Culture (Clash)» und «Open the Outside». Man spotte
jetzt nicht über Leute, die ihre Outside offen haben! Man macht

keine Jokes über Social Startups und Social Entrepreneurship, got it, stupid?

Anyway! Die globale, ja glokale Kommunikation ist englisch geprägt, das ist, so schallt es aus dem Radio: «Fäkt» – und das Englische als Influencer, ja Intruder und Invader wie Exterminator besorgt es nicht nur der großen, weiten Welt, sondern macht sich last but not least auch im Intimsten breit. «Liebe machen» und «Sex haben» sind aus dem Englischen übersetzte contemporary Bezeichnungen für eine gefühlsbefreite, geschäftsmäßige Erledigung. «Warum Vagina sagen, wenn auch Pussy geht?», stellt die *taz* eine rhetorische Frage. Die liebliche «Muschi» hat sie nicht mehr im Angebot, wozu auch? Welche Bitch braucht denn so was?!

Der Sprache sein Geschlecht

Dass es nicht so übersichtlich ist, wie es die von einem Männlein und einem Weiblein bevölkerte Schöpfungsgeschichte suggeriert, dürfte seit dem Personenstandsgesetz von 2013 bekannt und in jedem Haushalt angekommen sein. Allen Geschlechtern auch jenseits der beiden Hauptfabrikate Gerechtigkeit widerfahren zu lassen, scheint allerdings unmöglich, zumal hier weit über eine feministische Reparatur der patriarchalisch durchwirkten Sprache hinauszugehen wäre. Doppelformen wie die scheinbar sauber gestanzte Rede von den «Lesern und Leserinnen» oder der Gebrauch des Binnen-I à la «LeserInnen» zeigen nur die ominösen zwei Geschlechter an, ebenso die Schreibweise «Leser/innen», die von ihren Sprecher/innen eine andere Intonation erheischt: Gewöhnlich wird nach einem Schrägstrich ein neues Wort (wie bei «und/oder») in den Satz gelassen, das hier erstaunlicherweise «innen» lautet.

Noch weniger hilft der ausschließliche Gebrauch des Femininums, weil die Behauptung, in der Form «Leserinnen» steckten die

«Leser» alle Mann hoch drin, auf der steinalten Verwechslung von Genus und Sexus beruht. Andernfalls wäre nur der Mann ein Mensch und die Person schnuregal eine Frau.

Sowieso bliebe das dritte Geschlecht ausgesperrt. Nun ist das Deutsche gut ausgerüstet und verfügt über ein drittes Genus, sodass man, frau und was auch immer das Neutrum gebrauchen könnte. Das schlug in fast schon grauer Vorzeit die Linguistin Luise Pusch vor: «das Leser». Im Plural «die Leser», so Pusch, wären sowohl Feminines («die») wie Maskulines («Leser») vertreten. Im Klartext: Wieder nur Stücker zwei Geschlechter!

Aber schon der Singular «das Leser» krankt daran, dass er dem Menschen das Leben ausquetscht und ihn, nein: es, das Leser, verdinglicht. Nicht zu einer Sache gemacht, sondern eher zu einem Kind verniedlicht würden die Menschen, würde der Vorschlag des erwachsenen Germanisten Thomas Kronschläger verwirklicht: Er nimmt Luise Puschs Idee die Schärfe, indem er an den Wortstamm ein lustiges «y» pappt: Aus «das Lehrer» wird «das Lehry». In der Mehrzahl klebt zusätzlich ein «s» dran: «die Lehrys». Das funktioniert auch bei zusammengestapelten Wörtern, das «Chefysekretäry» und die «Bürgymeistygehilfys» führen es vor. Mehr noch: Da das Verfahren nur für Personen gilt, kann man das «Drucky» zentimetergenau vom «Drucker» unterscheiden, den es bedient. «Es» ist der Drucky, der Mensch, nicht der Gegenstand.

Richtig menschlich ist also auch diese Methode nicht – nicht anders ihr Rivale: anstelle des krummen y, das aufs Peinlichste dem männlichen Y-Chromosom Referenz erweist, den Wörtern ein wohlgeformtes weibliches x anzupassen. Das propagiert Lann Hornscheidt, Professix an der Berliner Humboldt-Universität. (Sie selber sagt allerdings «Profx», aber um das aussprechen zu können, muss eine ebendas sein.) Wahrscheinlich liest das Professix keine Asterixhefte, in denen ausgerechnet die Männer von Obelix bis Troubadix das x gepachtet haben, während die Frauen Gutemine,

Galantine oder Vaseline heißen. Das grundernste Problem aber ist ein anderes: Auch dieses Kopfgeburtix hat außerhalb der akademischen Zirkel, in der freien Wildbahn, keine Überlebenschance.

Bessere hat das Präsenspartizip. Es tut erst mal geschlechtergerecht – doch bald schon spotzt die Semantik. Das Präsens bezeichnet eine Tätigkeit, die, liebe Lesende, in diesem Augenblick ausgeübt wird; wenn Sie das Buch erleuchtet zuklappen, sind Sie keine mehr, bleiben aber Leser oder Leserin (oder so ähnlich). Es kommt noch dicker, denn das Partizip hat weitere Löcher: Nicht alle Dichtenden sind Dichter. Lehrende müssen keine Lehrer sein, sie können Dozenten sein. Dozenten sind nicht zu jeder Tages- und Nachtzeit Dozierende, und Dozierende sind vielleicht gar keine Dozenten. Sondern Vorgesetzte. Oder Vorgesetzt-Seiende? Und was geschieht, wenn Dozenten die Arbeit niederlegen, sind sie dann «streikende Mitarbeitende»? Wenn sie im Verkehr verunglücken: «tote Autofahrende»?

Die nahezu einzigen deutschlandweit anerkannten Sonderfälle sind der Vorsitzende, die Afrikareisende und die Kulturschaffenden. Jenseits davon – im Betrieb, in der Dachkammer, in der Schule, an der Uni oder draußen vor der Tür – tickt die Welt anders. Zwar hat die Gesetzgeberin, der Gesetzgeber oder das Gesetzgeby, also das Gesetzgebende beziehungsweise Gesetz Gebende oder sogar Gesetz Gegeben Habende, in der novellierten Straßenverkehrsordnung die Radfahrer und Fußgänger mit einem Fingerschnippen in Rad Fahrende und zu Fuß Gehende verwandelt. Nun mag es Rad fahrende Angestellte geben, Rad fahrende Studierende aber nicht – ausgenommen Sportstudenten, die gerade Rad fahren.

Sowieso funktioniert das Ding allenfalls im Plural. Im Singular schiebt sich der/die/das Genus vor Auge und Ohr. Einen Ausweg bieten die Sonderzeichen *, _, : oder /, die vor der weiblichen Endung eingeschoben werden; oder frau greift zum Großbuchstaben und schreibt ausdrücklich für ihre LeserInnen.

Ob es dem Anspruch auf gerechte Repräsentanz gerecht wird, wenn andere Geschlechter als das weibliche durch ein Sonderzeichen oder eine Leerstelle vertreten beziehungsweise in Gestalt des großen I ignoriert werden, ist fraglich wie jede subtile Diskriminierung. Auch der Asterisk ist nicht der «König*innenweg», auf dem für alle sichtbar dem König das s-Schwänzchen fehlt.

Was also ist richtig und falsch? Das weiß bald keine_*R(/s) mehr. Die Folge: Es wird über «Inklusion und alle seine Nebenwirkungen» gegrübelt, die grüne Politik spricht «das hippe Klientel» an, aber «das Innenministerium bleibt bei ihrem Kurs». Das Fernsehen weiß: «Kunst hat eben seinen Preis», und das Radio warnt: «Korruption sucht sich seinen Weg!»

So sucht sprachliche Gerechtigkeit sich seinen Weg im wuchernden Geschlechterdschungel. Nun entspricht die Fixierung aufs Unterrum beziehungsweise Hinten zwar dem sexualisierten Zeitgeist. Doch müssten nicht auch Formen entwickelt werden, um Schwarze, Behinderte, Arbeitslose, Alte, Kleine, Kinder, Kranke, Dicke, Dumme, Rothaarige, Brillenträger und so fort sprachlich sichtbar zu machen und allen Leuten ins Bewusstsein zu drücken? Mit weniger sollte mensch sich nicht zufriedengeben. Gerechtigkeit hat seinen Preis!

Genus, Sexus, Gender

Sind Wörter Menschen? Schon antike Grammatiker bebrüteten die scheinbar abwegige Frage. Womöglich war es Pythagoras, der als Erster den genialen und dummen Einfall hatte, Substantive als «männlich» oder «weiblich» einzukasteln und den Rest im Fach «sachlich» abzulegen. Statt bessere Begriffe auszukochen, schreiben Linguisten und Lehrer das simple Rezept seither einfach ab, und die Leute glauben ihnen.

Es gibt quicklebendige Ausnahmen. Die Dänen packen vier

Fünftel ihrer Substantive in die Kategorie «commune» («gemeinsam»), der schmale Rest wird als «neutrum» eingetütet. Wer im Deutschen fein säuberlich Krankenschwester oder Krankenpfleger sein muss, ist im Dänischen egal «sygeplejerske». So bleibt den Dänen (und Däninnen, versteht sich) viel Unbill erspart.

Im Deutschen bereitet die Wahl zwischen der, die, das und ihren Varianten und Verwandten im großen, wilden Reich der Deklination nicht nur Deutsch lernenden Ausländern Kopfzerbrechen. Selbst Muttersprachler müssen manchmal würfeln, die darin einbegriffenen Muttersprachlerinnen ebenso; die die Muttersprache Sprechenden allerdings nur dann, wenn sie gerade sprechen.

Richtig denken, sprechen und schreiben ist eine Kunst und macht Arbeit. Der WDR, der unter dem Titel «Die Akte Schimanski» eine Dokumentation über «Die ersten fünf Jahre» der «Tatort»-Serie ausstrahlte, scheute sie nicht und unterschied nach gründlicher Durchsicht aller Listen säuberlich zwischen «beteiligten Drehbuchautoren, Regisseur*innen, Kameraleuten und Produzenten». Das mag im einzelnen Fall den Schatz menschlichen Wissens bedeutend bereichern; sein Gehirnschmalz aber darauf zu spezialisieren, macht am Ende jede Kommunikation zu einer Übung in Psycholinguistik. Fest steht: Zu viel denken macht die Sache nicht nur kompliziert, es kann die «Mitgliederinnen und Mitglieder» der deutschen Sprachgemeinschaft sogar in die Irre führen. Das gilt auch für die «Erstsemester und Erstsemesterinnen» der Linguistik, die hoffentlich noch das richtige Genus ausgraben und über «den» Kauderwelsch in puncto Genus, Sexus und Gender schaudern.

Kaum 200 Jahre nach Pythagoras hatte Aristoteles nachgebohrt und erkannt, dass Wörter kein Geschlechtsteil haben, genauer: dass Genus und Sexus nicht dasselbe, Grammatik und Biologie nicht eins sind. Weitere 2300 Jahre später entdeckte man wiederum seinen Fehler: Mit der Unterscheidung von grammatischem und natürlichem Geschlecht ist es nicht getan, sie müssen im Gegenteil astrein zur Deckung gebracht werden. Man war auf das Gender gestoßen, und ab sofort sollte die in allen Farben schillernde Geschlechtsidentität beim Sprechen und Schreiben nach außen gekehrt werden. Seither sucht die breite und manchmal ganz schön breite Sprachgemeinschaft – beziehungsweise ihre durch hochklassige Bildung oder mächtig brummenden Beamtenstatus privilegierte Schicht – nach Möglichkeiten, dem Dinge gerecht zu werden und den Rest Mores zu lehren.

Am billigsten wäre Gerechtigkeit vielleicht durch die Doppelform zu schaffen. Die in der Duden-Redaktion tätigen Grammatikerinnen und Grammatiker erachten diese Methode für die einzig richtige. Ob die Nutzerinnen und Nutzer der deutschen Sprache den Sprachwissenschaftlern und Sprachwissenschaftlerinnen willfahren, steht indes dahin – seit der willkürlich angezettelten Rechtschreibreform von 1996 hat sich die Autorität der Duden-Redakteurinnen und -Redakteure bei den Bürgerinnen und Bürgern, also den Sprechern und Sprecherinnen des Deutschen und namentlich den Schreiberinnen und Schreibern – insbesondere unter den Lehrern und Lehrerinnen sowie den Druckern und Druckerinnen, für die der Duden maßgeblich ist –, nahe null eingependelt.

Das Doppeln ist besser als die alte Praxis, den maskulinen Plural selbst dann vorzuschreiben, wenn zu 49 Redakteurinnen ein Redakteur hinzukommt und alle zu Redakteuren macht. Wenn die Zwillingsformel jedoch einen Text überbevölkert, erschwert sie die Lektüre und lenkt den überfütterten Geist vom Thema ab. Ebendas kann Zweck der Übung sein: um jeden Preis die Aufmerksamkeit aufs proppere Geschlecht zu richten, selbst wenn das zu sachlichen Fehlern verführt. Beispielsweise sollen «Nationalsozialist_innen» 1933 das Reichstierschutzgesetz formuliert und verabschiedet haben, obwohl im Reichstag keine einzige Frau mehr saß, die Verfasser des Gesetzes der Staatssekretär im Reichsgesundheitsamt Cle-

mens Giese und der Jurist Waldemar Kahler waren und Adolf
Hitler, der das Gesetz am 24. November 1933 unterzeichnete, eher
nicht Reichskanzlerin war.

Genau genommen genügt die Doppelform sowieso nicht, weil es
in Gottes irdischem Jammertal mehr als zwei Geschlechter gibt.
Das Deutsche hat das Binnen-I, den Querstrich, den Unterstrich,
den Doppelpunkt und das Sternchen für den Verkehr zugelassen,
gelegentlich stolpert man auch über die Auslassungspunkte, also
eine Form wie «Sprachkritiker…innen». Die je besondere, fein ab-
gewogene Bedeutung sei hier nicht weiter beschrieben; prinzipiell
sind sie alle nach mehr als zwei Seiten offen. Wichtig ist, dass «jede*r» oder «jede/r» beziehungsweise «einE jedeR», also «jede_r
Einzelne», bis unter die Haut als Mann, Frau oder etwas Drittes,
Viertes und so weiter gestempelt wird und nicht sein darf, was
jeder ist: ein Mensch – denn dessen grammatisches Geschlecht ist
maskulin.

Die Diversität der Formen täuscht ein bisschen, weil sich auf
dem freien Markt gerade «ein*e würdige*r Nachfolger*in» aller
niederkonkurrierten Wettbewerber zu etablieren beginnt. (Kurzer
Blick zur Seite: Anderswo ist es ähnlich, im Französischen beispielsweise wird mittig ein kleiner Punkt gesetzt. Der deutschen
«Landwirt*in» entspricht auf Genderfranzösisch die «agricul-
teur·rice», den «Landwirt*innen» die «agriculteur·rice·s». Im Spanischen kommen der Klammeraffe oder ein x zum Einsatz: Deutsches «alle» wird spanisch zu «tod@s» oder «todxs»; dieses x
spukt auch im Portugiesischen herum.)

Die altgraue Regel «Man schreibt, wie man's spricht» gilt also
auch in anderen Sprachen nicht. Im Deutschen versucht man es
gleichwohl: Der Asterisk soll als Sprechpause bemerkbar sein (wer
genau hinhört, nimmt einen Knacklaut wahr, Fachleute nennen
ihn «Stimmritzenverschlusslaut» oder «stimmlosen glottalen Positiv»). Diese Pause müsste beim Schreiben und Lesen ebenso bein-

hart gemacht werden und dürfte nicht diffamierend kurz sein: Weil
das Sternchen sämtliche Geschlechtsvarianten auf Erden einschlie-
ßen soll, bremst es das Sprechen und Schreiben, Hören und Lesen
auf Schrittgeschwindigkeit, wenn es überhaupt vorwärtsgeht: Der
bewusst lebende Mensch müsste alle Geschlechter Stück für Stück
vor das geistige Auge rufen, um keines zu diskriminieren und nicht
sich selbst und alle anderen in die Tasche zu lügen, bevor nach ge-
höriger Zeit beim nächsten *-Wort der Anker geworfen werden
kann.

Andernfalls saugen Auge und Ohr nur das «innen» auf, also die
Frauen. Es sollen aber alle Varietäten eingefangen werden, die die
Formel LGBT, nein: LGBTQ, nee: LGBTQI, auch nicht: LGBTQIA,
jetzt aber: LGBTQIA+ anzeigt, ach was: eben nicht anzeigt, denn
das Pluszeichen fasst alle weiteren Geschlechtsidentitäten egal
zusammen, die damit als zu vernachlässigender Rest abqualifiziert,
also diskriminiert werden. Immerhin sind es schon bei Facebook
Stücker 60 Geschlechter, bei einer Erdbevölkerung von bald acht
Milliarden darf es sogar etwas mehr sein.

Nolens volens gölte das Abzählenmüssen nicht bloß, wenn der
Mensch Sternchen sieht, sondern fürs gendergetriebene Publikum
auch bei anderen Formen, die seltener werden, aber nicht ausge-
storben sind. Bei jedem der patentierten Verfahren muss oder müssen man/frau/kind/katze aufpassen, sonst hängt eins in den Seilen:
«Wer sich einE PartnerIn wünscht», kann außer einer Frau nur
einE Mann, wörtlich «ein Partner» kriegen, dem grammatisch ein
wichtiges Stück fehlt. «Eine 24-jährige Aktivist*in» kann, wenn
keine Frau, nur eine männliche Aktivist sein, und auch bei «manchem Genoss*in» tun sich unerwartete Möglichkeiten auf.

Geht es hier querfeldein, so zeigt sich anderswo, dass Männer
das neue schwache Geschlecht sind und wegrasiert werden. Der
Literaturwissenschaftler Klaus Gräbner firmiert als «Herausgeber*in» eines Buches; jeder Mann, der in der *taz* publiziert, wird

auf *taz.de* in eine «Autor*in» verwandelt; sowieso «verfasst heute kaum noch ein:e Autor:in ihre Texte im Stile eines Thomas Mann». Sehr richtig: Der Thomas war gar kein Mann, wie ihre Tagebücher beweisen.

Liegt das Heil doch im Doppeln, nur anders? Aber wenn's dann «der*die Gewinnerin» eines Preisausschreibens ist oder um die Stelle «eines:einer Oberbürgermeister:in» geht – nein, den Posten «eines Oberbürgermeister» zu erringen oder «der Gewinnerin» eines Preisausschreibens zu sein, macht abermals nicht jeden:jede Menschen/Person glücklich.

Entscheidend ist, was hinten drankommt

Die Sprache nach Strich und Faden durchzugendern, hat Sinn. Allerdings kommt dabei oft Unsinn heraus – etwa wenn ein Verein in Lübeck zum «Kochen für Witwer/Innen» einlädt. Oder wenn sogar «Gott*» ein Sternchen kriegt, weil er das Ebenbild des Menschen inklusive diverser Geschlechtsteile ist.

Ein Leben ohne Mops ist möglich, aber sinnlos, fand Loriot. Mit der gendergerechten Sprache ist es umgekehrt: Sie ist sinnvoll, aber unmöglich. Doch es gibt eine Lösung: Weil nicht jede*r mit ihr glücklich gemacht werden kann, muss eine*r verzichten: richtig, einer! Im Himmel wie auf Erden wird also dem Manne genommen: Die antiken «Gött*innen» kennen keine männlichen Götter mehr, sondern allenfalls Götten. Wo «Bäuer*innen» sind, gibt es nurmehr Bäuern; wo sie eine «Ärzt*in» ist, ist er ein «Ärzt». Wer sogar «Jüd:innen» schreibt, muss auch «Jüden» schreiben und sich schamrot in die Ecke trollen. Es wird anders gemeint sein – aber das sind Fehler immer.

Schaut man noch genauer aufs Wort, schiebt sich aus der Tiefe des Raumes ein weiteres Fragezeichen nach vorn: Sind die «Kommissar:innen» und «Sportfreund:innen» nicht garantiert männerfrei, weil der maskuline Nominativ Plural weder «Kommissaren» noch «Sportfreunden» lautet, sondern «Kommissare» und «Sportfreunde»? Entscheidend ist, was hinten drankommt!

Was weiter vorn sich in einem Wort tut, darf ebenfalls nicht vernachlässigt werden. Sonst treffen sich bloß die Ministerpräsident*innen der Bundesländer, statt sich zunächst mal als Minister*innenpräsident*innen richtig zu positionieren. Sprache muss sauber sein, und das nicht nur hinten, wie soeben bewiesen – auch die inneren Werte müssen stimmen.

Vor allem die Jugend ist die gesellschaftliche Stoßtruppe und Triebkraft, die die Sprache volle Kraft voraus gendern («geschlechtern») will. Erst von der Sexualität überrumpelt, dann von Kopf bis Fuß von ihr absorbiert, achtet sie darauf, dass jeder Topf respektiert wird und seinen Deckel bekommt. Der dreimal verheiratete Humorist Hans Reimann wusste Bescheid: «Liebe vereinfacht das Leben. Man denkt dann an nichts anderes mehr.» Wie jede Liebe ist auch die zum Gendern eine Art Neurose: Egal, welches Thema gerade auf dem Tisch liegt, der/die/das Verliebte schafft es, auf sein beziehungsweise ihr Herzensanliegen zuzusegeln. Selbst wenn eins über Brandenburgs Kiefernwälder schreibt, kommt die feuchte Rede punktgenau auf «die Vielfalt ihrer Bewohner*innenschaft am Boden und im Unterholz», weil selbst Käfer*innen und Spinnen (oder Spinnen*innen?) geschlechtergerecht aufgespießt werden müssen. Zu Hause, in der eigenen Wohnung, kommt den «Welp*innen» dieselbe Aufmerksamkeit zugute.

Jedem Tierchen sein Pläsierchen: Das Angebot ist groß und das Geschlecht, das ist der tiefergelegte Sinn des Sternchens, wandel- und wählbar, fluid. Für Käfer und Spinnen und für die Menschlein sowieso: Die «Frau*», gern auch in einem Kompositum wie «Frauen*streik», ist das Aushängeschild, auf dem steht, dass ein «Mensch mit Uterus» nicht auf «Menschen mit Penis» geeicht sein muss, sondern Frauen lieben kann, nein, eben nicht! Sondern Frauen*, die damit zum Sexualobjekt reduziert werden. Die Formen «Mann*» und «Mensch*» sucht «man*» merkwürdigerweise bislang vergeblich, dürfte es aber bald ebenso geben wie die gendergerecht aufgebrezelten Verse «Ich* und du*, Müller*innen/s Kuh*» und so weiter.

Niemand weiß, wie viel Sterne stehen. Der eine hält den Platz frei für alle (vielleicht Hunderte, Tausende, Millionen). Weil alle Varietäten unmöglich jedes Mal sauber mitgedacht werden können (des Menschen Leben währet 70 Jahre), bleibt am Ende vielleicht … eines für alle … ein einziges, unschuldiges Genus übrig … und manchmal sieht es aus, als wolle mensch vom generischen Maskulinum ans andere Ufer gelangen, zum generischen Femininum. Vorhanden ist es längst, Tiere wie die Biene, die Schlange oder die Eule und unter den Menschen die Koryphäe, die Person und die Waise beweisen es. Es ist seltener als das maskuline Gegenstück, aber häufiger als das generische Neutrum, wofür das Huhn, das Pferd, das Krokodil und unter uns Hominiden das Kind, das Oberhaupt und, wie schon erwähnt, das Mitglied und das Erstsemester stehen. Übrigens gibt es ein männliches Tier, das feminin gebeugt wird, obwohl es hetero getackert ist: die Drohne. Geschlechtsgerecht ist das nicht.

Der Artikel im Nominativ Plural lautet «die», ohne dass jemals das Unrecht bezetert worden wäre. Mit dem generischen Femininum hat es auch nur oberflächlich zu tun. Anders verhält es sich bei neu in Stellenanzeigen anzutreffenden Pauschalformen im Singular wie «die GruppenleiterIn» oder «eine Sachbearbeiter*in», die trotz des weiblichen Artikels für alle Menschenwesen gelten sollen: Die maskuline Form verkrümelt sich, worüber sich «die ein und andere» gewiss freut. Diese Verweiblichung der Welt macht vor der Vergangenheit nicht halt, weshalb auf Wikipedia eine Menge Herrscher namens Karl zu den «Vorgängerinnen» Maria Theresias zählen und ihr Sohn Joseph II. bumsklar einer ihrer «Nachfolgerin-

nen» ist. Oder eine ihrer Nachfolgerinnen? Er wäre darin den
Sachen gleich, die auch mit allem Pipapo zu Frauen werden: «Dü-
senjäger sind die Königinnen der Lüfte» – obwohl sie von masku-
linem Genus sind.

Es gibt «die erfahrene Netflixguckerin» und «die Bewohnerin-
nen» eines Hauses, den «fahrerinnenlosen Bus» und «die dienst-
älteste Abgeordnete», die einen Bundestagsausschuss leitet, wenn
Vorsitz und Stellvertreterposten vakant sind; Zeitungen haben
einen «Leserinnenstamm» und wenden sich an «die geneigte Leserin». Selbst wenn es «die Leser*in» heißt, gilt die Faustregel: Auf
sie wird mit «sie» Bezug genommen, Artikel, Adjektive und Pronomen werden feminin dekliniert. In Radio und Fernsehen, wo sich
genderbewusste Sprecherinnen die kleine Pause vor dem Genus-
morphem sparen, kommt die Feminisierung ebenfalls voran. Die
andere Hälfte wird ausradiert und unsichtbar, aber der ein und
andere wird von einem Ohr zum anderen grinsen, wenn es bald
nur mehr Faschistinnen, Terroristinnen, Verbrecherinnen, Kinder-
schänderinnen und Idiotinnen gibt.

Hätte die DDR die BRD geschluckt, wären Asterisk, Binnen-I
und so weiter womöglich nie hinten eingeführt worden. Selbst die
von den Duden-Wissenschaftlerinnen und -Wissenschaftlern pro-
pagierte Doppelform hätte vielleicht niemand gebraucht, weil die
Frau überall ihren Mann steht. Sie wäre als Arzt, Lehrer oder
Traktorist von morgens bis abends emanzipiert gewesen, und dass
es sich um das generische Maskulinum handelt, hätte sie nicht aus
den Pantoffeln gehauen.

Möglich, dass es überlebt. Alle der deutschen Sprache politisch
korrekt eingeflüsterten Arten des Genderns haben ja eines mit ihm
gemein: Sie sind unzureichend, sie diskriminieren, und sie können
schön falsch sein bis zur Lächerlichkeit. Sie sind kompliziert, sie sind
umständlich, und sie sexualisieren die Sprache: Sie zwingen dazu,
ständig ans Geschlecht zu denken wie pubertierende Jugendliche.

Dass sie die Sprache gerecht machen sollen, stimmt; dass sie sie gerecht machen, nicht. Der Trost für alle Genderbewegten: Die Gesellschaft wird auch ohne diese künstlich aufgeplusterten Formen geschlechtergerecht werden – und so könnte am Ende und zur großen Überraschung das generische Maskulinum das werden, was es einmal war und geblieben ist: keine sexuelle Kategorie, sondern nur eine Funktionsbezeichnung, bloß ein grammatischer Begriff, und jeder (!) ist gemeint. Oder was meinen Sie, lieber Leser?

«Wo man Zigeunerschnitzel isst, isst man auch Menschen»

Anfangs lag Minsk in Litauen, später in Polen, dann in Russland, anschließend in der Sowjetunion, daraufhin in Weißrussland, und jetzt liegt es in Belarus. «Viel kommen die Städte herum heutzutage», witzelte einst Alfred Polgar. Er meinte allerdings Linz, das bis 1938 in Oberösterreich lag, dann in den Gau Oberdonau zog und später in der amerikanischen Zone Quartier nahm.

Der Unterschied: Minsks letzte Umsiedlung folgte keinem innenpolitischen Wechselbad mehr. Der größte Lukaschenko aller Zeiten regierte bereits seit Jahr und Tag, als seinem Reich mit «Belarus» ein neues Wort umgehängt wurde. Vielleicht, weil «Weißrussland» Silbe für Silbe im alten deutschen Wortschatz mit seinen abgebrauchten Assoziationen feststeckt, wohingegen das stachlige «Belarus» den Bazillus im Paradies EU-Europa auch sprachlich markiert? Oder einfach getreu dem Grundsatz: In der Kü liegt die Wü?

Belarusland liegt dort, wo früher Weißrussland war; und wo Holland lag, ist jetzt die Nordsee – nein, sind noch die Niederlande. Bilder von Tulpen und Meisjes, von Grachten, Windmühlen und arschweitem Wiesenland mögen nach wie vor in klischeezerfressenen Gehirnen nisten, wenn das Wort «Holland» fällt. Wer aber zeitgerecht tickt, fährt ein Niederlande-Rad, ruft sehr bald: «Niederlande in Not!», und denkt angesichts der in jede Stube schwappenden Zukunft nicht mehr an den fliegenden Holländer, sondern den fliehenden Niederländer.

Nein, altersschwache Redewendungen und abgenutzte Vorstellungen aus der Rumpelkammer braucht's nicht mehr. Regierung, Behörden und Bewohner müssen mit der Zeit gehen, und vorher pochen sie noch trocken darauf, dass die Welt «Niederlande» sagt, solange etwas niederes Land da ist. Und solange auf ihm echte Touristen rumwuseln, die wegen Holland kommen! Einzig in diesem beinalten Gewerbe erlauben die niederländischen Behörden, dem Wort das Gnadenbrot zu gewähren.

Sprache ist ein Eimer voller Wörter, in denen Erfahrungen, Erlebnisse, Erkenntnisse und Emotionen feststecken. Die sind, wie das mit Müll so ist, nicht immer ganz sauber. Genau wie die Leute! Die, setzt man ihnen zum Beispiel das Stichwort «Grönland» vor, sogleich Iglus und dick eingemummelte Eskimos vor den geistigen Augen haben. Würden sie die Lider heben, sähen sie, was sie wirklich sehen: Inuit. Und keine busenrunden Iglus, sondern bis zum Anschlag eckige Mietshäuser, in denen x Menschenkäfige neben- und übereinander gestapelt sind und den Leuten die Probleme zu den Ohren rauskommen – als da nach Adam Riese wären Arbeitslosigkeit, Trunksucht, zerrüttete Familien und die Sehnsucht, als Eskimo zu leben und in einem Iglu zu wohnen!

Mehr, als einen Hundeschlitten in 20 Meter Höhe aus dem Fenster zu hängen und sich selber nicht, erlaubt ihnen die brutalistisch modern getaktete Realität freilich nicht. Aber man darf niemals mit dem Schwamm über die Realität fahren, am allerwenigsten mit aus alten Epochen geborgten Worten. Deshalb kann ja, um auf diesem Globus kurz Richtung Heimat abzudrehen, auch kein geistig offenstehender Mensch das bis aufs i-Pünktchen germanenlose Deutschland als «Germany» bezeichnen oder ihm realitätsfremd den schwer übergriffigen Namen «Allemagne» überstülpen!

Realität ist nun ein prima Reizwort, um von Sinti und Roma zu sprechen. Ich bitte die Leser, sich gut anzuschnallen, denn jetzt wird es ernst! 1956 führte der Bundesgerichtshof über die «Zigeuner» Folgendes aus und blieb von vorn bis hinten ungeohrfeigt: «Sie neigen, wie die Erfahrung zeigt, zur Kriminalität, besonders zu Diebstählen und Betrügereien, es fehlen ihnen vielfach die sittlichen Antriebe zur Achtung von fremdem Eigentum, weil ihnen wie primitiven Urmenschen ein ungehemmter Okkupationstrieb zu eigen ist.»

Das Dolle ist: In diesen Freislerismen steckt zentnerschwerste Wahrheit! Sie beschreiben bis in die Stiefelspitzen präzise die primitiven Deutschen der Nazizeit.

Seither sind 66 Jahre mitsamt zig kleinen und großen Freislers in die Grube gefahren, aber es riecht noch immer. Dagegen der blaue Duft von Freiheit und Abenteuer, von Ungebundenheit und einem nicht bürgerlich festgezurrten Dasein, von einem herrlichen Räuberleben, von Liebe, Genuss und Romantik – das alles gehört leider auch einem früheren Universum an, das hinter dem Horizont verschwunden ist. In der modern zerwalteten Welt träumt der am Schreibtisch festgenagelte Spießer nicht mehr von der verführerischen Zigeunerin, sondern bearbeitet gern die Anträge der korrekt einsortierten und abgehefteten «Rom*nja» und «Sinti*zze».

Rassismus gehört in keiner Familie auf den Tisch, auch nicht als Schnitzel oder Soße getarnt. «Wo man Zigeunerschnitzel und Zigeunersoße isst, isst man auch Menschen», das schrieb bekanntlich schon Heinrich Heine den Deutschen ins Poesiealbum. Und weil es ein Abwasch ist: Auch N und M gehören in keinen aufgeklärten Mund!

Zu Recht sind sich alle Lebewesen darin einig, dass «Neger» bis zum Letzten verboten ist, ebenso «Negerin» oder «NegerIn» oder «Neger/in» oder «Neger*in» und «Neger*innen». Nichtsdestoweniger baden manche «Weißen» seit ihren Kindertagen in dem woh-

ligen Irrtum, wenigstens das irgendwie goldige M-Wort sei nied-
lich und lieblich anzuschauen, ja, es lade zu einem freundlichen
Schmunzeln ein, das von einem Ohr zum anderen reicht.

Zwischen den Ohren aber ist Fehlanzeige! Oder es befinden sich
in diesem leeren Viertel Verse des männlichen weißen Biodeut-
schen Friedrich Schiller, der sich vor über 200 Jahren in seinem
Ekeldrama «Die Verschwörung des Fiesko zu Genua» zu diesen
kotzfrechen Versen hinabschwang: «Der M hat seine Arbeit getan,
der M kann gehen.» Ins Offene getragen: Der bis auf die Haut ab-
gearbeitete schwarze Sklave ist seinem weißen Herrn nicht länger
nütze, deshalb wird er hinausgeworfen in den Schlamm und muss
betteln gehen. Wortwörtlich Schiller!

«Wortwörtlich» ist zu guter Letzt die haargenaue Losung für
Sie, liebe Leserinnen und Leser: Passen Sie gut auf Ihre Wortwör-
ter auf!

«Menschen mit Nazihintergrund»

Nationen ändern schon mal ihren schlechten Charakter, die deutsche inklusive. Auch an ihren Vorurteilen nagt die Zeit: Die Spitz-
und Schimpfnamen der Völker verschwinden, weil die gut erzogene
Jugend es besser machen will als die ungezogenen Alten. Ob Ausländer als «Itaker» und «Polacken» beleidigt, die eigene Brut ob
ihrer wilden «Hottentottenmusik» und Unordnung – von wegen
«hier geht's zu / sieht's aus wie bei den Hottentotten» – zur deutschen Ordnung gerufen, die Fremden als «Spanjockel» belächelt
oder die aus Europas Süden und Kleinasien eingewanderten Gast-
arbeiter und ihre Kindeskinder als «Kanaken» beschimpft wurden:
Die wenigsten dieser Wörter kann man scherzhaft nehmen wie den
«Iwan», in dem Achtung vor dem russischen Riesen mitschwingt;
die meisten sind gehässig wie die «Kümmeltürken».

Bis auf den «Spanjockel» stehen diese Wörter im Duden und

sind anerkannter Teil des Wortschatzes wie die im österreichischen Deutsch als «Tschuschen» geschmähten südslawischen und türkischen Einwanderer, die den Platz jener Tschechen eingenommen haben, die im habsburgischen Wien das Gros der Zuwanderer stellten. Wenigstens der «Kameltreiber» hat den Weg in den Duden nicht gefunden, wenngleich in den Mund eines deutschen Radsporttrainers, der bei den Olympischen Spielen in Tokio 2021 seinen Schützling aufforderte, den Algerier und den Eritreer einzuholen, die vor ihm auf die Strecke gegangen waren: «Hol die Kameltreiber, hol die Kameltreiber!»

Unbekannt ist, ob die deutschen Olympiagäste herablassend von «Japsen» sprachen. Im Duden stehen sie so wenig wie die holländischen «Käsköppe», französischen «Froschfresser» und englischen «Inselaffen»; vielleicht, weil die «Krauts», «Moffen», «Boches», «Piefkes» und «Almans», die «Fritzen» und «Huns» vor ihnen Respekt haben. Verzeichnet sind dagegen die «Schlitzaugen». Die chinesischen werden die Deutschen gewiss noch Mores lehren – wie in den 70ern und 80ern die den Weltmarkt aufrollenden Japsen.

Den «Ami» und den «Ösi» kennt der Duden. Beide Übernamen werden als neutral oder scherzhaft eingestuft wie die binnendeutschen «Ossis» und «Wessis»; das niedliche i nimmt den vier die Schärfe. Nicht so beim unbeliebten «Yankee»: Ursprünglich eine aus «Janke» oder «Jantje» alias «kleiner Jan» gebildete Bezeichnung der Engländer für die holländischen Siedler in der Gegend um New York, dem vormaligen Nieuw Amsterdam, dann übergegangen auf die Bewohner Neuenglands, später die der Nordstaaten im Bürgerkrieg, schließlich auf US-Bürger an sich, wurde der Yankee mit seinem «Yankee-Imperialismus» im ehemaligen Ostblock zum Synonym für die Weltmachtpolitik treibenden USA und geriet nach 1989 außer Kurs – just als die USA nach dem Zusammenbruch des Sowjetkommunismus tatsächlich Weltherrscher spielen konnten.

Genau genommen sind nicht alle US-Amerikaner Yankees. Die

«Rothäute» beispielsweise, welcher Ausdruck noch in alten Wildwestscharteken sein Unwesen treibt, aber inzwischen außerhalb des Scherz-und-Ironie-Reservats nahezu ausgerottet ist. Ähnliches droht jenseits des großen Teichs dem «Indianer»: In Kanada soll es «First Nations» und in den USA «Native Americans» heißen, womit sie freilich die Sprache der Bleichgesichter übernehmen, statt in einer ihrer Muttersprachen einen Begriff zu bilden und ihren wiedergewonnenen Stolz sehr viel deutlicher zu machen. Noch merkwürdiger: Selbst in Deutschland mit schätzungsweise keinem einzigen Indianer auf seinem Territorium werden das I-Wort und das Indianerspielen hin und wieder gerügt, obwohl mit den Rothäuten Freiheit, Gerechtigkeit und Edelmut assoziiert sind. Die stehen halt nicht bei allen Eingeborenen an erster Stelle.

Stutzen Sie nicht: So wurden früher auch die Einwohner europäischer Länder bezeichnet! Noch um 1930 schrieb Theodor Lessing von den Tschechen, Deutschen und Juden Prags unironisch als den Eingeborenen. Hätte es das Fremdwort schon gegeben, hätte er sie augenzwinkernd sogar als die indigene Bevölkerung bezeichnen können. Das Wort ist von lateinisch «indigena» abgeleitet, was «einheimisch, inländisch» bedeutet und, obwohl ein (vielleicht auf altem Mutterrecht beruhendes) Femininum, nicht nur «die Eingeborene», sondern auch «den Eingeborenen» bezeichnet.

Beide Wörter, das deutsche wie das international gebräuchliche, stellen auf die Geburt, die Abstammung, das Blut ab; auf den weniger verdächtigen Boden bezieht sich «Ureinwohner», säuberlich zu unterscheiden von den Einwanderern. Für Letztere hat sich hierzulande, sofern sie sich haben einbürgern lassen, die Bürokratenphrase «Deutscher mit Migrationshintergrund» eingeschlichen. Zwei, die eine mit Migrationshintergrund aus Afghanistan, der andere aus Sri Lanka, haben unlängst für Deutschlands Ureinwohner eine vergleichbare Formel gefunden: «Menschen mit Nazihintergrund».

Das ist Spaß, Parodie und satirisch verpackte, politisch gesalzene Sprachkritik. Ebenso ist es Humor, nicht Hass, wenn sich junge Leute frotzeln, der deutsche Bursch den Ragazzo mit «Hallo, Spaghetti, was geht?» begrüßt und der «Na, Kartoffel, alles klar?» erwidert. Doch ob böse, spöttisch, spaßig oder burschikos, völlig aus der Welt verschwinden wird keines der Wörter, schon weil die Vergangenheit in die Gegenwart fortwirkt, die nur durch jene zu verstehen ist. Nicht zu vergessen – es hat Sinn, wenn gewisse Injurien weiterexistieren: Sage mir, wie du andere Menschen nennst, und ich sage dir, was du für einer bist.

Das Unwort

Manche Wörter sind verseucht. Eines so stark, dass es allenfalls abgekürzt verwendet werden soll wie die «Sch ...». Dabei war es bis in die 1980er-Jahre positiv aufladbar! Jugendschriftsteller wie Michael Ende, Otfried Preußler und Astrid Lindgren kannten kein anderes: «Neger».

Nicht nur sie. Martin Luther Kings Vorgänger, der schwarze Politiker, Unternehmer und Publizist Marcus Mosiah Garvey, rief 1914 die «Universal Negro Improvement Association» ins Leben, baute die «Negro Factories Corporation» auf, gründete die Zeitung *Negro World* und verkündete 1920 die «Declaration of the Human Rights of the Negro People of the World», die Erklärung der Menschenrechte aller Schwarzen.

In den 1960er-Jahren wurde den «Negern» bewusst, dass sie nicht allein sozial deklassiert waren, sondern die Diskriminierung sich tief in die Sprache eingefressen hat. «Das Wort ‹Neger› bezeichnet ursprünglich ein Objekt, das verkauft werden kann. Neger ist ein anderes Wort für Ware», so der kamerunische Historiker Achille Mbembe. Die Portugiesen, die im 15. Jahrhundert die westafrikanische Küste abklapperten, Handelsgut suchten und Menschen einfingen, brachten das Wort in Umlauf, das auf lateinisch «niger» (schwarz) beruht und in andere europäische Sprachen einsickerte. Im antiken Griechenland und Rom waren Schwarze «Äthiopier», Sonnenverbrannte. «Neger» waren unbekannt.

Die Sklaverei wurde abgeschafft, die Diskriminierung nicht. Sie wird auch nicht verschwinden, wenn das bewusste Wort verramscht wird. Aber für eine sprachliche Maßnahme genügen manchmal sprachliche Gründe, und das nötige Material liefert Heinz Küppers «Wörterbuch der deutschen Umgangssprache» von 1997.

Demnach bezeichnet das N-Wort verächtlich das Kleingeld, weil Kupfermünzen dunkler sind als Silbermünzen; als «schwarze Tafel mit Sprechtexten als Gedächtnisstütze für Filmschauspieler» wird der «Neger» ebenso zum Gegenstand wie als Ausdruck für «Kaffee ohne Milch». Die Redensart «arbeiten wie ein Neger» (schuften) erinnert an die Ausnutzung seiner Körperkraft durch die Kolonialisten; in der freien Marktwirtschaft wiederum war «Neger» das Synonym für den unterbezahlten Arbeitnehmer – weshalb der ungenannte Autor, der Reden für Politiker aufsetzt und Lebenserinnerungen von Prominenten aufschreibt, Manuskripte für Schriftsteller und Doktorarbeiten für angehende Wissenschaftler verfasst, so heißt; er «negert». Der Vielschreiber Alexandre Dumas d. Ä. beschäftigte mehrere «Neger», die im Dunkeln blieben, während sein Name bis heute im Licht funkelt.

Spott auf die von der großartigen westlichen Zivilisation kaum angeknabberten Schwarzafrikaner drückt die Redensart «sich freuen wie ein nackter Neger, wenn er ein Hemd bekommt» aus. Auf dem Klischee der Kokosnussernte beruht die Phrase «Das haut den dicksten Neger von der Palme», was «große Überraschung» bedeutet; ähnlich auch «Das haut den stärksten Neger aufs Parkett», was das Bild wild tanzender Schwarzer im Jazzlokal der 1920er-Jahre vor Augen führt – nur dass ausnahmsweise Sympathie für das

Temperament, die Lebenslust der Schwarzen durchscheint. Ganz anders die Marzipan-Ostereier mit Schokoladenüberzug: die «Negerklöten», die die peinliche weiße Zwangsvorstellung vom enorm potenten schwarzen Mann enthüllen.

Fast jede Redensart ist giftig. Die Wunden, die das Wort schlägt, zu heilen, kann jedoch danebengehen wie in Schleswig-Holstein, wo das Dorf «Negernbötel» umbenannt werden sollte. Aber der Ortsname bedeutet schlicht «nähere Siedlung», weil die kleine Gemeinde näher bei Bad Segeberg liegt als die fernere Siedlung Fehrenbötel. Schwierig ist ein anderer Fall: Der Neandertaler war immer weiß, jetzt aber wird im Neanderthal Museum bei Mettmann sein bleicher Teint dunkel getönt. Hat man bedacht, dass der Neandertaler gemeinhin als grobschlächtig und etwas beschränkt gilt?

Unzweifelhaft in die Irre ginge, wer den Mainzer Karnevalisten und «singenden Dachdeckermeister» Ernst Neger posthum in Ernst Schwarz umtaufen wollte; oder wenn Hans-Jürgen Massaquois autobiografischer Roman über die Erfahrungen, die ein in Nazideutschland aufwachsendes Kind schwarzer Eltern machte, fortan unter dem Titel «N****, N****, Schornsteinf****» aufgelegt wird – und überhaupt jede Diskussion unterbunden würde. Wenn Schwarze sich äußern, sollen nämlich «White Privilege People» auch in Deutschland den Schnabel halten. Die Black Underprivilege People mögen sich untereinander prima verständigen; aber ohne die Weißen einzubeziehen, kann Emanzipation nicht glücken. Sie übergriffig mit englischen Vokabeln zu triezen, wird dabei nicht hilfreich sein. Kurt Tucholsky wusste es: «Wer auf andere Leute wirken will, der muß erst einmal in ihrer Sprache mit ihnen reden.»

Wenn die angesprochenen Leut dann auf Deutsch von «Rasse» reden, wird man ihnen womöglich über den Mund fahren, weil das Wort nicht passgenau dasselbe wie englisch «race» bedeutet.

Stimmt! In seinem Gedicht «Das Ideal» besingt Tucholsky «eine süße Frau voller Rasse», weil das Wort wie beim «Rasseweib» (das Billy Wilders Komödienklassiker «Manche mögen's heiß» schmückt) «große Klasse» bedeuten kann; und das sportliche Adjektiv «rassig» («eine rassige Begegnung») mag ungebräuchlich werden, bleibt aber positiv.

Sowieso wird mit dem Übelwort nicht der Rassismus restlos verdampfen, sowenig überhaupt alles gut wird. Erwin Kostedde, in den 70er-Jahren Deutschlands erster schwarzer/farbiger/dunkelhäutiger Fußballnationalspieler, brachte es auf den Punkt, als ihn 2021 die Münchner *AZ* fragte, ob es eine nichtdiskriminierende Bezeichnung gebe. Kostedde lehnte die drei und das ungenannte vierte ab: «In meinen Augen braucht man die alle nicht. Für mich sind all diese Ausdrücke rassistisch.»

Eine sauber geputzte Sprache beseitigt eben nicht die reale Benachteiligung. Womöglich dachte Kostedde auch daran, dass das Wort «schwarz» meist in keinem günstigen Zusammenhang zu stehen scheint. «Schwarzmarkt», «Schwarzhandel», «Schwarzarbeit», «schwarzbrennen», «schwarzfahren», «schwarzsehen», «schwarzmalen», «schwarzschlachten», «anschwärzen», «schwärzen», «schwarzes Schaf», «schwarzer Tag» und «schwarze Kassen» – durch die Bank scheint's illegal oder negativ zu sein. Manche Verkehrsbetriebe schaffen deshalb den Begriff «schwarzfahren» ab. Doch die Sache wird bleiben und niemand beamtenhaft sagen, er sei «ohne gültigen Fahrschein gefahren». Im Gegenteil, es gibt Leute, die finden Schwarzfahren gut und manche andere «schwarze» Tätigkeit ebenfalls. Es sind Bürger, die ihren kleinen, zivilen Widerstand gegen die Obrigkeit leisten und nicht so artig und brav sind, wie sie sein sollen.

Wer Schwarz nicht leiden mag, muss sich geschickter anstellen. Statt sich um Wörter zu kümmern, kann man doch die Menschen ignorieren und von der Bildfläche verschwinden lassen! In beliebten Serien wie «Sex and the City» (1998–2004/2021–2022) oder «Friends» – beide aus den USA, der Heimat politischer Korrektheit – agieren nur junge, schlanke, schöne Weiße. Kein Schwarzer spielt ganz vorne mit. Es sticht ins Auge, aber niemand sieht es!

Von Menschen und Nacktmullen

Das N-Wort ist der neue Gottseibeiuns. Wer es dem Gehege seiner weißen Zähne entfliehen lässt, dem droht zwar nicht mehr der sofortige Abtransport in die Hölle: Der Lohn für seine Übeltat wird ihm gleich auf Erden aufgebuckelt.

Mehr als 40 Jahre hatte der Wissenschaftsjournalist Donald McNeil unfallfrei bei der *New York Times* verbracht, dann rutschte ihm bei einer Studienreise in Peru der «Neger» aus dem Mund. Eine Mitreisende hatte ihm von einem Mädchen berichtet, das das Wort im Unterricht ausgesprochen habe und prompt vom Schulbesuch suspendiert worden sei. McNeil fragte nach, zitierte die todbringende Vokabel – und wurde bei seiner Zeitung verpetzt. Er tat zwar Buße für sein Delikt und entschuldigte sich; vergeblich: Nachdem 150 saubere Kollegen einen offenen Brief gegen McNeil unterschrieben hatten, musste er freiwillig die Zeitung verlassen. Chefredakteur Dean Baquet, selbstverständlich kein N*, sondern ein Schwarzer, betonte, keinerlei rassistische Vorurteile zu tolerieren (schon gar nicht bei einem alten weißen Mann).

McNeil war nicht der Einzige, der die *New York Times* in den letzten Jahren mit der Kehrseite nach hinten verließ. Offenkundig geht es bei dem Weltblatt ähnlich zu wie bei den Nacktmullen. Jede Kolonie dieser unterirdisch siedelnden Säugetiere hat ihr eigenes Grunzen, Fiepen und Zirpen. Jeder Ankömmling wird mit einem leisen Zwitschern begrüßt; beantwortet er dieses Schibboleth ohne falschen Zungenschlag, darf er sich in die gute Stube schieben. Wenn nicht, wird der Fremdling verjagt oder kaltgemacht.

Ein verkehrter Satz, ein unpassendes Wort, ein unbedacht ent-schlüpfter Begriff – nicht einmal in die Öffentlichkeit trompetet, sondern im kleinen Kreis abgesondert – kann Anstellung, Reputation und Existenz kosten. Die USA machen es vor, der Rest dampft hinterher: Der uruguayische Fußballer Edinson Cavani, der in der englischen Premier League kickt, bedankte sich nach zwei Toren in einem Spiel bei einem Fan für dessen Glückwunsch auf Insta-gram neckisch mit «Gracias, negrito». Von diesem einen Wörtchen wie von der Tarantel gestochen, belegte der englische Fußball-verband den Kicker mit drei Spielen Sperre, einer Geldstrafe von 100 000 Pfund und der Zwangsvorführung in einem Antirassismus-kurs. Es ging über den englisch beschnittenen Horizont des Ver-bands hinaus, dass «schwarz» im Spanischen «negro» heißt und «der» oder «die kleine Schwarze», also «negrito» beziehungsweise «negrita», Kosenamen sind, ohne dass eins von Kopf bis Fuß schwarz muss. (Auch der deutsche Fußballer Ulf Kirsten war gut sichtbar weiß und wurde als «der Schwatte» gefrotzelt.)

Anders als dem «schwatten» Kirsten erging es dem oberfrän-kischen Coburg – dort nahm man Anstoß. Das Wappen der Stadt zeigt nämlich auf goldenem Grund einen, so die offizielle und tau-tologisch angehauchte Beschreibung, «schwarzen Mohrenkopf mit Ohrring». Er symbolisiert den Stadtpatron, den katholischerseits heiligen Mauritius aus Nordafrika. Wachsame Bürger wollten den schlimmen Mohrenkopf entfernt wissen, scheiterten jedoch – an-ders als ihre Vorgänger, die Nazis. Die hatten 1934 den Schwarzen durch ein Schwert mit Hakenkreuz ersetzt. 1945 wurde der Mohr repatriiert und steht seither wohl eher gegen Rassismus und In-toleranz als dafür.

Die Vokabeln «Mohr» und «Neger» sind allerdings fest auf der, nun ja, schwarzen Liste eingeschraubt. Nimmt man das Wort «Schwarzer» zur Hand, ist man aber mitnichten auf der sicheren Seite. So griff der frühere Fußballnationaltorwart Jens Lehmann,

Jahre nachdem er sein geschütztes Leben im Torgehäuse aufgegeben hatte, entsetzlich daneben: 2021 unterstellte er dem Ex-Fußballer Dennis Aogo, als TV-Kommentator ein «Quoten-Schwarzer» zu sein.

Vielleicht hielt Lehmann das für harmlos, weil bei den geistesverwandten Begriffen «Frauenquote» und «Quotenfrau» kaum jemand aufschreit. Hier aber stand die vorbildlich in schwarzen Bahnen denkende weiße Community auf wider Lehmann, der Sturm brach los. Die Berliner *taz* zeterte: «Seine Verhöhnung (!) ist rassistisch (!) und perfide (!)», Lehmann flog aus dem Aufsichtsrat des Berliner Fußballvereins Hertha BSC, nachdem ein Sponsor sein Engagement bei den Kickern zurückzuziehen gedroht hatte, der Sender Sky Sport kündigte an, Lehmann nicht mehr als Studiogast einzuladen, und sein Jugendverein, der Essener Bezirksligist Heisinger SV, erteilte ihm Hausverbot. Wer auch nur spaßeshalber die Frage nach der journalistischen Qualifikation des dunkelhäutigen Fußballers gestellt hätte, wäre wohl auch mit Donner und Doria hinweggefegt worden. (Die besondere Pointe: Fernsehkommentator Aogo hatte kurz danach ebenfalls Sendepause, weil er gedankenlos die Redewendung «trainieren bis zur Vergasung» über den Äther gejagt hatte.)

Eine Mücke war zum Elefanten aufgeblasen worden. Tugend jedoch, lehrte schon der zugegeben helle Aristoteles, liegt darin, das rechte Maß zu wahren. Der ähnlich pigmentierte Friedrich Nietzsche sah es genauso: «So wie wir auch nur einen Schritt über das Mittelmaß menschlicher Güte hinausgehen, erregen unsere Handlungen Mißtrauen. Die Tugend ruht nämlich in der Mitte.»

George Orwell (auch einer mit weißem Fell) hatte in seinem dystopischen Roman «1984» ein Wahrheitsministerium erfunden, das die Sprache der je nach politischer Großwetterlage sich ändernden Ideologie anpasst. Er lag falsch: In Wirklichkeit braucht es keine hohe Behörde, weil engagierte Bürger die Sprache selber kontrollieren und als mehr oder weniger willige Vollstrecker des neuen, endlich richtig gesunden Volksempfindens von den schädlichen Vokabeln reinigen.

Also entfernen die Verlage das verderbenbringende Wort mit dem N aus den Kinderbüchern. In Astrid Lindgrens Roman «Pippi Langstrumpf im Taka-Tuka-Land» wurde Pippis Vater vom «Neger-» zum «Südseekönig» umgepolt, dass seine Untertanen weiterhin das «Taka-Tuka-Land» bewohnen und die «Taka-Tuka-Sprache» sprechen, geht aber rückstandslos durch, weil «Taka-Tuka» beglückend aufklärerisch ist und lupenrein emanzipatorisch klingt. Es ahmt eben den Klang einer «Hottentotten-», oha: einer schwarzen Eingeborenensprache bestechend naturecht nach.

Die Großen müssen ebenfalls erzogen werden. Oder soll Alexander Puschkins unvollendeter Roman «Der Mohr Peters des Großen», in dem der Russe von seinem Urgroßvater erzählt, weiterhin so heißen und die Mohren, pardon: Schwarzen bis in alle Zukunft beleidigen? Nein, die Neuausgabe firmiert seit 2022 unter dem Titel «Ibrahim und Zar Peter der Große» und macht genau das, worum es geht, unsichtbar. Dürfen erwachsene Menschen noch «Huckleberry Finn» von Mark Twain unbeaufsichtigt lesen, obwohl darin sogar von «Niggern» die Rede ist? Zwar ist es der entlaufene Sklave Jim, der am Stockholm-Syndrom leidet und von sich spricht, wie er's gelernt hat, um nicht den Zorn seines Herrn und Masters zu wecken – schnurz: Die Erinnerung an die Sklaverei ist so porentief unerträglich, dass Aktivisten in den USA ihre Spuren in der Literatur ausgebrannt sehen wollen.

In der Realität grummelt das Erbe nichtsdestoweniger fort. Diese Gegenwart ist aber ohne Kenntnis der Vergangenheit nicht zu begreifen: Über die klärt zum Beispiel Mark Twain auf, ein Gegner der Sklaverei. Er braucht das ausgeschriebene böse Wort, um die bösen Zustände sprachlich angemessen einzufangen und nicht nachträglich zu schönen, zu verfälschen. Andernfalls, so der Literaturwissenschaftler Heinrich Detering, würde «man etwas Wesentliches von dem ignorieren, was Literatur (…) ausmacht. Ihre Qualität liegt nicht in der Vermittlung moralischer Lehrsätze, sondern (…) in der Auslotung menschlicher Erfahrungs- und Handlungsmöglichkeiten – nicht, um sie zu rechtfertigen, sondern um sie zu erkennen und der Kritik zugänglich zu machen. Nicht in einzelnen Motiven oder Merksätzen liegt ihre Moral, sondern in der Genauigkeit und Sensibilität von Darstellungen, denen nichts Menschliches fremd, keine Dunkelheit einschüchternd, kein Abgrund zu gefährlich sein darf.»

Noch Fragen?

Schwarz Ganz Groß

Nicht immer war das N-Wort abgrundtief verpönt: Von «Negern» sprach noch Martin Luther King 1963 in seiner berühmten Rede «I have a dream». Sie wurde zum «Lebenselixier Schwarzen Widerstandes», wie die *taz* knapp 60 Jahre später hervorhebt: Mit dem Großbuchstaben aufgeladen, soll das Adjektiv nicht länger allein die Hautfarbe markieren. Unüberlesbar soll es auf Rassismuserfahrungen verweisen, wenn jemand betont, «dass ich Schwarz bin», von der «Erfahrung, Schwarz zu sein» berichtet und «das Schwarze Selbstbewusstsein» hervorkehrt.

Was dem Schwarzen Jovi licet, licet aber nicht dem weißen Bovi. «Als Schwarze Frau und weißer Mann» beschreibt sich ein Paar und macht sie buchstäblich groß und wichtig, ihn klein und unwichtig; ähnlich sorgfältig klamüsern sich die zwei Freundinnen auseinander, von denen «eine Schwarz, die andere weiß» ist, obwohl vielleicht die Schwarze klein und die Weiße groß ist.

Leicht nämlich lassen sich die Augen täuschen! «Schwarz wird großgeschrieben, um zu verdeutlichen, dass es sich um ein konstruiertes Zuordnungsmuster handelt und keine reelle ‹Eigenschaft›, die auf die Farbe der Haut zurückzuführen ist», schreibt Amnesty International. Und auch «*weiß* markiert keine Hautfarbe», assistiert die *taz*. «Der Begriff wird klein und häufig (!) kursiv geschrieben, um seinen Charakter als Ideologie (…) zu markieren» – im Unterschied zur Großschreibung von «Schwarz».

Neu ist das Verfahren nicht: Der mal links, mal rechts blinkende Schriftsteller Arnolt Bronnen schrieb 1929, als er gerade völkisch infiziert war, in seinem Roman «O. S.» (er spielt nach dem Ersten Weltkrieg im zwischen Polen und Deutschland aufzuteilenden Oberschlesien) «das Eigenschaftswort ‹deutsch› allemal groß und ‹polnisch› allemal klein, auch dann», machte sich der Rezensent Kurt Tucholsky lustig, «wenn er die Polen etwas von den ‹Deutschen Schweinen› sagen läßt – wohl, um anzudeuten: waren die Deutschen einmal Schweine, dann sind sie eben recht große gewesen.»

Ob Polnisch oder deutsch, Weiß oder schwarz, Großschreibung ist nur dann Ideologie, wenn es nicht die eigene ist. Aber die Dinge sind so kritzekratzeklar nicht: In Oberschlesien schnitt die Frage, ob sich jemand polnisch oder deutsch einkastelte, quer durch die Familien und sogar mitten durchs Individuum, das mal so, mal so tickte. Was die Hautfarbe betrifft, so ist sie, genau besehen, in den seltensten Fällen blütenweiß oder rabenschwarz. Sowieso kann die Zuordnung politischer Willkür entspringen beziehungsweise überlieferten Zwangsvorstellungen geschuldet sein: Der 44. Präsident der USA Barack Obama soll ein Schwarzer sein, obwohl seine Mutter eine Weiße ist.

Da Schwarze selten schwarz sind, wäre es treffender, von «Farbigen» zu sprechen, wenn es im Deutschen nicht auf Englisch (Imperialismus ist nicht so böse wie Rassismus) «Person of Color», Plural: «People of Color», abgekürzt «PoC», hieße. Mehr noch, mit diesem Begriff soll kurzerhand alles eingemeindet sein, was nicht bei «Weiß» auf den Bäumen ist: auch Latinos, Asiaten – obwohl die

Japaner und Chinesen mal als Weiße durchgingen! – und ungefragt auch Osteuropäer und sogar Juden, über die also, diesmal in bester Absicht, verfügt wird.

Der Begriff teilt das menschlich belebte Universum in Gut und Böse, Bock oder Schaf, Ja oder Nein (und alles, was darüber ist, ist von Übel), moderner gesprochen: in Plus oder Minus, 1 oder 0. Es wird nach dem Schwarz-Weiß-Prinzip selektiert, nur dass «Leute von Farbe» sich von anderen nicht durch dunklere Pigmentierung unterscheiden, sondern durch das Merkmal «unterdrückt, diskriminiert». Folglich wäre eine Bezeichnung eher angemessen, die nicht aufs Äußere abstellt, sondern die soziale Frage aufs Korn nimmt; auf links gedreht: die anzeigt, dass Klassenkampf statt Rassenkampf zu führen wäre. Sonst heißt es bloß: «Raider wird Twix, sonst ändert sich nix» – aus Negern werden Schwarze, das war's, vielen Dank.

Allein mit sprachlichen Verschönerungs- oder Verbesserungs-maßnahmen kommt man schon dann nicht weit, wenn sie nicht mal zur sprachlichen Verschönerung und Verbesserung beitragen. «People of Color» ist ein bürokratisches Ungetüm (und verstärkt als Fremdwort im Deutschen noch die Fremdheit der Anderen); es verleitet deutsche Journalisten sogar, hybride Monstren wie «Künstler*innen of Color» oder «Menschen of Color» zu erschaffen. Das Kürzel «PoC» gar zwingt lebende Menschen in eine dürre Drei-Buchstaben-Formel. Mit ihr gestempelt, abgeheftet und in einer Schublade abgelegt, wird der Mensch zum Gegenstand erniedrigt. Er wird als das bezeichnet, was seit dem 15. Jahrhundert in der Sprache der Kolonialherren das Wort «Neger» bezweckte, nämlich Menschen als Sache kenntlich zu machen.

PoC ist nicht die einzige Marke, um die Menschheit wie Handelsgut zu sortieren: Es gibt auch die «BIPoC» alias «Black, Indigenous and People of Color» und die «BAME», das heißt «Black Asian Minority Ethnic». Abgefüllt und originalverkorkt kommen sie auf den Markt und rangeln miteinander um Aufmerksamkeit – eine wenig sensible Abkürzeritis, passend für Warenetiketten und stets in der Sprache des Imperiums. (Befremdlich ist ohnehin der Widerspruch zwischen der hochdosierten Achtsamkeit in Sachen Rassismus einerseits und dem Gehabe eines sprichwörtlichen Trampeltiers in puncto Begrifflichkeit andererseits.)

Zwar meinen es die Leut gut. Aber, das ist die Nachtseite vieler Tugendgemeinschaften, gut gemeint heißt oft schlecht gemacht. «In New York sind sie dabei, Schulen abzuschaffen, für die man einen Test absolvieren muss. Etwas Ähnliches geschieht in Kalifornien, wo der Lehrplan für Mathematik an öffentlichen Schulen verwässert werden soll, weil schwarze und hispanische Schüler damit Schwierigkeiten haben. Ich glaube, dass dies eine verheerende Entwicklung ist», sagt der US-amerikanische Politikwissenschaftler Francis Fukuyama im *Spiegel*-Interview: «Wenn man Schülern nicht Integralrechnung beibringt, raubt man ihnen die Chance, Wissenschaftler oder Ingenieur zu werden.» Ebendas könnte der heimliche Zweck dieser speziellen Übung sein und die «woken» (wachsamen, erweckten, erleuchteten) Kämpfer gegen Rassismus sich als die nützlichen Idioten einer konservativen, auf den Erhalt ihrer Privilegien bedachten weißen Mittelklasse erweisen.

Schlecht gemacht, das ist das eine; das andere: Es wird nicht gelacht! Dabei sind Witz, Satire und Ironie bewährte Mittel, um überlebte Denkweisen und Zustände lächerlich zu machen und ins Nirwana abzuschieben. Aber die Zuchtmeister verstehen keinen Spaß. Die *Neue Zürcher Zeitung* zitiert eine US-amerikanische Aktivistin: «Radikale politische Korrektheit (…) verträgt keine Zweideutigkeiten, keine Ambivalenzen, keinen Humor, keine ironischen Spitzen.» Sondern tierischen Ernst, und die Gesellschaft wird zur Kinderstube, in der die Unaufgeklärten und Zurückgebliebenen belehrt und erzogen werden müssen. Oder zum Krankenzimmer: Wie bei Allergikern wenige Pollen genügen den Tugendwächtern ein paar Vokabeln – nein, eine –, um überzuschäumen.

Dass Zurechtweisung bessere Menschen macht, ist freilich zwei-felhaft, wenn die Leute ihrerseits mit Klischees beworfen und zum Beispiel als «Biodeutsche» in die Ecke gestellt werden (ein Begriff voller Blut und Boden). Besondere Würze steckt auch im «alten weißen Mann», und das gleich zwei-, ja dreifach; in der Abkürzung «AWM» kommt zu Alter, Hautfarbe und Geschlecht die Vergegen-ständlichung und Enthumanisierung hinzu. Nietzsche wusste über dieses menschliche, allzumenschliche Bedürfnis nach einem Feind Bescheid: «Auch die Seele muss ihre bestimmten Kloaken haben, wohin sie ihren Unrath abfliessen lässt.»

Damit nach so viel Kritik kein Missverständnis aufquillt: Die Gleichberechtigung, mehr und wichtiger noch: die Gleichstellung aller Menschen zu fordern und zu fördern, ist von Anfang bis Ende notwendig. Gegen Diskriminierung und Unterdrückung, die in Worten oder in Taten ausgedrückt werden, ist in Wort und Tat an-zugehen, und das zuallererst auf dem Flecken des Globus, auf dem man selbst haust. Rassistische Sprache kränkt und muss bekämpft werden – nicht um sich ein prima Wohlfühlimage zuzulegen, son-dern um draußen vor der Tür wirklich etwas zu ändern. Die öko-nomische Ausbeutung und soziale Deklassierung (worunter, man-che glauben es kaum, sogar Leute mit weißem Pelz leiden) aber sind die Wurzel. Dafür zu sorgen, dass ein Unwort ausrangiert wird, ist gut, aber es muss mehr als ein reines Gewissen machen; schöne Wörter putzen nicht die reale Unterdrückung und Entrechtung weg, sie wären nur ein Placebo. Wenn die Wohnung statt an keinen Neger an keinen Schwarzen vermietet wird oder eine Schwarze den Job, den eine Negerin nicht bekommen hätte, ebenso wenig erhält, ist nichts gewonnen. Die bessere, gerechte Sprache kann nur ein Anfang sein, eine Teilstrecke auf dem Weg, an dessen Ende eine bessere, gerechte Gesellschaft auf alle wartet. Oder, wenn es mit falschen Mitteln geschieht und alles nur Schein ist: lauert.

Register